心理科学研究会 [編]

新・育ちあう乳幼児心理学

保育実践とともに未来へ

有斐閣コンパクト
YUHIKAKU COMPACT

はじめに

　乳幼児期の子どもたちは，かけがえのない存在として，いろいろな思いや願いをもって生活しています。私たち大人も同じ1人の人間として，子どもの思いに共感できるところもあります。しかし，子どもが見たり感じたりしている世界を，すでに子どもではない私たちが理解することはそれなりの努力を要します。子どもの内面世界に少しでも近づくためには，生活とあそびをともにして，具体的な姿から子どもの思いを読みとっていくことが不可欠です。

　子どもの育ちに寄り添うなかで，子どもをみる私たち自身の目は育てられていきます。本書は，保育者を目指す学生のみなさんや保育現場で実践されているみなさんが，そうした「育ちあい」のプロセスを通して，子ども理解を深めていくことを願って，乳幼児期の発達を捉える視点をまとめたものです。

　本書の旧版にあたる『育ちあう乳幼児心理学——21世紀に保育実践とともに歩む』は，4年間の準備期間を経て2000年に刊行されました。保育現場に根ざした実践的活動と発達研究に基づいた内容を評価いただき，幼稚園教諭や保育士の養成に関わる授業において教科書として多数の大学・短大などで採用され，17回の増刷を経て，多くの方にメッセージを届けてきました。ただ，初版の刊行から20年近く経過して，とくに取り上げられている保育をめぐる状況が変化していることなどを鑑みて，新版として『新・育ちあう乳幼児心理学』を出版することになりました。

本書では，執筆者の世代交代を図り，子どもや家族を取り巻く環境や保育制度の変化を踏まえた内容づくりを進めました。本全体の章構成は旧版に倣いましたが，乳幼児心理学を学ぶことの実践的意義をさらに明確にして，子ども理解と保育実践の関連がよりわかりやすくなるようにしました。また，学齢期との接続を扱う章を加えて，発達的な見通しをもった保育実践を考える題材を提供しています。あわせて，コラムを充実させました。

旧版が刊行されておよそ20年の年月が経ち，「子どもの貧困」はより深刻な問題となり，虐待など子育てをめぐる多くの課題が山積しています。保育・幼児教育の重要性が国際的に叫ばれ，保育や子育て支援の制度は変化してきていますが，社会全体のあらゆる分野で，短期的な成果を期待して経済効率を求める傾向が強まるなかで，子どもがゆったりじっくりと育っていく環境が整いにくくなっています。

そのような状況だからこそ，旧版において述べてきた，1人ひとりの子どもをかけがえのない「権利の主体」として捉える子ども観や，さまざまな生きにくさをかかえながらも，子どもは自らを変えていく可能性をもっているとする発達観は，今後も実践を創造するのによりいっそう重要になっていると考えました。そこで本書でも，このスタンスを執筆者で共有し，旧版の編集方針であった，次の3つの基本コンセプトを引き継いでいます。

1．豊富なエピソードで子どものリアルな姿を語る
2．広い視野で子どもの問題を考えてみる
3．保育者として成長していくための題材の提供

本書では，保育や生活のなかで子どもたちがみせる具体的なエピソードを出発点にして，読者のみなさんが子どもたちの姿をリ

アルにイメージできることを目指しています。そのうえで，発達研究の知見から学び，子ども理解を深める視点を学んでいただければと考えています。また，子どもや保育をめぐる問題を，社会や歴史といった広い視野で捉えることも大切にしています。保育という営みは，個人の「こころ」の問題だけではなく，さまざまな文化や社会の要因が関連しており，そうした広い視野をもつことが保育者としての成長には不可欠だと考えているからです。

　読者のみなさんへ。友人，職場の同僚と，本書で描かれている子どもの姿や保育のエピソードについて，是非，ご自身の読みとりや感想を出し合ってみて下さい。また，学生のみなさんは，卒業後もこの本を手元に残して，保育や子育てで悩んだときに読み返してみて下さい。そのことで，子どもを捉えるまなざしの違いや変化に気づくことでしょう。そして，そうした気づきが，子ども理解を深める「育ちあい」のきっかけとなれば，執筆者・編集委員会一同，何よりもうれしく思います。

　2019 年 12 月

『新・育ちあう乳幼児心理学』編集委員会

各種補足資料を本書の Web サポートページ（下記）にて紹介しております。ぜひご覧ください。

http://www.yuhikaku.co.jp/books/detail/9784641174511

iv

も く じ

は じ め に

第Ⅰ部 「育ちあう乳幼児心理学」に向けて

第1章 子どもの尊厳と権利——————————2

1 これまでから，いまへ ……………………………… 3

「子どもの権利」のめばえと発展(3)　「子どもの権利を尊ぶ」とは
(6)

2 いまから，これからへ ……………………………… 9

子どもたちの生きる社会のいま(9)　乳幼児心理学にできること
(13)

第2章 現代の子育て状況と求められる支援——————16

1 現代の子育てをめぐる状況 …………………………… 16

データでみる現代家族の形と子育ての実感(16)　子育てのビジュア
ル化と育児実践のつまずき(21)

2 保育所・幼稚園・こども園における子育て支援 ……… 24

保育・子育て支援に期待される役割(24)　子どもの発達を豊かに捉
えることが子育て支援につながる(27)　「育ちあう」社会をつくる
保育・子育て支援(30)

第3章 子どものいまとこれからを支える乳幼児心理学—33

1 発達の理解と保育・子育て …………………………… 33

人類の進化，社会の発展と保育実践の歴史に学ぶ(33)　見方を変え
ると「味方」になれる(36)　「本当の願い」を理解する発達的視点

もくじ　v

(37)　「賭け」を支える発達的理解(39)　子どもが変わるきっかけを探る：必然性と偶然性(40)　「子ども観」「保育観」を共有するために(41)

2　乳幼児の発達を理解するとは（発達観） ……………… 43

"有能な乳児"観が封じる子ども独自の世界観(43)　「要求する自由」の獲得から発達要求の高まりへ(44)　発達の諸側面・機能の「つながり」を捉える視点(46)　「同じ」にみえる行動の異なる意味：自我の育ちをみる(47)　すべての人の発達的自由が尊重される社会の実現に向けて(50)

第Ⅱ部　人間の発達と乳幼児期

第4章　発達理解の基礎—————————————54

1　発達を支える遺伝と環境 ………………………… 54

私たちが生まれながらにもつ能力(54)　発達への環境の影響(56)

2　発達を生み出すのは誰か ………………………… 60

ピアジェの発達論(61)　ワロンの発達論(63)

3　発達を段階論的に捉えることの意味 ……………… 65

4　発達の多様性 …………………………………… 67

社会・文化的アプローチの視点から発達をみる(67)　複線径路・等至性モデル(69)　生涯発達的な視点から発達をみる(72)

第5章　0歳児—————————————————76

1　0歳児の生活の姿 ……………………………… 76

0歳児クラスの子どもたち(76)　心地よい生活リズム(77)　自分から周りに働きかける(79)　大人たちと子どもたちのなかで　(79)

2　0歳児の発達のさまざまな側面 ………………… 81

身体・運動(81)　手指操作(85)　認知(89)　コミュニケー

ションと言語(90)　　対人関係と自我(93)

3　0歳児の保育で大切にしたいこと ……………………… 96

心地よい生活を支える(96)　　目覚めている時間を生き生きと過ごすために(97)　　友達のなかで育つ(100)

第6章　1 歳 児 ————————————————102

1　1歳児の生活の姿 ……………………………………… 102

「つもり」をもって行動する主体に(102)　　道具の使用(103)　　友達を求め，ぶつかりながら，つながる生活(104)

2　1歳児の発達のさまざまな側面 ……………………… 106

身体・運動(106)　　手指操作(107)　　認 知(108)　　コミュニケーションと言語(111)　　対人関係と自我(115)

3　1歳児の保育で大切にしたいこと ………………… 116

子どもの「つもり」を尊重した生活づくり(116)　　身につけた力を発揮して，「友達といっしょ」の楽しさを知る(118)　　友達とのいざこざのなかで，相手の気持ちを知っていく(119)

第7章　2 歳 児 ————————————————123

1　2歳児の生活の姿 ……………………………………… 123

大きくなりたい2歳児(123)　　身体（動き）の模倣から，イメージの共有へ(125)　　状況に融け込みやすい2歳児たち(127)

2　2歳児の発達のさまざまな側面 ……………………… 128

身体・運動(128)　　手指操作(129)　　認 知(132)　　コミュニケーションと言語(135)　　対人関係と自我(136)

3　2歳児の保育で大切にしたいこと ………………… 139

子どもの「ジブンで」を支える(139)　　個々の子どもの思いをつなぐ(141)　　保育におけるあそび：楽しいあそびがもたらすもの(142)

もくじ　vii

第8章　3 歳 児 ————————————145

1　3歳児の生活の姿 ……………………………………… 145

"イッチョマエ"な主人公(145)　　ごっこあそびを楽しむ子どもたち(146)　　様子をうかがう反抗(148)　　一員になることで主人公になれる(149)

2　3歳児の発達のさまざまな側面 ………………………… 150

身体・運動(150)　　手指操作(151)　　認　知(152)　　コミュニケーションと言語(154)　　対人関係と自我(155)

3　3歳児の保育で大切にしたいこと ……………………… 158

片手程度の安心感(158)　　「私はこうです!」に寄り添う(160)　小さな"お助けマン"を支えて(161)

第9章　4 歳 児 ————————————165

1　4歳児の生活の姿 ……………………………………… 165

思考をくぐって見つめ直しはじめる(165)　　自分たちで納得できる理由・理屈を探しはじめる(167)　　イメージの共有と展開(168)　集団のなかでの「自分」(169)

2　4歳児の発達のさまざまな側面 ………………………… 171

身体・運動(171)　　手指操作(171)　　認　知(173)　　コミュニケーションと言語(174)　　対人関係と自我(176)

3　4歳児の保育で大切にしたいこと ……………………… 178

仲間を意識しあえる集団づくり(178)　　イメージの広がりと共有(181)　　昨日・今日・明日がつながる保育(183)

第10章　5 歳 児 ————————————185

1　5歳児の生活の姿 ……………………………………… 185

懐の深い5歳児(185)　　不思議や感動を学びに変える(187)　　より確かで,本物らしいことを求めて(188)

2　5歳児の発達のさまざまな側面 ………………………… 190

viii

身体・運動(190)　手指操作(190)　認　知(192)　コミュニケーションと言語(197)　対人関係と自我：他者との新たな関わり(199)

3　5歳児の保育で大切にしたいこと ……………………… 200

自分たちで考えて，自分たちで決める(200)　あそびをみる目を豊かに(201)　「できる」「わかる」喜びに寄り添う(206)

第11章　就学前後の子どもたち ——————208

1　就学前後の移行期を考える ……………………………… 208

園から小学校へという環境移行(208)　園と小学校では何がどのように異なるのか(210)　アプローチカリキュラムとスタートカリキュラム(212)　「段差」は悪しきものなのか(212)　そもそもそれは「段差」なのか(213)

2　接続期の発達の特徴 ……………………………………… 215

発達の過程からみる接続期(215)　具体的操作期と保存課題　(215)　一次的ことばと二次的ことば(217)　書きことばの獲得(220)　生物についての素朴理論(221)

3　接続期の課題と大切にしたいこと ……………………… 222

ゆっくりじっくりと一次的ことばを楽しむ(222)　カンカンガクガクの話しあいに浸る(223)　保育のなかの科学(223)　もっとできるしもっとやりたい1年生(224)　水を流す5歳児と水を止める1年生(225)

第Ⅲ部　文化的営みとしての保育

第12章　どの子にも豊かな毎日と発達を ——————228

1　発達障害のある子どもの理解 …………………………… 229

発達障害とは(229)　発達障害のある子どもを理解する(233)

2　発達障害のある子どもの保育 …………………………… 238

「できない」ことを「できる」ようにする保育の問題(239)　子ども
の姿から出発する保育（肯定的姿・あそび・友達関係）(242)　子
どもの見方を変えてみる(248)

第13章　保育における環境の考え方―――――――――249

1　「環境」をみる基本的視点 ……………………………… 250

子どもと環境との関係(250)　子どもと環境はどう出会うか(252)
意味の歴史としての発達(254)

2　保育を支える環境 ……………………………………… 256

環境の分類(256)　活動順序や時間配分(260)　ものがもつ性質へ
の注目(262)

3　保育環境としての「人」………………………………… 266

「人的環境」再考(266)　交差分化説：あそびの発達とは何か(266)

第14章　子ども理解の深まりと保育者としての成長――268

1　子ども理解を深める …………………………………… 268

教科書通りではない発達をどうみるか(268)　子どもといっしょに
あそぶことの価値(269)　子どもが子どもの力を引き出す場面(271)

2　保育者としての成長 …………………………………… 273

保育者は子どものいざこざをどう捉えているか(274)　保育者の立
ち位置から何がみえるか(275)　保育者の対応には，理由がある
(276)　子どもの主体性を尊重するために大切な保育者の連携(278)
長時間保育をどうつくっていくのか(279)　保護者の仲間づくりも
保育者の仕事(282)

編 集 後 記　285

引用・参考文献　287

索　引　299

【コラム一覧】

① 東日本大震災時に幼児期を過ごした子どもたちの発達と課題 48

② 脳と行動の関係からみた発達　58

③ ヴィゴツキーの視点から保育を考える　70

④ 愛着研究と保育実践　86

⑤ 乳児保育とかみつき・ひっかき　112

⑥ 乳幼児期の食：自我の育ちに着目して　130

⑦ あそびを育てる専門性　204

⑧ 乳幼児期の学びとは　218

⑨ 障害のある子どもの保護者の心情を理解する　240

⑩ 保育事故をなくすために私たちにできること　258

⑪ （男性）保育者として大切にしていること　280

- 本書に掲載されている子どもの名前は仮名です。
- エピソード中の表記（X：Y）は、生活年齢 X 歳 Y か月を示します。また、各エピソードで出典の記載のないものは、各執筆者が保育場面で採集したものです。なお、必要に応じて表記を一部変更しています。
- 写真で明記のないものは、執筆者が収集したものを保護者もしくは園の許諾のもとで掲載しています。
- 「保育所」は児童福祉法に基づいた名称ですが、「保育園」という名称が用いられることも多くあります。それぞれの使い方には歴史的背景や地域によって違いがあるようです。本書では、おもに制度に関わる文脈では「保育所」を使っていますが、それぞれの章において紹介する保育現場の呼称に合わせて「保育園」も使用しています。

図版イラスト：山口みつ子（1，53，58，82，175，205，227）

◆ 執筆者紹介と分担 （五十音順，＊は編集委員）

赤 木 和 重 （あかぎ かずしげ）	神戸大学	第 12 章
浅 川 淳 司＊（あさかわ あつし）	愛媛大学	第 4 章，コラム⑧
岡花祈一郎 （おかはな きいちろう）	琉球大学	コラム③
小 川 絢 子 （おがわ あやこ）	名古屋短期大学	第 7 章（共著）
小 倉 直 子 （おぐら なおこ）	小田原短期大学	第 6 章 1・2 節
川 田 　 学＊（かわた まなぶ）	北海道大学	第 13 章
河 原 紀 子 （かわはら のりこ）	共立女子大学	コラム⑥
木 下 孝 司＊（きのした たかし）	神戸大学	編集委員長
鈴 木 智 恵 （すずき ちえ）	社会福祉法人桃郷	第 9 章（共著）
関 口 道 彦 （せきぐち みちひこ）	認定こども園さざなみの森	コラム⑪
瀬 野 由 衣 （せの ゆい）	愛知県立大学	第 7 章（共著）
滝 口 圭 子 （たきぐち けいこ）	金沢大学	第 11 章
田口久美子 （たぐち くみこ）	和洋女子大学	コラム①
田 中 浩 司 （たなか こうじ）	東京都立大学	コラム⑦
田 中 大 介 （たなか だいすけ）	鳥取大学	コラム②
常 田 美 穂 （つねだ みほ）	NPO 法人わははネット	第 2 章
富 田 昌 平 （とみた しょうへい）	三重大学	第 10 章 1・3 節
西川由紀子 （にしかわ ゆきこ）	京都華頂大学	第 6 章 3 節（共著），第 14 章，コラム⑤
服 部 敬 子 （はっとり けいこ）	京都府立大学	第 3 章
平 沼 博 将＊（ひらぬま ひろまさ）	大阪電気通信大学	コラム⑩
布施佐代子 （ふせ さよこ）	桜花学園大学	コラム④
松 田 千 都 （まつだ ちづ）	京都文教短期大学	第 5 章，第 6 章 3 節（共著）
松 本 博 雄＊（まつもと ひろお）	香川大学	第 1 章
三 山 　 岳 （みやま がく）	愛知県立大学	コラム⑨
山 田 真 世 （やまだ まよ）	福山市立大学	第 9 章（共著）
山 名 裕 子 （やまな ゆうこ）	秋田大学	第 10 章 2 節
吉田真理子＊（よしだ まりこ）	三重大学	第 8 章 2 節
若 林 紀 乃 （わかばやし すみの）	静岡大学	第 8 章 1・3 節

本書のコピー，スキャン，デジタル化等の無断複製は著作権法上での例外を除き禁じられています。本書を代行業者等の第三者に依頼してスキャンやデジタル化することは，たとえ個人や家庭内での利用でも著作権法違反です。

第Ⅰ部 「育ちあう乳幼児心理学」に向けて

第1章 子どもの尊厳と権利
第2章 現代の子育て状況と求められる支援
第3章 子どものいまとこれからを支える乳幼児心理学

　「育ちあう乳幼児心理学」を手がかりに子どもの発達を理解するとは，どのような営みを指すのでしょうか。子どもの発達を理解する営みからみえてきた子どもたちの豊かな姿は，保育実践や日々の子育てといかに結びつき，私たち大人と子どもたちとの関わりをどのように潤していくでしょうか。保育実践そして子育ての過程を経て築かれてきたいまの私たちの社会から，私たちはどのような希望をこれからの社会に向けて託していくことができるでしょうか。
　第Ⅰ部では，さまざまな子育てや家族のかたちがある現代社会において，子どもたち，そして私たちの誰もが幸せな生活を送るために，本書でこれから学ぶ乳幼児心理学が，主に保育・子育てにおいて果たしうる役割と可能性について考えていきます。

第1章 子どもの尊厳と権利

　「われらは，日本国憲法の精神にしたがい，児童に対する正しい観念を確立し，すべての児童の幸福をはかるために，この憲章を定める。
　児童は，人として尊ばれる。
　児童は，社会の一員として重んぜられる。
　児童は，よい環境の中で育てられる」

　この一節は，1951年に日本で定められ，私たちの社会のなかで実現すべき理念として今日まで半世紀を超えて受け継がれている「児童憲章」の冒頭部分です。本書の読者のみなさんの多くは，保育所や幼稚園・認定こども園，児童養護施設や子育てひろば，その他さまざまな子どもの福祉や教育，保健等の現場で活躍されている，またこれから活躍される方々だと思います。この「児童憲章」をはじめ，子どもの「権利」や「尊厳」に関わる考え方や知識を，何らかの形で学んできた方も多いことでしょう。

　さて，子どもが「人として尊ばれる」とは，具体的にどのような意味をもち，日々の保育や子育てにおける，どのようなふるまいを通じて実現されていくのでしょうか。子どもがその「一員として重んぜられる」社会は，そうではない社会と，何がどう異なるのでしょう。「よい環境の中で育てられる」子どもの未来を保

障するために，私たち大人に求められるものは何でしょうか。

「子ども」は日々を生き，発達し続ける存在であり，私たちの実践は，そんな子どもたちとの関わりあいのなかで展開していきます。したがって，その尊厳や権利を守り育む，そしてすべての子どもの幸福を図るためには，それを机上の知識や考え方として学ぶだけでは不十分です。何よりそれは，私たち1人ひとりがこれから，具体的に引き受け，積み重ねることで初めて実現するといえるでしょう。このような視点から本章では，本書のタイトルにある「育ちあう」をキーワードに，子どもの尊厳・権利を育み，具体化するための取り組みと，保育や子育て，私たちの日々の営みとの結びつきを，乳幼児心理学の視点をふまえて考えていきます。

1　これまでから，いまへ

★「子どもの権利」のめばえと発展

「子どもの立場に立って」「子どものために」「子どもを大切に」……「子ども」に関するこれらの言説は，そこから想像する程度の違いこそあれ，現代の社会を生きる私たちにとって，いずれも大きく違和感を感じる内容ではないと思います。本書を手に取られているみなさんのような，子どもの問題に何らかの関心がある方にとってはなおのこと，これらのフレーズに表されている子どもに関する理念は当然すぎて改めて学ぶほどのものではない，と感じられるかもしれません。しかしながら「子ども」を取り巻く歴史を振り返れば，今日よく耳にするこれらの考え方や態度は，必ずしもいつの時代も普遍的なものではなかったことがわかります。

4　第Ⅰ部　「育ちあう乳幼児心理学」に向けて

　世界の流れに目を向けてみましょう。生きるそして発達する権利，保護される権利，参加し，意見表明する権利の保障を明記した「児童の権利に関する条約（子どもの権利条約）」が国連総会にて採択されたのは，いまからわずか30年ほど前の1989年，日本が批准したのは，さらにその5年後の1994年のことでした。もちろん「子どもの権利」に対するこのような考え方は，30年前を境に突然に条約として形となり，多くの人に浸透しはじめたわけではありません。それは，第一次・第二次世界大戦を通じ，大人はもちろんのこと，子どもたちを代表とする，社会的に弱い立場にある人たちの普通の暮らしが大きく損なわれたという反省を通じてめばえた，1948年の世界人権宣言，そして1959年の児童権利宣言をその下地としています。さらに，この「児童権利宣言」成立の背景には，先述した2度の世界大戦はもちろん，それ以前の19世紀に，イギリスに代表される産業革命を達成した各国で，炭鉱や工場，煙突清掃などの危険作業から，家庭での召使い的な長時間労働に至るまで，児童労働が常態化していた実態がありました。このような現実をふまえて，イギリスでは1833年に工場法（Factory Act）が定められ，9歳未満の子どもの工場労働が禁止されるとともに，9歳以上の子どもに対しても労働時間を制限する措置が始まります。ルソー（1712-1778）が指摘した，「小さな大人」ではない固有の段階として子ども期を位置づけようとする試み（ルソー，1962）が，歴史のなかでめばえはじめたというわけです。

　このように19世紀から21世紀に至る「子ども」を取り巻く歴史は，「子どもの権利」に至る取り組みが一歩ずつ結実していく過程として理解することができます。たとえば周辺国による侵略そして第一次世界大戦という混乱のさなかにあった1910年代の

ポーランドでは，ユダヤ人医師・作家・教育者であるコルチャック（1878-1942）によって，「ドム・シェロット」と「ナシュ・ドム」という，戦争や貧困等による孤児たちのための，家と学校を兼ねた施設が設立されました（近藤，2005）。この施設の大きな特徴は，「子ども議会」をはじめとする活動を通じ，自由な雰囲気のなかで子どもたちが自分たちでルールを定め生活をつくり上げていくという，子どもによる自治の取り組みが積極的に実践されたことです。コルチャックと施設の子どもたちは，第二次世界大戦中の1942年，トレブリンカ強制収容所において悲劇的な最期を迎えますが，子どものもつ力を信じ，それを引き出すこれらの革新的な取り組みは，その後1978年に，「児童の権利に関する条約」の草案がポーランドより国連へ提出されることへと結びついていきます。現在，私たちの手もとにある「子ども」に関する理念は，児童権利宣言の中心的な考え方である，保護される権利を有する子ども像を経て，「児童の権利に関する条約」に明示された参加し，意見表明する権利を有する子ども像へと，少しずつ前に進んできたのです。

　生物体における個体発達の一段階として「子ども」期が存在することは，なにも人に限られたことではありません。これに対し，その段階そのものをどう捉え，理解し，私たちの日々の営みのなかに位置づけていくかは，私たちの社会がこれまでにたどってきた道のりと深く関わっています。「子ども」に対するまなざしは，19世紀以降に限ったとしても，産業革命や戦争，教育システムの発展といったその時代ごとの社会的な背景に規定されつつ変遷を遂げてきました。もちろん，それ以前も同様です。フランスの歴史学者アリエス（1980）が「『子ども』は近代において発見された」と指摘したように，「子ども」に対する理念や視点は，近

代以前は近代以前の，近代は近代の，現代は現代の社会背景と不可分のものとして形成されたと考えることができるでしょう。

　今日までに確立しつつある「子どもの権利」という視点は，これまでみてきたように，19世紀から20世紀に，児童労働や戦争という非人道的な状況に子どもたちを置いてしまった，何よりそのような社会をつくってしまった先人たちの反省より導かれたものです。それをこれからどのように受けとめ，発展させていくかは，私たち1人ひとりに課せられた課題ということができます。

　21世紀の私たちの社会では，「子どもの権利」の考え方が幅広く知られ，そのための法令や制度も徐々に形となりつつあります。では，たとえば保育所や幼稚園，学校や家庭生活，地域社会などでの，子どもに関係する諸活動のなかで，子どもが「参加し，意見を表明する」権利は，実際にどの子どもたちにも十分に保障されているでしょうか。何より子どもたち自身が，自分にとって最もよい環境のなかで生き，発達する権利が，本当にすべての子どもに対し，至るところで実現されているといえるでしょうか。「子どもの権利」という理念を育むにあたり，「児童の権利に関する条約」や，それを支える諸制度の存在はもちろん重要です。一方，私たちがその視点を受け継ぎ，発展させていこうとするならば，単にその理念や制度を知識として知ることに加え，社会のなかでそれを実際に磨き上げていくために，いまを生きる私たち1人ひとりが，その実現にあたっての具体的なふるまいを身につけることが求められているのです。

★「子どもの権利を尊ぶ」とは

　「子どもの権利」を支え，実現するための手立てをこれから考えるにあたり，私たちはその背景や手がかりを実際にどのようにつかめばよいでしょうか。「子ども」という慣れ親しんだことば

に対し，「権利」とは何かをイメージしにくいと感じられる方々も多いと思います。まずは「子ども」をいったん脇に置いたうえで，「権利」の意味を考えることから始めてみましょう。

「権利」とは，と問われたとき，みなさんはどういった説明を思い浮かべるでしょう。「基本的人権」「選挙権」「労働三権」など，「権利」に関わって中学校の社会科などで学習した具体的な用語より，もしかすると「義務」ということばを最初に連想する方が多いかもしれません。たしかに「権利及び義務」ということばのペアは，日本国憲法のなかにもみられますし，「義務」と「権利」を組み合わせた言い回しは，憲法に限らずさまざまな文脈で用いられています。「権利の行使は，義務を果たしてから」「義務も果たさないのに権利ばかり主張して……」など，「権利」を語るにあたり「義務」が用いられるケースを目にすることも多いでしょう。たとえば子どもの頃，「やるべきこともしていないのに，したいことばかり言うなんて！」と周りの大人から言われた経験をもつ方もいるかもしれません。「義務」にはもちろん幅広い意味が含まれることをふまえたうえで，私たちはこのような「義務」とのセットで目にしがちな「権利」の考え方を，とくに「子どもの権利」を理解するうえでどのように受けとめるべきでしょうか。

これから発達していく存在である子ども，とりわけ乳幼児には，当然ですが「できない」ことが数多くあります。つまり子どもとは，そもそも勤労や納税などに代表される，大人に対して期待される社会的な義務を果たすことが一般に困難な存在だといえるでしょう。ここからは「子どもの権利」のなかで使われている「権利」の意味が，「義務」との引き換えで得られるそれとはまったく異質のものであることがみえてきます。「子どもの権利」にお

ける「権利」は、「義務」と対置されるものではなく、それがめば
え、求められる以前からすでにあるのです。それは、仮に義務が
果たせないとしても、その個体がヒトである以上、はじめからすぐそこにあるはずのもの、すなわち人としての「尊厳 (dignity)」というべきものでしょう。これは人は生まれながらに生命や健康、自由などに関する権利を有しているという「自然権」という考えに近いもので、今日の「基本的人権」の基となるものです。

　子どもの権利について考えることは、このように、権利が本来、義務との引き換えでなくとも成り立つことを私たちに教えてくれます。対して、義務を果たし、何かの役に立ってはじめて付与されるものとして「権利」をみなす立場は、「子どもの権利」という考え方とまったく相容れないものです。私たちの誰もが子ども時代を経験してきたとは、いま、仮に義務を果たしているように思える大人の誰もが、これまでの人生において「役に立たない」ことを許容され、支えられた時期を必ず経験してきたということです。加えてさまざまな背景や理由から義務を果たせない状況に陥ることは、大人である私たち誰にも起こりうるでしょう。

　「子どもの権利」という考え方の根底には、「権利」が義務との引き換えで得られるものではなく、たとえば生まれて間もない赤ちゃんのように義務を果たす力がなくとも、すべての人に与えられているもの、すなわち「権利」は「人としての尊厳」という形で当初から存在し、守り育てていくべきだという理念があります。したがって「子どもの権利」は、子どもはもちろんのこと、大人も含めたすべての人の尊厳をどう守るか、という問題と原理的に切り離すことはできません。そのような意味で、保育や子育てについて考え、それに従事することは、単に「目の前の子どもにどのように関わるか」という枠組みを超えて、私たちの社会のあら

第1章　子どもの尊厳と権利　9

ゆる人が，人としての尊厳が守られ，育まれる社会をつくるために何ができるかを考えることと必然的に結びついていきます。

　子どもが「一員として重んぜられる」社会とは，義務を果たすことが可能か否かにかかわらず，すべての人の尊厳を前提条件なく重んずる社会のはずです。つまり保育や子育てなどを通じて「子どもの権利」を考え，子どもに関わる活動を進める出発点は，子どもたちだけでなく，何らかの障害をもった人たち，生活保護を受けている人たち，ＬＧＢＴの人たち，難民をはじめとする戦争や災害の被害を受けた人たち，路上で暮らす人たち……私たちの誰もが，人としての尊厳が守られ，育まれる存在だと理解することにあります。そういった意味で保育や子育てにおける実践は，私たち大人が目の前の子どもにどう関わるかという問題を越えて，子どもの尊厳を守り，豊かに育む過程を通じて，私たちがどのような社会を望み，つくりあげていこうとするかと深く関わる，いわば「育ちあい」の過程だということができます。それは，私たち人類がいまある社会をつくりあげてきた歩みであると同時に，これからの社会を豊かに築いていく歩みそのものです。

2　いまから，これからへ

★ 子どもたちの生きる社会のいま

　では，この「子どもの権利」の理念，すなわちすべての子どもの尊厳を守り，その豊かな育ちを保障することは，実際には現代社会のなかでどの程度共有され，達成されているでしょうか。私たちがこれから学ぶ「乳幼児心理学」は，そこにどのように関わっていくのでしょうか。国内外の現在の情勢に触れつつ，保育や子育てを通じ，これからに向けて私たちができること・すべきこ

とを考えてみたいと思います。

たとえば，ジェンダー格差という点に着目してみます。世界の子どもの現状に目を向けると，多種多様な取り組みを通じて，全体的には男女間の格差が歴史とともに少しずつ改善されつつあることは1つの事実です。一方で国際的な調査データからは，とくに中等教育（中学校・高等学校）以降の就学において，女児が男児に比べ厳しい状況に置かれていること，また地域によっては，18歳以下，場合によっては15歳以前に結婚を強いられていると思われる女児が一定数存在することがみえてきます（ユニセフ，2017）。これらは単に人々のジェンダー意識に起因する問題にとどまらず，地域における慣習の違いや経済格差の問題に根ざしていると考えられます。いずれにせよ，就学し，学び続ける機会が保障されなかったり，早すぎる結婚や妊娠を強いられたりと，とくに女児において，自分自身の人生を自分で選び取ることが難しい子どもたちがいまだ少なくない（プラン・インターナショナル・ジャパン，2018）というのが，私たちの社会におけるもう1つの現実だといえるでしょう。

一方，日本の子どもたちはどうでしょうか。中等教育以降の就学率をみると，高等学校までのデータとは異なり，大学進学率においては明確な男女差が示されており（内閣府男女共同参画局，2018），改善されているとはいえ，女子の大学進学率が男子の4分の3程度という都道府県も複数存在します（鹿児島大学Fact-Book，2018）。そこには多様な背景が想定されるものの，その一因には，私たちの社会のなかの旧態依然としたジェンダー意識が背景にあることは容易に予測できる通りです。たとえば2018年に明るみに出た，複数の大学の医学部・医科大学において，入学試験で女子受験生に対し一律減点という得点操作がされていた問

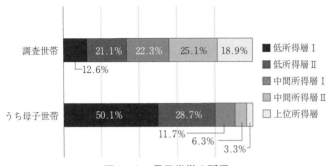

図1-1　母子世帯の所得

（出典）　北海道大学大学院教育学研究院「子どもの生活実態調査」研究班ら，2018。

表1-1　相談相手や頼れる人が「いない」割合

	低所得層Ⅰ	低所得層Ⅱ	中間所得層Ⅰ	中間所得層Ⅱ	上位所得層	合計
子どもについての悩みや困りごとを相談する人がいない	6.0	3.2	1.8	1.9	1.4	2.5
自分の悩みや困りごとを相談する人がいない	10.0	7.8	4.9	3.9	3.4	5.6
親の入院等のさい，子どもの面倒をみてくれる人がいない	17.4	13.7	11.1	10.2	9.8	12.0

（出典）　北海道大学大学院教育学研究院「子どもの生活実態調査」研究班ら，2018。

題はその典型例といえるでしょう。それは単に大学内部の問題ではなく，私たちの社会において，女性が医師として働き，活躍する環境を十分に準備できていない現状がある，という社会構造的な問題と深く結びついています。

　さらに別のデータをみてみましょう。図1-1，表1-1は，北海道大学と北海道・札幌市によって2016〜17年に実施された「子どもの生活実態調査」（北海道保健福祉部・北海道大学大学院教

12 第Ⅰ部 「育ちあう乳幼児心理学」に向けて

育学研究院「子どもの生活実態調査」研究班, 2017) の結果を要約したものです。母子世帯がより経済的に厳しい状況に置かれていること, 子育てをはじめ生活全般における相談相手や頼れる人が「いない」と答える割合が, 所得が低い世帯ほど高くなることが読み取れます。加えて関連する調査データからは, 母子世帯と父子世帯を比較した際, 前者がよりいっそう, 経済的に厳しい割合が高いことが示されました。つまりそれは, 単にひとり親世帯が, 両親のいる世帯より困難な状況に置かれているという事実にとどまらず, 同じひとり親世帯であっても, 母子世帯のほうが父子世帯に比して, よりさまざまなリスクが高くなりうると読み解くことができるわけです。

　これら, 国内外での事例やデータに示されているのは, 子どもの権利そして尊厳の根源である, これからの自分の人生を子ども自身がどう選び取れるか, という問題に対し, 出発点における格差が社会的につくりあげられている実態でしょう。それは報道などによって問題がわかりやすく可視化されている国や地域に限らず, 私たちのごく身近にも起こっていることです。当然ですが, 個々の子どもは生まれ落ちる環境や条件を選び取ることはできません。どんな性別や性意識をもって, どの国や地域の, どんな家庭に生まれてくるか, ひとり親か, 両親が揃っているか, その親は既婚か未婚か, 経済状況はどうか……などなど, それぞれの環境で育っていく子どもたちに対し私たちができることは, 保育や子育てにおいて, 目の前の1人ひとりと関わるための手立てを探ることに加え, そのための営みを, これから私たちが生きていく社会のありようと結びつけて考えつつ, 実践を重ねることでしょう。子どもが「よい環境のなかで育てられる」とは, ここにいる子どもたちの誰もが希望をもち, いま, そしてこれからの自分の

第1章 子どもの尊厳と権利　13

人生を自由に選び取れること。保育や子育ては本来，そのような
フェアな社会をつくることに貢献することを目指す営みではない
でしょうか。

★ 乳幼児心理学にできること

　改めて，本章のはじめに提示した，児童憲章の一節に戻って考
えてみましょう。子どもを「人として尊ぶ」とは，子どもの尊厳
を守り，育むこと，つまり「望ましい行動を達成できた子どもに
のみ，すべての権利を認める」など，行為の結果と引き換えに子
どもを大事にすることではなく，前提条件なくあらゆる子どもに
対してその尊厳を認め，権利を実現する，というものでした。

　「児童の権利に関する条約」に端的に表されているのは，「生
存・発達の権利」「保護される権利」「参加し，意見表明する権
利」という，子どもの権利における3つの一般的視点です。これ
までに確認してきたように，この「権利」をすべての子どもに対
し実現するものとみなすのであれば，それは，生活背景などによ
る差別のない状況でどの子どもも発達できる環境や制度を整える
こと，そして意見表明や参加が妨げられる場面に仮に子どもたち
が直面した際，それを除去し改善することを私たち大人の責任と
して引き受けていくこと，という形で具体化することができます。
たとえば，保育や子育ての実践のなかで，子どもの参加や意見表
明を十分に保障できないのは，その子どもたちが未発達ゆえに致
し方ない，とはなりません。どのような子どもに対しても，子ど
もの尊厳と権利を育み，具体化するための手段を見出し，提供す
ることは，私たち大人に求められている役割なのです。

　保育や子育てにおいて，子どもの参加や意見表明を実現し，支
えていくために，まずは私たちが子どもの「声」を聞く手立てを
確保する必要があります。具体例から考えてみましょう。

14 第 I 部 「育ちあう乳幼児心理学」に向けて

　　離乳食にも徐々に慣れてきた 7 か月のけんと。これまで喜んで
スープを飲んでいたはずが，ある日を境に「べぇっ」と口から出
してしまうようになりました。あれ，おいしくないのかな。これ
まではうれしそうに飲んでいたはずなのに……。その様子に戸惑
っていた保育者は，ふと思いついて給食職員に相談し，少し形の
あるものを準備してみました。すると，けんとは喜んで「もぐも
ぐもぐ……」。ああそうか，スープが嫌いになったのではなく，
もぐもぐしてみたかったんだね……。

　例にある 7 か月の子どもの場合，自分の要求を具体的なことば
にして伝えることは不可能です。そのことばなき「声」は意識的
に聞き取られ，読み解かれていく必要があります。もちろん，一
般にことばを身につけつつある時期とされる子どもであっても，
その現れ方は個々の生活背景に応じて多様な形をとります。たと
えば第 3 章コラム①にある，幼児期に大きな災害に直面せざるを
えなかった子どもたちのその後の姿が私たちに教えてくれるのは，
ことばを使いこなす力が十分に発達していると考えられている学
童期であっても，それを聞き取り，読み取ろうとする大人たちの
構えと，それを可能にする手がかりがあって，子どもたちの
「声」が初めて引き出されうる，という事実でしょう。

　当然ですが，これから発達していく子どもたちにおいては，自
分の思いや考えを完全な形で表し，私たち大人に伝えたり，子ど
もどうしで伝えあったりすることが難しい場合が多々あります。
たとえば「もう，絶交！ 一生話さん！」と友達相手に息まいて
いた小学生が，その 20 分後に何ごともなかったかのようにいっ
しょに遊んでいる場面は，決して珍しくないと思います。保育者
に向けられた「見ないで！ あっちいって！」という 4 歳児の一
言は，「本当は自分のことをしっかり見てほしい」という思いの

裏返しであったかもしれません。おもちゃを目の前に「買って，買って！」と，保護者に対し人生を賭さんばかりに泣きながらせがんだはずの2歳児が，数時間後にそのことをすっかり忘れている姿も，私たちはよく目にすることでしょう。

このような例からわかるのは，子どもの参加や意見表明の土台となる子どもの「声」は，ただ単にそれが表面的に聞き取られ，記録されるだけでは十分ではないということです。引き出され，聞き取られたそれは，子どものそばにいるみなさん大人によって科学的な根拠をもって共感的に読み解かれたうえで，具体的な取り組みへと結びつけられる必要があります。本書を通じて学ぶ「乳幼児心理学」は，専門職としてそうした子どもへの関わりを実践するうえで大きな役割を果たします。それは，子どもの尊厳と権利を豊かに育む実践の礎となる，子どもの「声」を聞き，それを読み解くための手がかりを提供してくれることでしょう。

「乳幼児心理学」を手がかりの1つとして保育のねらいを考え，実践を展開していくうえで，子どもの「声」を保育の内容に反映させるための具体的なふるまいと，「子ども」や「権利」をどう捉え，それとどう向きあっていくかという社会全体のありようは，同じ車の両輪にたとえることができます。私たちが専門職として，保護者として，もしくは子どもに関わる一市民として，子どもを支える保育や子育ての実践を窓に，私たちの社会のありようをどのように考え，実現していくか。子どもたちの「声」を聞き，読み解き，実践することの先に，人と人とが信頼し，支えあえる社会をどのようにつくるのか。保育や子育てとはこのように，子どもたち，それに関わる私たち自身が育ちあい，これからの新しい社会のあり方を育んでいくための営みにほかなりません。

第2章 現代の子育て状況と求められる支援

　現代日本では少子化が進み，保育や子育て支援に社会の注目が集まる一方で，虐待や保育所の待機児童問題，仕事と育児の両立など，子育てをめぐる多くの課題が山積しています。本章では，このような社会情勢のなかで，実際に子育てをしている親の実感はどうなのか，また保育や子育て支援に期待される役割とは何かを考えてみたいと思います。

1　現代の子育てをめぐる状況

★ データでみる現代家族の形と子育ての実感

　〈少子化はなぜ問題なのか〉　世界銀行のデータによると，世界187か国における合計特殊出生率（1人の女性が生涯に産むことが見込まれる子どもの数を示す指標）の平均は，1964年の5.055をピークに一貫して下がり続け，2017年には2.432になりました。また1960年と2017年の合計特殊出生率を各国で比較した場合，程度の差はあるもののすべての国で出生率は低下しており，上昇している国は1つもないことから，少子化は世界的な傾向といえるでしょう（世界銀行，2017）。

　こうしたなか，日本における2016年の合計特殊出生率は，187

か国中 178 位の 1.44 でした。これは現在の人口を維持できる水準（人口置換水準）である 2.07 を大きく下回っているため，将来の人口減少は確実と考えられます。また日本では，人口全体において 65 歳以上の高齢者が占める割合が高く，少子化によって生産年齢人口（生産活動に従事しうる年齢の人口のこと。日本では 15〜64 歳までを指す）が減った場合，少ない人数で大勢の高齢者を支えることになります。つまり，少子化は日本社会の維持という点において大きな問題になるのです。

　少子化の原因には諸説ありますが，婚外子（婚姻届を出していない男女間に生まれた子どものこと。非嫡出子ともいう）の数が極端に少ない日本では，未婚率の上昇が少子化の大きな原因と考えられています。国立社会保障・人口問題研究所「人口統計資料集 2018 年版」によれば，1950 年に男性 1.5%，女性 1.4%だった生涯未婚率は，2015 年には男性 23.4%，女性 14.1%にまで上昇しました（国立社会保障・人口問題研究所，2018）。男性の 4 人に 1 人，女性の 7 人に 1 人は生涯結婚をしない計算になります。生涯未婚率とは 45〜49 歳と 50〜54 歳未婚率の平均値から，50 歳時の未婚率（結婚したことがない人の割合）を算出したものです。実際には，生涯を通して未婚である人の割合を示すものではありませんが，50 歳で未婚の人は，将来的にも結婚する予定がないと考えられることから，生涯独身でいる人の割合を示す統計指標として使われます。一方，内閣府が実施した調査では，20〜39 歳の未婚男女のうち「将来結婚するつもりはない」とする割合は 7.0%にすぎず，77.7%が「結婚したい」と答えています（内閣府，2014）。結婚を希望するが現在未婚である理由としては，男女ともに「適当な相手にめぐりあわない」が第 1 位，男性では「結婚後の生活資金が足りないと思う」，女性では「自由や気楽さ

18　第Ⅰ部　「育ちあう乳幼児心理学」に向けて

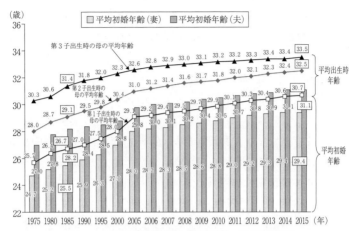

図2-1　平均初婚年齢と平均出生時年齢の変化
(出典)　内閣府, 2018。

を失いたくない」が第2位の理由に挙げられていました。

　現代日本社会において, 結婚することはあくまで人生における選択肢の1つになったといえるかもしれません。一方, たとえ結婚を希望したとしても,「婚活」ということばに象徴されるように, 意識して結婚相手を探さないと結婚する機会を逃してしまったり, 経済的理由や伝統的な性別による家事役割分担への抵抗から結婚に踏み切ることができなかったりする場合もあるようです。未婚率の上昇は, 若年世代において結婚して家族を形成することが困難になりつつあるということの表れといえそうです。

　〈子育てをめぐるさまざまな課題〉　このような状況のなかで, 男女の初婚年齢や母親の第1子出生時平均年齢は上昇し続けています(図2-1：厚生労働省政策統括官, 2018)。また産科医療技術・高度生殖治療技術の発達により, 高齢出産の定義である35歳以上の妊産婦も珍しくない存在になりました。子育て支援セン

ターに子どもを連れて遊びにくる母親の年齢も 10〜40 代と幅広く，一見してどの人がお母さんなのか，おばあちゃんなのかわからないこともしばしばです。次に挙げるのは，筆者が子育て支援センターで出会った親子の事例です。

　　「子どもの世話の仕方がわからない C さん」
　　子育て支援センターを初めて訪れた C さんの印象は，か弱そうなお母さんだなというものでした。生後 6 か月の赤ちゃんを抱く手はぎこちなく，オムツ替えでさえも自信なさそうにみえました。スタッフが聞いてみると 46 歳で初めて授かった子どもだと言います。C さんも現在の夫も再婚どうしで，夫には連れ子がいます。都心の大手企業で働いていた C さんですが，C さんのお母さんが病気になり介護が必要になったことから実家に戻り，そこで現在の夫と出会いました。｜夫は大変優しく，子どもの世話もしてくれるが，高校生と中学生になる夫の連れ子とどのように関わったらよいかわからず，家に居づらい。もともと家事は苦手で，子どももそれほど好きではなかったが，わが子は本当にかわいく思えるし，子どものためと思っていまはとにかく頑張っている。ただ，世話の仕方がよくわからず，自分 1 人で子どもを見ながらさまざまな家事をこなすのがとても難しい」と言います。
　　C さん自身は，その経歴から想像するような積極的な性格ではなく，どちらかというと地味で控えめな感じの女性です。生まれ故郷とはいえずっと離れていたため，友達もいない土地での初めての育児に介護と再婚生活が重なり，疲れ切っているようにみえました。また C さんの子どもも，若干ですが発達に遅れがみられました。子育て支援センターでは，C さんの気持ちを受けとめることを第一に，保健センターや近隣保育所とも連携して，C さんの子育てを長期的に見守っていくことにしました。
　　（本事例は，プライバシー保護の目的で筆者が内容を一部改変

しています。）

　Cさんの事例には，「高齢出産」「女性のキャリアと結婚」「介護と育児の両立（ダブルケア）」「ステップファミリー（再婚や事実婚により，血縁のない親子関係や兄弟姉妹関係を含んだ家族形態のこと）」など，現在，子育てに関わって指摘されているさまざまな課題が当てはまります。

　保育所や子育て支援センター等の現場でCさんに出会った場合，私たちはCさんとその家族をどのように支えることができるでしょうか。傾聴や共感など，保育者個人が備えるべきスキルはもちろん，他機関との連携，子どもの年齢によってケアが途切れることのないよう継続的な支援を可能にする体制づくりなど，多くのポイントが思い浮かびます。しかし他方で，Cさんの場合はさまざまな課題が複雑に絡みあっており，「このように対応すればよい」という1つの決まった解は出ないことにも気づきます。

　Cさんの例に限らず，子育て支援・保護者支援においては，保護者自身の性格や生育歴，経済状況，家族関係，子どもの発達状況など，置かれている立場や条件がそれぞれ大きく異なるため，対応をマニュアル化することはできません。そのつど1人ひとりの状況を見極め，当事者の立場に立って必要とされる支援を考えることになります。

　保護者が訴えてくることの真意は何か，なぜいまそのような訴えが出てくるのかを探るためには，その背景にあるもの，つまり子育て家庭全体が置かれている社会状況について知っておくことが必要です。データや事例からみえてくる現代家族の姿を題材にして「自分がこの立場に置かれたらどうするか，どうしてほしいか」と自分に引きつけ，わがこととして考えてみることが，保護

者の気持ちに寄り添う支援につながります。

★ 子育てのビジュアル化と育児実践のつまずき

〈育児ストレスの背景〉　雑誌やSNS，インターネットの情報があふれる現代の親にとって，子育ては始める前からすでに文字と映像によってイメージ化されています。当然のことですが，そうした一般的な子育てに関する情報は，読者に対してポジティブな印象を与えるものがほとんどです。かわいい赤ちゃん，カラフルな育児グッズ，子育てを楽しむおしゃれなママ。しかしながら，たいていの場合，現実の子育てはそのような幸せに満ちたイメージとはかけ離れています。子どもの夜泣きがひどくて眠れない，レシピをみて一生懸命つくった離乳食を子どもが吐き出す，遊び場に連れて行ったら子どもが知らない子どもにかみついてしまった，上の子を風呂に入れている間に下の子が激しく泣き叫ぶ……などなど，おしゃれな赤ちゃんとママの写真からは想像もつかない事態が現実では起こります。そしてそんな現実を目の前にして，母親たちは，「私のやり方が悪いのだろうか？　うちの子どもがおかしいのだろうか？」と思ってしまうのです。

　こうした「失敗の感覚」は，出産前に抱いていた子育てのイメージが視覚的であるほど，大きくなってしまうようです。SNSなどに投稿される写真はあくまでも生活の一場面を切り取ったものにすぎず，具体的な育児行動とは結びついていません。そのため，子どもと過ごす生活の指針にはなりえないのですが，にもかかわらず，写真のイメージのみを頼りに子育てをしようとするので，日々の生活は困りごとだらけなのです。

　幼い子どもと触れあった経験の少ない母親にとって，雑誌やネットを通して，子育てのイメージを形成することは，いまの時代においては避けられないことかもしれません。一生懸命子育てに

22　第Ⅰ部　「育ちあう乳幼児心理学」に向けて

向きあおうとする人ほど，事前に雑誌やネットで情報を集めよう
とします。しかしネット上の情報は非常に断片的で，子育てや子
どもの発達について体系的・網羅的に教えてはくれないため，自
分が調べて得た情報と現実の子育てとの間のギャップに苦しむこ
とになります。現代の育児ストレスの背景には，子どもと触れあ
う経験の少なさに加えて，ネット社会が大きな影響を与えている
といえるでしょう。

　〈数値から始める子育て〉　　上にも述べたように，現代の母親
にとって育児をするうえで最も頼りになるのはネットの情報です。
母親たちは，困ったことが起こるとまずネット検索をします。情
報社会で育った現代の子育て世代は，ネットで得られる情報のす
べてが正しいわけではないということは知っています。それでも
わが子に関連する否定的な情報をみると心配になるし，細かな数
値が出てくると，どうしてもその基準にわが子が合っているかを
考えてしまいます。

　加えて日本では，一般の育児情報だけでなく保健センターなど
の公共機関の指導も含めて，育児の方法を解説する場合に，開始
時期や回数・量などの数字が細かく示される傾向にあります。こ
れらの数字はあくまでも目安として示されているのですが，真面
目で経験の少ない母親たちには，わからないからこそ素直に言わ
れた通りに実行しようとする人が少なくありません。その結果，
示された基準にわが子が沿っているかを常に気にし，少しでも基
準から外れると過剰に心配するという状態が生まれます。現実の
子どもの様子をみて，そこからことの善し悪しを判断することが
できなくなってしまうのです。まるで，目の前にいる子どもでは
なく，どこか遠くの非現実をみながら子育てをしているかのよう
です。

〈恐怖のイヤイヤ期〉　　母親たちは，子どもの体重の増加やひとり歩きの開始時期など，身体発達の側面だけでなく，認知・精神発達の側面においても，事前に多くの情報を仕入れています。「イヤイヤ期」ということばもその1つで，いまや子育て中の親なら誰でも知っているほどよく知られた用語になりました。

　「イヤイヤ期」は一般的には1歳半〜2歳半頃の自己主張が強くなる時期のことを指します。母親たちは，子どもが1歳の誕生日を迎えた頃から「うちの子は，いつイヤイヤ期が始まるのか？」と怯えはじめ，子どもが少しでも強く泣くと「ついにイヤイヤ期が来たか！」と恐怖します。まるで，この時期になると突然子どもがモンスターに変身するとでも思っているかのようです。

　「イヤイヤ期」は，本来は「自分はこうしたい」という子どもなりの意思や自我が育ってくる大切な発達の節目です。しかし母親にとっては，それは発達の節目などではなく，「子どもが自分の言うことを聞かなくなって生活が難しくなる時期」にすぎないようです。このような誤解を正すために「イヤイヤ期」を別の言い方に変えようという投書に反響が集まり，新聞紙上で特集が組まれたこともあります。しかし，言い換えをしただけでは母親たちの恐怖はなくならないでしょう。なぜなら，子どもの世話から家事全般すべてを1人でこなす多くの母親にとって，子どもがスムーズに動いてくれなくなることは，生活を進めていくうえで致命的だからです。

　いままでは，買い物に出かけるときは，子どもに上着を着せてベビーカーに乗せて，5分で家を出られたのに，子どもが「イヤイヤ期」に入ると，上着を着るのはイヤだ，ベビーカーに乗るのはイヤだと言って玄関でひっくり返って大泣きする。仕方なくおもちゃを渡したり，お菓子を食べさせたり，携帯電話で動画をみ

せたりして，なんとかなだめすかして，やっと家を出られたと思って時計をみたらもう1時間近く経っている……。これが母親にとっての「イヤイヤ期」の現実です。

問題は，用語の理解の仕方が間違っていることではなく，誰も助けてくれる人がいないなかで子育てをしていることです。買い物・調理・食事・片づけ・風呂・子どもの排泄介助や着替え・寝かしつけを夜9時までに1人で終わらせなくちゃならない。そのために逆算して家を出ようとしたにもかかわらず，玄関で大泣きしてストップというのでは，子どもがモンスターにみえても仕方がないかもしれません。玄関でひっくり返って泣いている子どもの気持ちを認めて，穏やかに「ベビーカーに乗るのがイヤだったんだね」と言えるためには，買い物を別の人に頼んだり，調理を別の人に任せたりできる余裕が必要なのです。

2　保育所・幼稚園・こども園における子育て支援

★ 保育・子育て支援に期待される役割

〈子育てをもっとシンプルにする〉　このように書くと，なんだか子育てがとても大変で辛いもののように思われます。しかし，子育てをめぐる状況は世界中どこでも同じではなく，それぞれの国・文化によって大きく異なっています（牧野ら，2010）。つまり，現代日本社会の子どもと親を取り巻く環境がこうした子育てのあり方を生み出していると考えられます。だとすれば，私たちの力でもっと子育てを楽しくすることもできるのではないでしょうか。

少子化・核家族化が進むなかで，若年世代において子育てを間近にみる経験が不足していることは確かです。そのためネットや育児雑誌，公共機関の指導などで，育児の仕方について具体的に

伝えようとする取り組みが多くなされています。これらに共通しているのは、丁寧にわかりやすく説明しようとするあまり、発達時期や子どもの行動を細かく分析しすぎていることです。細かなマニュアルは、子どもの行動や症状１つひとつの成否を判断するのには向いていますが、全体としてどこへ向かえばいいのかはみえにくくなります。その一方で、写真に写る視覚的な憧れのイメージだけでは、何をすればよいかわかりません。

このような状況のなか、いま、保育や子育て支援に求められるのは、ここさえ外さなければ大丈夫という、子育てをしていくうえでの大まかな指針となるものを親に伝えていくことなのではないでしょうか。子どもの命を守ること、栄養を与えること、あそびと生活を通して子どもを健康に育てること。これまで保育の歴史のなかで大切にされてきた基本が子育てにも必要です。これらの保育の基本は、親が子育ての道中で迷子にならないような道標になるはずです。

〈保育を「子育てモデル」としてみせる〉 子どもは、ことばは話せなくても、多くのシグナルを発しています。子どもが発するシグナルを読み取り、それを基に親が自分自身で子どもとの関わり方を工夫していけるようになることが必要です。たとえば、子どもが離乳食を吐き出してしまったときにも、まずは、食べ物が大きすぎて喉つまりをしたのではないか、体調が悪くて吐き出したのではないかという可能性を、子どもの表情と態度から確認します。子どもの機嫌がよく、また数週間の間に体重が減っているのでなければ、たまたま吐き出してしまっただけかもしれません。次に同じものを食べさせるか、やめるかは親の自由です。こういうシンプルな事実を知れば、子育てはもっとずっと楽になるのではないでしょうか。子どもの行動１つひとつに対してネット検索

をして正解を調べる必要はないのです。

　しかしながら，このような判断は，実際の経験を通して少しずつできるようになっていくものです。子どもと触れあった経験が少なく，赤ちゃんを抱くのはわが子が初めてというような新米保護者は，とくに乳児期においては，子どものどこをみてどう判断すればよいのかがわかりません。このような保護者にとって，保育所の保育参観や懇談会を通して年齢に合った保育環境や子どもへの関わり方を実際にみることは，子育ての1つのモデルになります。

　乳幼児期は，食事に限らずすべての面において，保護者自身も初めての経験を重ねていく時期です。ですから，できないことやわからないことがたくさんあります。そのため保育者は，つい，子どもの世話の仕方やあそび方などについて1つひとつ「～してください」という形で伝えたくなってしまうかもしれません。けれども，そのような細かな指導は，ネット検索と同じで，断片的な知識にしかなりません。それよりも，まずは園での子どもたちのあそびと生活の様子を実際にみてもらい，園の保育で大切にしていることや，第Ⅱ部で詳述される乳幼児期の子どもの発達特徴について保護者に伝える機会をつくりたいものです。そのようにして子育ての基本イメージを伝え，「この基本さえ外さなければあとは大丈夫」と保護者を励まし見守る態度が，保護者が親となっていく過程を支えます。

　〈保護者の子ども観を育てる〉　　また，保護者が子どもを迎えにきた際には，その日の子どもの様子をできるだけ口頭で伝えたいものです。「今日はこんなことができるようになったよ」「○○ちゃんはこれが好きなんだね」という保育者の何気ない一言が，保護者の子どもをみる目を育てます。あるいは，保護者のほうから，

最近の家での子どもの様子や気にかかることについて，保育者に訴えてくることもあるかもしれません。その場合，質問の1つひとつにどうすればよいのか回答するよりも（場合によってはそれも必要ですが），なぜそうした子どもの行動が出てくるのか，その時期の発達の特徴についてあわせて伝えると，保護者自身の子ども理解につながります。

　次章にも書かれているように，子育てのなかで，子どものどのような姿が「気になる」か，「困る」かには，その保護者がどのような子どもを「当たり前」とし，どのような子どもに育ってほしいと思っているのかという価値観が反映されています。この価値観は，それぞれの保護者の生育歴やそのときの社会状況からつくられるものですが，一度形成されたらずっと変わらないというものではありません。実際の子育てや，子育てを通じて出会う他者との関わりから再構成されていきます。

　子育て支援においては，その保護者がどのような価値観をもって子育てをしているのかを理解しようとするのと同時に，保育者である自分自身がもっている子ども観についても改めて見直す必要があります。その際に出発点となるのは，前章で述べた「権利主体」としての子ども観です。この子ども観を実現する保育と，そのように子どもを捉える保育者の温かなまなざしは，保護者の子ども観を育て，結果的に子どもが育つ環境をよりよいものにしていきます。

★ 子どもの発達を豊かに捉えることが子育て支援につながる

　〈保育者と保護者の関係〉　保育や子どもの発達について学ぼうとしている読者のなかには，保護者への子育て支援は保育とは別ものだと考えている方がいるかもしれません。たとえば，保育者は子どもを保育するほかに，悩みや不安を抱えた保護者のニー

28　第Ⅰ部　「育ちあう乳幼児心理学」に向けて

ズに応えなければならない，あるいは，子どもの保育に加えて保護者にも望ましい子育ての仕方について情報提供しなければいけない，などです。このような考え方の問題点は，保育者と保護者をサービスの提供者と受け手という関係に置いてしまうことです。子育て支援・保護者支援は，保護者に対して何らかのサービスを提供することではありません。保育者と保護者は，対面してサービスや金銭をやりとりする関係にあるのではなく，異なる立場から子どもに関わり，異なる立場から子どもが育つための環境をつくる仲間です。保育・子育ての中心が子どもにあるように，子育て支援・保護者支援もまた，子どもの成長・発達を保障するために行われるものなのです。

　さまざまな考え方・価値観をもつ保護者のなかには，自分たちは保育料を払っているのだから，子どもを預かってもらって当たり前，子どもに何かを「できる」ようにしてもらって当たり前という考えの人もいるかもしれません。しかし，先ほども述べたように，保育は保護者へのサービスではありません。保育は，子どもの成長・発達を保障し，よりよい未来社会をつくるための教育的行為です。このことを保護者に理解してもらうために必要なのは，保育者が子どもの内面世界について豊かに語ることばをもつことです。親から離れた子どもたちが，園のなかでどんな経験をし，どんなことを感じ，どんな葛藤を抱え，何にチャレンジしようとしているのか。子どもの日々の努力とそれを乗り越えたときの達成感について，自分のことのように生き生きと語る保育者に対して，サービスが足りないと言う保護者はそう多くはないと思うのです。なぜなら，保育者のことばを通して，保護者は，自分とは異なる人格をもつわが子が必死に生き，成長しようとしていることを感じるからです。そして園の先生たちは，そんなわが子

を愛情深く温かく支えてくれていると思うとき，保育者と保護者は子どもを間に置いて隣りあう関係になれるのではないでしょうか。

〈子育て支援の目的〉　子育て支援というと，どうしても，保護者への直接的な援助としてイメージされることが多いように思います。しかしながら，保育所・幼稚園・認定こども園が，子どもを保育・教育する場であることを踏まえると，子育て支援もやはり保育の延長線上にあると考えたほうが，保育者の役割がみえてきやすいのではないでしょうか。

　子どもの生活は，園と家庭の両方でつくられます。園で楽しい時間を過ごした子どもは家庭でも落ち着いているでしょうし，逆に家庭の生活のありようは園での子どもの様子に現れます。家庭での子どもの暮らしを導くのは保護者です。保護者の心が安定し充実しているとき，家庭生活は豊かなものになり，子どもたちはそこでしっかりエネルギー補給をして翌日の園の活動に熱中することができます。保育所・幼稚園・認定こども園で行う子育て支援は，子どもたちが充実した園生活を送り，また生涯発達の基礎となる乳幼児期を豊かに過ごすことができるように，もう1つの環境である家庭を支えることを目的としています。保護者の話をじっくり聞き，保護者が抱える問題をときにいっしょに考えるのは，保護者の精神的な安定が子どものよりよい家庭生活につながると考えられるからです。つまり子育て支援・保護者支援は，常に子どもの姿を念頭に置いて行われることになります。

　この意味で，子育て支援・保護者支援においても，子どもの発達理解は重要です。先ほど「この基本さえ外さなければあとは大丈夫」と励まし見守る態度が保護者を支えると書きましたが，保育者自身が子どもの発達の道筋を理解していなければ，保護者に

「基本」を伝えることはできません。その時期の子どもの姿を理解し関わるうえで核となるものをわかりやすく保護者に伝えるためにも，子どもの発達を適切な単位で捉え，その時期特有の子どもの姿がなぜ生まれてくるのかを理解しておくことが必要です。

★「育ちあう」社会をつくる保育・子育て支援

〈親を元気にする〉　現在日本では，少子化が進む一方で，経済低成長時代に入って年功序列型賃金体系が崩れ，生活にゆとりがなくなってきていることから，子育て世代の共働き化が進んでいます。そのため保育所の利用率は上がり続け，いまや1〜2歳児の約半分が保育所に通う状況です（2018年4月の保育所等利用率は47.0％；厚生労働省，2018a）。また，都市部を中心とする保育所の待機児童問題もいまだ解消されていません。親は自分のことを考えるのに必死で，とにかく子どもを預かってもらえればいいという思考に陥ってしまい，乳幼児期の子どもの経験や発達といったことは二の次になりがちです。保育所・幼稚園・認定こども園における子育て支援では，このような状況に置かれた保護者の心情を理解し，乳幼児期の子どもの発達環境をよりよいものにしていくという観点から，保護者をエンパワーメントすることも大切です。

　親が安心して子どもを預けて働けるということは，言い換えれば，親が「稼ぎ力」をつけて子どもがいる世帯の所得が上がるということで，子どもの貧困防止につながります。また就労している，していないにかかわらず，子どもを園に通わせることは，親が外に出て人と会い，社会的なつながりを得るということでもあります。行事などを通して園のさまざまな活動に親を巻き込むことができれば，親は他の親とつながり，地域で生活する基盤をつくることができるでしょう。保育所・幼稚園・認定こども園に通

うということ自体が，実は子育て支援なのです。

　保護者対応という枠組みで考えると，どうしても保護者の個々の言動をなんとかせねばと思ってしまいがちです。しかし，子育て支援・保護者支援は，子どもの発達保障の一環であり，保育の延長線上にあります。各時期の子どもの発達を支えるための保育内容を考えるように，保護者が園に通うなかで他の保護者・地域社会とつながり，成長していけるような仕組みや活動を考えることが必要です。保育は，子どもだけでなく親をも育て，地域社会全体を豊かにしていく営みです。保育所・幼稚園・認定こども園は，子どもと親そして保育者が集い，ともに育ちあう大きな家なのです。

　〈「循環型子育て支援」を目指して〉　厚生労働省の「平成29年国民生活基礎調査の概況」（2018b）によれば，児童のいる世帯の82.7％が核家族世帯なのに対し，三世代世帯は14.2％にすぎません。つまり自分以外の誰かといっしょに子育てをしている保護者はわずかだと考えられます。先にも述べたように，生活を回すことが最優先になってしまうと，子どもは単に自分のじゃまをする存在にみえてきます。子どものために一生懸命働こう，よりよい生活をつくろうとしてかえって子どもの姿がみえなくなるのは，なんとも皮肉な結果です。

　これを解消するためには，子育て世代が，経済的にも時間的にも精神的にも多くの支援を受ける必要があります。子どもを育てる責任は親にあるのだから，子育てを肩代わりすることは，親の責任放棄を助長するのではないかという意見もあります。けれども，責任を強調するあまり親に「1人で頑張る」孤独な子育てを強いることは，親のストレスを高め，その結果虐待のリスクを上げるだけでなく，「子育ては辛いもの」というイメージを若年世

代に植えつけ，少子化を進める要因にもなります。

　保育所入所はもちろんのこと，一時保育・託児・ベビーシッターなども含め，親が「安心して」子どもを預けられる社会環境が必要です。他人にわが子を愛情をもって世話してもらい，わが子は他者から愛される存在であるという実感を得ることは，何よりも親の励ましになります。また，子どもと離れる時間は，親のなかに精神的余裕を生み出し，子どもと過ごす時間を楽しめるようにします。そして，子どもを預けることを通して親自身が人とつながり，親として成長していけます。

　現代の親たちが真に育児を楽しむことができれば，その世代が高齢になったときに，「私たちもたくさん助けてもらったから」と次世代を支援する，循環型子育て支援が生まれるのではないでしょうか。子育ては世代をつなぐ営みです。子育てが辛い難しい社会は継続しません。その意味で，子育て支援は社会全体を支える取り組みだといえるでしょう。

第3章 子どものいまと これからを支える 乳幼児心理学

　人が子どもを育てるという営みは，ヒトという動物の育児行動としての特徴を共通にもちつつ，その置かれた時代や社会的条件，文化的な背景によって多様な装いをみせます。1個の生命が発達していくように，子育ての歴史もまた，さまざまな矛盾をはらみながら選び取られ，つくり出されて発展していきます。

　前章では，子育てを辛いものにしている現在の社会的な背景が分析され，「育ちあう」社会をつくる保育・子育て支援の視点が提起されました。本章ではその内容を受け，1．ときに保育者や保護者を悩ませる子どもの姿，言動の奥に，どのような発達上の要求や可能性をみることができるのか，2．「子どもの尊厳・権利」を尊重し，子どものいまとこれからを支える乳幼児心理学の役割，および，そうした実践の手がかりとなる発達観とはどのようなものかについて考察します。

1　発達の理解と保育・子育て

★ 人類の進化，社会の発展と保育実践の歴史に学ぶ

　他の動物と比べて，生命の維持に必要なシステムの多くが未熟な状態で生まれるヒトの赤ちゃんは長期間親に依存することにな

ります。イスラエルの歴史学者で広域の調査にもとづいて人類史を俯瞰したハラリ（2016）によれば，人間が子どもを育てるには，仲間が力を合わせる必要があったため，「強い社会的絆を結べる」種族が進化において生き残ってきたそうです。また，重い身体的障害を抱えながらも何年も生き長らえたネアンデルタール人の骨が考古学者によって発見されていることは，身内に世話をしてもらった証拠であると考えられています。

　第1章では，19世紀から20世紀にかけて子どもたちを労働や戦争に巻き込み，尊厳を傷つけてきたという先人らの反省から「子どもの権利」という視点が導かれてきた国内外の歴史が概観されました。19世紀末の日本では，貧しい子どもたちによい環境のもとで教育を受けさせるために，教育家や慈善家の協力を得た幼稚園が設立され，1919年には労働者の生活不安や労働争議の高まりから勃発した米騒動を機に本格的な公立保育所が誕生しました。その背景には，貧困をはじめとする社会問題を，「社会協同の責任」として，公的な社会事業として解決していこうとし，出産，養育，教育を「子どもの権利」として認識する思想のめばえがありました。

　　「隆見ちゃん（満2歳）は今までどうしても便所へおしっこをしなかった。抱えてさせてやるのだがいつまで経ってもしないので，いつまでも抱えていると遂に泣き出すのだ」（宍戸，2014，358頁；以下，一部漢字を平仮名に変換）

　2歳児の多くの親が「あるある」と共感しそうなこの文章は，1938年当時に公立保育所での保育1年目だった阿部和子（24歳）が記したものです。いまや「トイレ・トレーニング」で検索すればさまざまなグッズやコツが紹介されていますが，隆見ちゃんは

どうなったのでしょうか。

> 「ところが今日，彼は，偶然，健二がおしっこしている所へひょこひょこ歩いて来て，そのおしっこする様子をつくづくと眺めている。とてもとても興味深げな顔なのだ。そうだ。隆見ちゃんも自分一人でおしっこがやってみたいのかも知れない。いつもいつも他人にやってもらうのではつまらないに相違ない。
>
> そこで，わたしはためしに彼のお尻をまくり，一人でやらせて見た。すると用心深く一人でまたいで，姿勢をとったかと思うと，いつもあんなにむずがったおしっこが，いとも素直に出て来た」
> （宍戸，2014，358頁）

「こんな時保母は滑稽なほど嬉しがる」として，「そうだ。自分の力でおまたぎ出来た嬉しさに，こんなにも素直におしっこが出て来たのだ」「私はどうして今迄これに気づかず，無理矢理押さえつけては隆見をいたずらに苦しめていたのであろう」と記しています。このときの阿部は，「便所でできた」ことよりも，隆見が「自分の力でまたげた嬉しさ」に共感し，そのうれしさからおしっこができた，という事実を喜んだのでしょう。そして，隆見の気持ちに気づかず「無理矢理」させていたと省察しました。

友達の行動をつくづくと眺める興味深げな表情に，「自分も1人でやってみたい」という2歳児の心理を読み取る感性と，目の前の子どもをよく観察し，仮説を立て，子どもへの敬意と期待をもって「ためし」，教訓を得て子どもと育ちあう実践者のセンスが光っています。国内外で「子どもの発達への影響」が危惧されていた乳児保育でしたが（服部，2012），基本的生活習慣の形成の問題が研究されはじめたばかりの日本で，「保育者がその実践に自信をもった，はじめての出来事ではなかろうか」と宍戸（2014）はこの実践報告を価値づけています。無理に「させる」

のではなく，子どもの発達過程で「してみたくなる」心理を理解して働きかけること，そして，友達の存在が発達の重要な契機であることを後に伝える先駆的な実践記録です。

★ 見方を変えると「味方」になれる

ある研究会で出会った若手保育士からうかがった話です。「去年，5歳児担任のときは，こっちがどんなにがんばって準備してもぜんっぜんのってくれなくてガックリってことが多かったけど，2歳児の担任になって，『こんなことでもおもしろいんだ〜』って新鮮で，かわいくてしょうがない」。5歳児担任のときは，「〇〇（行事など）までに××しなければ！」「園の顔としての〇〇」などと肩に力が入って余裕がなく日々の保育が辛かったようです。

"こんなことをおもしろがる"姿を愛おしむ保育士にとって，2歳児は terrible（魔の，恐るべし）ではありません。西アフリカでは，2〜3歳から簡単な仕事を任せられるようになると知ると驚きますが，考えてみれば日本の2〜3歳児も大人の仕事のまねが上手です。多くの日本の子どもは，「まだできないでしょ」とやらせてもらえずに怒りわめくことになりがちです。身長が80cmを超え，ダイニングテーブルやキッチン台に近づいてもその上にあるものが見えるようになることは，2歳児の目線を「大人の世界」に誘う重要な契機であるように思います。つかまり立ちを始めて生活上の道具に興味をもつようになり，家事にもあこがれはじめる――そうした生活文化への参加要求の高まりをみていく視点が求められます。親にとっては「2語文がまだ出ない」「早期教育の始めどき？」といった心配や焦りが先行しがちな時期ですが，「この時期の子どもって何がしたいのかな？」「何がおもしろいのだろう？」と考えてみることが発達的理解の第一歩だと思います。

第3章 子どものいまとこれからを支える乳幼児心理学 37

2歳児を受け入れる幼稚園も増えていますが，「学校教育的に構造化された場面に乗らない」「好奇心に導かれながら，小さな予測をつなぎあわせて活動を創り出していく」ところに2歳児の発達特性をみる川田（2016）は，狭い保育室に過密状態にされ，その発達にふさわしくない環境と関わりによって「イヤイヤ期」にさせられているという可能性を指摘しています。「ブラブラ期」と表現したほうがよいのではないかという提起は，単なる語感の問題ではなく，子どもの見方を変えることによって，私たちが子どもたちに保障しようと価値づける時空間や経験を見直すことを求めるものといえます。

★「本当の願い」を理解する発達的視点

保育士1年目で3歳児クラスの担任になった上田を悩ませたのがRちゃんでした（上田，2017）。当時の保育ノートをみると，

> 「……一人でこちらを見て泣き始める。そして，大泣きになる。近づくと『バカ』『ママがいい』の繰り返し。他の担任に話を聞いてもらうと『お友だちと足がぶつかったのが嫌だった』と言っていた。だが，その後に僕が再び聞くと『ママがいい』しか言わない」（上田，2017，61-62頁）

このような日が続き，Rちゃんの泣き声を聞くたびに「胸が高鳴った（恋ではなく）」そうです。以下は12月下旬のことです。

> 「給食を取りに来るように声をかけるとRちゃんが机を叩いて大泣きになる。抱っこして話を聞くと，給食を取りに行くのが一番が良かったとのこと。……一度は箸を配ることで気持ちを切り替えたが，また配り終えると泣き始める。……他の担任に対応を代わってもらう」（上田，2017，62頁）

この日のお昼にRちゃんへの対応について他の担任に相談し，

38　第Ⅰ部　「育ちあう乳幼児心理学」に向けて

「自分でも気持ちを切り替えられるように泣ききって，涙終わったら話きくよ，と対応をしてみてはどうだろうか？覚悟を決めて，泣かないように，泣かないようにと，綱渡りの関わりはしないようにしよう」と話しあったそうです。

> 「するとその日の午睡明け，いきなり僕をめがけて鳴り響くRちゃんの泣き声。『それでは，行ってきます』と他の担任に伝え，覚悟を決めて彼女を連れて部屋の外に出る。そして，彼女に伝えた。『どうした？　なにか嫌なことがあったんだね』『教えてよ。泣き終わるまで横で待ってるから』。すると，30分で涙は止まる。そして彼女は『話せる』とポツリと言ったのだ。『起きた時に上田先生がいなかったのがさみしかった』。……『言えたね！』『涙とまったね！』……ぼくの喜びようを見て，Rちゃんも『えへへ。言えた』」（上田，2017，62頁）

　ほかの先生になら理由を言えるのに，自分には言ってくれないのはどうしてだろう，通じあえない……と不安と焦りの日々でしたが，「バカ」「ママがいい」ということばとは裏腹に，Rちゃんは上田にそばにいてほしいと強く願うようになっていたのです。

　3歳児は30分待てば話せる，というような一般化はできませんが，「好き」なのに拒否的にふるまう，といった矛盾に満ちた姿がみられる時期という理解はできそうです。3歳児の生活実態の資料をもとに共同研究を行った園原・黒丸（1966）は，子どもへの理解とは，「その闘いを理解すること，その努力を信頼すること」であると述べ，「依存と独立の葛藤から自立へと発展」していく3歳児の心理に迫りました。3歳頃を「自己主張の強さと他者を受容する力の2次元的な矛盾が激しくなる時期」と捉えた田中ら（1986）は，この頃の反抗には，「どこまでも，自分でやろうとしたことをやりとおそうとする」ものと，「相手の意図が

わかったうえで，それを受けとめる際の反抗」とがあると述べています。そして，「恥ずかしさや照れくささも入りまじりつつ，よりよく受けとめていこうとする際の調整活動」であるという見方を示し，「表面の姿だけで判断して決めつけられたり，ふみにじられたりすると，もつれ」ると指摘しました。「主張と受容の2次元的な矛盾」の強まりという発達的な理解によって，「本当の願い」に寄り添いやすくなるのではないでしょうか。

★「賭け」を支える発達的理解

6年経ってRちゃんの記録を読み返した上田は，「いまならこの状態に入る前に笑い合えるかな，彼女の本当の願いに気づけるかな，たくさん触れ合ってあそんで良い関係がつくれるかな……」と思いを巡らせました。そして，「当時の関わりが良かったか」どうかはわからないけれども，「30分も付き合ってくれたRちゃんと，待ち続けてくれた担任の先生方に対して感謝の気持ちでいっぱいになった」（上田，2017）そうです。

子どもとの関わり方や保育の展開に絶対無二の正解というものはなく，常に「賭け」の要素を含み込んだ不確実なものといえます。Rちゃんを「信じて待つ」と覚悟を決めて「行ってきます」と向かったときの心境は，まさに「賭け」であったでしょう。それはなにも，このような緊張関係に当てはまるだけではなく，保育者のほうからあそびをしかけていくときにもいえることです。予測を立てることの限界を知ったうえで，どうなるかわからないという可能性に賭けていく勇気こそが求められます。そうした不確実さに一定の確証を与え，その時どきの一瞬の判断に寄与しうるのは，「どのような時期にどのような発達要求がめばえ，高まるか」という視点での発達的理解であると思います。

意見（view）を表明する子どもの権利は，耳を傾けてくれる大

40 第Ⅰ部 「育ちあう乳幼児心理学」に向けて

人の存在があってこそ保障されるのであり，大人もまた聴いてもらえる仲間と機会があってこそ思いを打ち明けることができます。保育者の思いを語りあえる集団関係と時間的なゆとり，発達的理解が，子どもを信じる賭けを可能にするといえるでしょう。

★ 子どもが変わるきっかけを探る：必然性と偶然性

　3歳児クラスのSくんは，おねしょを心配する母親の要望もあって紙パンツでお昼寝をしていました。生活場面での「切り替え」が難しく「次」の活動に入りにくい，言語指示が通じにくいといわれていた子どもで，午睡後はなかなか紙パンツのはきかえができず，気持ちよくおやつに向かえないということが続いていました。そんなある日，早く着替えた友達がおやつの牛乳を取りに行っていることに気づいたSくん，「ぼくもしたい！」と言い出しました。「じゃあ，明日から早く着替えて取りに行こうね」と返すと，Sくんは，「パンツで寝たい」とのこと。担任がお迎えに来られたお父さんにそのことを話すと了解され，パンツで寝ることになりました。すると……お昼寝から目覚めるとさっさと着替え，友達とおやつの牛乳を取りに行くようになりました。

　それまでにも毎日，友達は牛乳を取りに行っていたし，保育者は「早く着替えようね」ということばをかけ続けていました。それが突然Sくんの目に入り，ことばが届くようになったことに驚いたのですが，そこにはSくんなりの必然性がありました。「ある日」牛乳を取りに行ったのは，「その日」SくんとたたかいごっこをしていたRくんだったのです。Sくんにとって Rくんが「気になる」存在になっていたという前提条件が，牛乳を取りに行くというRくんの行動に気づかせ，Sくんの新たな願いを生み出したともいえるのです。先生のことばかけや日常的な慣習（外的条件）だけではSくんは変わらなかったわけで，Sくんの内部

第3章　子どものいまとこれからを支える乳幼児心理学　41

に，そのような外的条件が響く条件が整いつつあったことが重要だと考えられます。

このようなSくんの変化過程は，ルビンシュテイン（1981）による「外的原因は内的諸条件をとおして作用する」という命題を想起させます。保育をはじめ人間相手の実践では，日々多様で偶然的なできごとが起こり，1人ひとりの状態も異なるので，「〜したら〜になる」というような単純な因果関係を想定することはできません。しかし，かといって，偶然に任せて成り行きを見守っているだけでは専門性を有する保育とはいえないでしょう。そこで，発達主体の内部で整いつつある心的な条件とはどのようなものか，また，偶然に思えるできごとのなかに本質的な法則性，つまり必然性があるのではないか，と考えて指導上の手がかりを得ようとするのが心理学や保育・教育学などの研究の役割です。

ただし，指導とは，子どもと実践者が互いの要求を伝えあい，信頼を寄せあって，教育的な価値を共有する関係として成り立つものであり，心理学的な知見をそのまま指導技術としてもちこむことはできません。"AだからBする／したくなる"という必要性や必然性の観点から子どもの行動や心の動きを理解し，その発達に共感する手がかりを本書から読み取っていただきたいと思います。

★「子ども観」「保育観」を共有するために

子育てや保育のなかで，子どものどのような姿が「気になる」か，「困る」かには，親や保育者が自明とする，あるいは理想とする子ども像や保育のあり方が反映されています。「どのように子どもを育てていくのか」という問いは，その方法や過程をたずねていると同時に，「どういう子どもを育てようとするのか」という意思と価値とを模索するものです。

大人どうし（保護者と保育者，保育者どうし，夫婦間など）のそうした「子ども観」「保育観」があまりにかけ離れていると，わかりあえない辛さが増し，子どもにとっても「誰を信じればよいのかわからない」という困った状況に陥ることになります。完全な一致ではなくても，大枠の「観」を共有していく努力が求められます。ただし，保育観を共有するということは，どの保育者も同一の方法で画一的に指導するという意味ではありません。それぞれの柔軟性をもち，創意をこらしたやり方でやってみて，それを討議をするなかで，互いのものとして生かし，子どもたちの願いや要求を大切に育む方向で一貫性をもたせていくことが必要です。

その際の基本的な合意としたいのが，第1章で述べられた「権利主体」としての子ども観です。すなわち，あらゆる暴力や搾取から守られながら，意見を表明し，社会に参加しながら発達していく存在であるという認識です。1990年改定から2008年改定までの『保育所保育指針』では，発達過程を捉えた記述のなかで，「すぐに大人に頼らず，自分たちで解決しようとする姿」（5歳児）や「納得いくまで楽しもうとする」「大人の言動についてもよく観察し〜批判したり」する一方で「身近な大人に甘えたり，気を休めたりする」（6歳児）といった姿に着目されていました。ここには，大人を心のよりどころにしながらも，対等な関係で自分たちの生活をつくり変えていく発達主体とみる子ども観が示されていたと思います。

2 乳幼児の発達を理解するとは（発達観）

★ "有能な乳児" 観が封じる子ども独自の世界観

18世紀にルソーは，その著『エミール』のなかで「人は子どもというものを知らない」「賢明な人々でさえ，子どものうちに大人をもとめ，大人になるまえに子どもがどういうものであるかを考えない」と述べました（ルソー，1962）。子どもに固有の心性など想定されず，幼い時期から難しい語学や家業が課せられていた時代に，ルソーは子どもを入念に観察するという方法で「子ども」を「発見」したのです。そして，人生の初期に「考えのないせっかちなやりかた」で子どもにことばを話させようとすると，「わたしたちの意味とはちがった意味をそのことばがもつ」ことになり，しかも「わたしたちがそれに気がつかない」で「たいへん正確な返事をしているようにみえながら」，実はお互いを理解しない話をしていることになるという「大きな弊害」を指摘しました。

次章で紹介されている研究知見のなかには「赤ちゃんってすごい！」と私たちを驚かせるようなものがあります。加藤（2011）は発達心理学における "有能な乳児" 観の生成過程を研究史的に振り返り，「おとなの世界での常識が幼い子どもの世界でも常識であることが再発見される」ような実験パラダイムを批判的に検討して「"小さいおとな" 発見型研究」ととらえました。「子どもたちはおとなとは違った世界に生きている」という可能性を顧みず，「大人と類似する」反応や行動がより早い時期に出現することのみが「発達」として歓迎されるならば，それは「子どもというものを知らない」ルソー以前の時代に逆戻りしていることにな

ります。たとえ，就学までに育ってほしい"理想の姿"を想定するにせよ，その姿に似た言動を3，4歳児に見出すことに心奪われるならば，大人と子ども双方に大きな弊害となることが危惧されます。

「発達」の内実は，ある場面でどういう顔を示したかで測られるものではなく「その時期ごとに，子どもたちが揺れ動いて生きている，その揺れの法則」を解明し，年齢による「揺れ方の違い」を解明していく，そういう研究課題が私たちには課されているのではないか，と加用（1995）は提起しました。"小さいおとな"ではなく，揺れ動いて生きている子どもの姿に本質的な「発達」を見出そうとする観方を本書では大切にしています。

★「要求する自由」の獲得から発達要求の高まりへ

「赤ちゃん」というものをほとんど知らないままに，生後4か月すぎの娘の世話を任された新米パパから聞いたエピソードです。

> 「朝，ミルクをあげている時に，ちょっと飲んで大泣きし始めた。理由がわからず困って困って，ラックに寝かせて2mほど行ったり来たりし始めるとごきげんになった。ミルク飲むのやめてまで泣くほどのことか？」。「夕方，少しぐずり声の時に様子を見に行き，泣いていないのでさっと引き返したら，すごい声を出して"怒った"。"きてくれると思ったのにぃ～！"って感じか？」（服部，2006，93-94頁）

他の動物と違って，「泣く」ことしかできないヒトの新生児はきわめて不自由で「弱い」存在です。しかし，一方でその泣き声は，養育者によって多様に解釈され，あれやこれやの対応を引き出す力をもっています。ほんのわずかな表情や声の変化，しぐさであっても，それをサインとして受けとめ応答する他者の存在によってヒトの赤ちゃんは自ら外界を変えることができ，「要求す

第3章　子どものいまとこれからを支える乳幼児心理学　45

る」自由を獲得していきます。

　"寝て泣いてミルクを飲んだら満足する"という新米パパの乳児観を覆した生後4か月頃の赤ちゃんは，首のすわりが安定してきて横抱きのままだとむずかり，縦抱きにするとごきげんになることがあります。重力に抗する姿勢で周りを見回し，「自分から」相手に微笑みかけるようにもなります。

　さらに，生後10か月頃になると，乳児用の感覚おもちゃが手の届くところにあるにもかかわらず，わざわざつかまり立ちをして卓上にある生活用品を持ちたがるようになります。また，食べさせてもらうことを嫌がって「自分の手で」食べようとしはじめます。

　このように，ヒトの赤ちゃんは，生命維持のために不可欠な条件を欲するだけではなく，他者を求め，「自分でしたい」「確かめたい」「○○みたいにしたい」…といった願いをもつようになります。養育者に対する「要求の自由」が保障され，生きるための欲求が満たされる人としての文化的な生活のなかで，こうした発達要求は生まれてくると考えられます。

　乳児に限らず，わざわざ自分でしなくても，いちいちやってみなくてもよさそうなことを，自ら望んでやりたがる，夢中になる——こうした子どもの姿のなかには，「なんでそんなことをするの⁉」と大人を困（怒）らせたり，心配させたりするようなものもあります。そんなときに，子どもの内部で生まれている発達への願い，つまり発達要求を読み取り，代弁し，その要求が実現できるような環境設定や条件を子どもとともに考えていけるように，養育者と実践者を支え励ます乳幼児心理学が必要なのです。それは，「保育者が子どもの内面世界について豊かに語ることばをもつこと」（第2章2節）を可能にし，「○歳なのに」とギャップを

感じる子どもの行動に対する「『なぜ』という問いへの答えを探る大きな手がかり」（第14章1節）を与えてくれるものです。

★ 発達の諸側面・機能の「つながり」を捉える視点

　乳幼児の発達を，遺伝と環境，および，子どもと環境との「相互作用」として考えるとはどういうことかが，後の第4章と第13章で詳しく述べられます。ここでは，年齢別説明にあたる各章（第Ⅱ部）2節が発達の諸側面に分けて書かれていることに関わって，子どもと環境との出会い方，発見や意味づけの変化を，諸側面・機能の連関という視点から考えてみます。

　1歳児クラスでどんぐりを拾いに近くの公園に出かけたときのことです。しゃがみこんだ子どもたちに，小さい袋が配られました。2歳前のたけしには袋がじゃまになったようで，右手にどんぐりを握りしめて，左手で草を分けていいもの探しを始めました。一方，2歳半ば頃の子どもたちは片手に袋をしっかり持ち，もう一方の手でせっせとどんぐりを拾っては袋に入れます。どんどん，どんぐり……袋がいっぱいになると，「ドングリ，イッパイ！」とうれしそうにみせてくれました。「いっぱいひろったね」と声をかけると，袋からどんぐりを1つ取り出して「ハイ！」。ありがたく受け取って，「マーくんのはあるかな？」とたずねてみると，「マークンノ，ナイネ。イッコ，アゲル」。

　どうやら，利き手でないほうの手が，お椀などを持って道具操作を「補う手」になっていく頃，「袋」が役に立ちはじめるようです。歩くことを楽しみ，「袋を持って」「入れる」＝集めることができるようになるという身体，手指機能の発達は，モット，モット……と目的のある活動を継続させ，袋の中身と気持ちを満たしていくことになります。自然の素材と保育者が与えた文化的な道具（ここでは「袋」），発見を共感しあう関係をベースとして友

第3章　子どものいまとこれからを支える乳幼児心理学　47

達との仲をとりもつことばかけが組み合わさって，「分けてあげる」という行動につながったとみられます。

★「同じ」にみえる行動の異なる意味：自我の育ちをみる

　「この子，欲張りで……」とこぼす保護者に事情をうかがうと，「他者のものばかり欲しがる」とのこと。そういう"性格"なのか，まだ「自分のものがわからない」のか，あるいは，「わかったうえで欲しがっている」とみるかでは大きな違いがあります。一見「同じ」行動に異なる発達上の意味が隠されていることを本書では重視し，丁寧な説明を試みています。「イヤ！」「ジブンで！」といったことばや態度の奥にある「つもり」の質が 1 〜 3 歳児の間にも大きく変化していくこと（第 5 〜 7 章），2 歳児と似て非なる 4 歳児ゆえの「葛藤」の質などに注目をしています（第 8，14 章）。ただ，年齢はあくまでも目安であり，発達のペースには個人差があることから，身体運動や手指の操作，ことばなど諸側面の発達の特徴や生活状況を手がかりに子どもの全体像を捉え，「同じ」にみえる行動の発達的な意味を探ることが必要になります。

　"欲張り"を心配する保護者の場合，「他者のものに手を出さない」「分ける」よう教えたくなるものですが，まずはその子どもの心が動く魅力的なものを，「ジブンで」心ゆくまで「ジブンの」ものにし，そのことに共感してもらう経験と友達関係が大切であることを，先のどんぐり拾い場面は示唆しているのではないでしょうか。「発達をダイナミックな機能連関的過程として見る視点」（加藤，2011）をもち，そうしたつながりの中核に，他者との関係を求め，「もっと〜したい」「〜してあげたい」という願い，意志をもつ「自我」の育ちをみることが重要です。

　あそびの実践的な研究を行ってきた河崎（2008）は，「『我を忘

〈コラム①〉　東日本大震災時に幼児期を過ごした子どもたちの発達と課題

　東日本大震災のときに2歳児（およそ満3歳）だった子どもたちが3年後に小学校に入学したとき，甚大な被害を受けた地域の小学校の先生方や学童クラブの先生方は，子どもたちの落ち着かない様子や仲間関係の難しさ，学校での学びの構えのなさにびっくりしたといいます。震災直後に入学した1年生よりも対応が難しかったと語る先生もいました。このコラムでは，それらをまとめた田口（2017）に沿って，東日本大震災後の幼児期の子どもたちの発達や，保育・教育について考えたいと思います。

　数か月から数年にわたる避難所や仮設住宅での生活は，たいへん過酷な生活だったのではないかと先生たちは推測しています。震災の3年後の小学校1年生の教室での様子について，津波の被害が大きかった地区の学校に勤めていたA先生は，次のように語っています。

　　「やっぱり大きな震災を，子どもだけでなく大人も経験しているからだと思うのですが，まず自分たちの生活が大事ですし，その生活を立て直すっていう時間も必要だったと思うんですけど，その間どうしても子ども達の細かい所まで手をかけたり，目をかけてあげたりっていう事が大人のほうでもできかねたのかな。あとたぶん集団で生活している時に，どうしても周りに迷惑をかけたくないので，家族の中でもどうしても小声で会話のやりとりをしていたと思うんですね。そのせいなのか，必要な時にも声が出なかったり，あと，子ども同士で何となく意思の疎通はあるんでしょうけども，私達大人が必要な事を聞いても，それに対して自分の持ってる言葉で上手く答える事ができなかったり，あるいは必要な言葉が出てこなかったり。それで私達も指導をしていて，『あら，私達こういうこと言ってるんだけど，この子達この事をわかってるのかな。もっと違う言葉に置き換えて言ってあげないとわからないのかな』，そういった戸惑いは，特に1学期あたり随分ありました」（田口, 2017, 45頁）。

　満3歳の子どもたちの日常が，ある日突然に根こそぎ奪われてしまうという状況は，これから，過去−現在−未来の時間軸をつくりあげ，自制心を獲得したり，「〜しながら〜する」と未来に向かって自分を構築しようとしていた子どもたちに，どのような影響をもたらしたのでしょうか。

第3章　子どものいまとこれからを支える乳幼児心理学　49

　一瞬にして，「きょう」を奪われてしまった満3歳の子どもたちは，「きょう」を充実して生きることがままならないばかりか，「あした」がいつ来るのかわからない，ましてや，「きのう」も一挙に奪い去られた状態だったのではないでしょうか。前述のA先生は，教科学習での困難を次のように語っています。

　　「そうですね，順番どおりに並べるとかっていうのもね，できなかったですね。……計算カードを順番に並べるっていう事が。これを縦に並べるよ，横に並べるよとか言っても，その縦横がよくわかってなくて……だから不思議な並べをしたんですよね。えっ，これ何なんだろうって。もちろんそういった図を黒板のほうに示したり，あと教科書にも同じような図があって，それを見て同じように並べればいいんですけど，その通り真似ができなかったっていうか……」（田口，2017，46頁）。

　このエピソードからは，数字を系列的に並べる，縦や横に並べるという，多くの子どもたちが幼児期終盤に獲得する系列的・空間的な力が不十分なまま入学してきたことが推測できます。

　津波の被害が大きかった地域で，震災から3年後に入学し学童クラブに入所した子どもたちの発達上の困難は，先生方の想像を上回る大きなものでした。しかし，家庭との連携も視野に入れた手厚い学習指導や学童クラブの先生方による子どもたちの心に寄り添った指導が功を奏し，1年生の3学期になると子どもたちは文章の読み書きが上手になり，少しずつ落ち着きをみせるなど成長した姿がみられるようになりました。

　自然災害の被害が年に幾度も生じるようになりました。福島での原発事故による影響もまた，子どもたちや人々に大きな不安を及ぼし続けています。私たちはいつなんどき，「日常」や「今日」を奪われるかもしれません。過酷な状況であっても，幼児期における「きょう」を，いかに豊かに構築し，「あした」につなげていくのかが保育上重要な課題となります。そのためにも，何歳のときに被災したのかを含め，これからの発達の危機を長期的な視点に立ち検討し，保育の構築に生かしていくことが喫緊の課題となっています。

50 第Ⅰ部 「育ちあう乳幼児心理学」に向けて

れる』ほどの夢中体験こそが，自己や自我の意識と自覚の土台に
なる」のではないかという逆説的ともいえる問題提起をしました。
子どもたちのかけがえのない「いま」を大切に，「これから」を
支える発達観であるように思います。

★ すべての人の発達的自由が尊重される社会の実現に向けて

18 世紀後半に，英語の development には，その過程で「内に
潜在する可能性」が「次つぎに自由度を高めつつ，顕現する」と
いう意味が形成されつつ導入されていました（田中，1987）。de-
velopment を辞書で引くと，「発達」や「発展」「開発」などのほ
かに，「新しい事実」「現像」「顕色」といった意味があります。

1970 年代に重い障害がある子どもを受け入れていたつくし保
育園では，「すでに家でできていること」が少しずつ保育園でで
きていくだけの「ユミちゃん」に対して，「発達しているのやろ
か」という疑問が出されていました（田中，1974）。カンカンガク
ガクの保育会議のなかで，「だけどノブちゃんと歩いたときのユ
ミちゃんの顔には，これまでになかった新しい経験をしたときの
感激した輝きがあった」という意見が出され，「家のなかだけで
していたことが保育園でもできる」「おかあさんとだけしかでき
なかったことが友達とできる」ことも，「なかま・社会との結び
つきが強まったことを意味する大切な発達ではないだろうか」と
討論が発展しました。

歩行や排泄が「できるかどうか」だけを切り離して「発達」と
みるのではなく，仲間や社会との結びつきを強める方向で，その
「できかた」の自由度が高まっていくことも「発達」の重要な中
身として見出されたのです。機能面での質的変化をみる「タテの
発達」に対して，「ヨコへの発達」をみるという視点です。

子どもたちは "〜してみたい（けどまだできない）" という矛盾

第3章　子どものいまとこれからを支える乳幼児心理学　　51

をはらむ願い（前向きな葛藤）が生まれるような環境のなかで，
「自ら」外界に働きかけ，外界を変化させるとともに自身の内面
を豊かにしていきます。過大評価や過小評価でなく，子どもの声
に耳を傾け，人類が進化の過程で獲得してきたヒトとしての発達
の可能性がすべての人に存在するという期待と信頼をもつ発達論
的仮説（発達観）を構築していくことが求められています。

　国連開発計画（UNDP, 2016）では，Human Development を
「すべての人が自ら価値をおく選択肢を追求できるように，自由
を拡大すること（筆者訳）」とし，誰をも置き去りにせず，すべ
ての人が自らの内的な必然性と意思にもとづいて，潜在的な可能
性を開花させていく自由を保障する社会の展望が示されました。
私たち大人も，"いっしょにしてみたい" と思える仲間と活動を
得て，それぞれの立場からお互いの声を聴きあい，身近な矛盾に
挑むことを通じて，社会をよりよく変えつつ発達し続けることが
できるのではないでしょうか。

第Ⅱ部　人間の発達と乳幼児期

第4章　発達理解の基礎
第5章　0歳児
第6章　1歳児
第7章　2歳児
第8章　3歳児
第9章　4歳児
第10章　5歳児
第11章　就学前後の子どもたち

　第Ⅰ部での子ども理解の基本をふまえ，第Ⅱ部では，子どもを発達的にみるための基礎を学びます。0歳から就学前後までの子どもの姿をより具体的に理解するとともに豊かな保育実践へとつなげられるように，それぞれの年齢の子どもの姿が次の3つの視点から記述されています。1つめは，さまざまな生活環境や集団のなかで暮らす子どもの日常の姿です。2つめは，個々の能力・機能別にみた発達の諸側面です。3つめは，それらをふまえながら保育で大切にしていきたいことです。以上3つの視点を通して，各々の時期の子どもの魅力を学び，かかわり方を考えていきましょう。

第4章 発達理解の基礎

1 発達を支える遺伝と環境

　乳幼児期の子どもたちは，まるで大人とは違う時間軸を生きているかのごとく，急速に変化し，発達していきます。母胎内から出てきて5，6年の間に，自分で考えたことを主張したり，自由に身体を動かしたり，気の合う友達と友人関係をつくれるようになっていきます。このような子どもの発達を支えているのが個々の子どもが有する遺伝的能力とその子を取り巻く環境です。

　かつては，人間の発達において遺伝と環境のどちらが重要なのかという議論がなされてきました。しかし，現在では，どちらか一方を強調することはなくなり，遺伝と環境が相互作用することによって人間は発達すると考えられています。つまり，遺伝も環境も発達にとって重要であり，両者の組み合わせによって発達の仕方が異なってくるということです。以下では，遺伝的要因・環境的要因がどのように発達と関わるのかみていきます。

★ 私たちが生まれながらにもつ能力

　私たちは両親から遺伝子を受け継いでこの世界に生まれてきます。そして進化の産物でもあるこの遺伝子に含まれる情報を基盤

に発達は進んでいきます。言い換えると，生まれた時点で外の世界に適応するための能力や特性を乳児はすでにもっています。近年，乳児を対象とした研究が盛んになるとともに，乳児が有するさまざまな遺伝的能力や特性が明らかになってきました。

　乳児研究で世界を牽引するスペルキらは「コアノレッジ理論（Core Knowledge Theory）」を提唱しています（Spelke & Kinzler, 2007）。人間が生まれながらに物体，数，他者，幾何，社会集団に関する領域の基盤となる知識（コアノレッジ）をもち，それらの知識を基に学習を進めていくと彼女らは主張しています。

　たとえば，数の領域では，生後5か月の乳児も簡単な計算結果なら判別できることが示されています（Wynn, 1992）。乳児はことばを話すことはできないため，乳児の研究では知覚の特性が利用されています。たとえば，乳児に同じものを何度もみせると，飽きてみなくなってきますが，そのときに新しいものをみせると反応が回復するという特性を利用した馴化‐脱馴化法があります。また，予想と異なる現象をみせられると驚いてその現象を凝視するという特徴を利用した期待背反法もあります。

　このうち，乳児の計算能力は期待背反法を用いて調べられました（図4‐1）。まず，乳児の前にケースを置き，そのなかに人形が1体置かれます。次に，スクリーンが立ち上がり，人形を隠し，もう1体人形がスクリーンの後ろに追加されます。この後，スクリーンが取り払われるのですが，現れる人形の数のパターンが2つ用意されました。1つは，2体の人形が現れるパターンで，もう1つは，1体だけ人形が現れるパターンです。乳児が1＋1が2になると知覚的に判別できるのであれば，1体しか人形が出てこなかった場合には，予想が裏切られてその場面を凝視するはずです。実際，2体人形が現れたときよりも，1体人形が現れたと

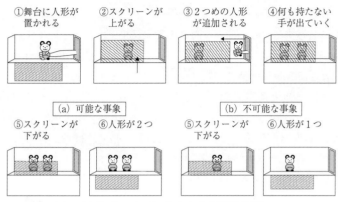

図4-1　ウィンの1＋1の実験内容
（出典）　榊原，2014より作成。

きに乳児は長時間凝視したことから，1＋1の結果を正しく判別できていると考えられています。また，同様の方法によって，2－1の結果を正しく判別できることも示されています。

一方で，乳児が計算結果を判別できるといっても，1＋1や2－1までで，それ以上の数の計算はできませんし，4以上の数は判別できません。つまり，遺伝的に数の能力をもっていても，それだけで数の能力は発達せず，環境的要因が必要となります。

★ 発達への環境の影響

引き続き，数の領域を例として，環境的要因をみていきます。

私たちは，ごく自然に数を数えたり，計算したりしているように思いますが，世界を見渡せば，私たちとは異なる数の文化をもつ民族が世界中に点在しています。たとえば，ブラジルのアマゾンで暮らすムンドゥルク族は，数を表すことばとして，「ひとつ」「ふたつ」「みっつ」までしか使いません。4つ以上は「たくさん」ということばで表します。また，パプアニューギニアのオク

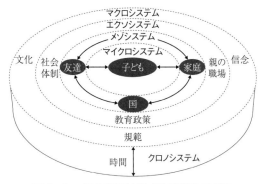

図4-2 個人を取り巻く生態学的モデル
（出典） Santrock, 2018 より作成。

サプミン族は，片方の親指から，腕，頭を経由して，もう片方の手の小指まで，上半身の27か所を使用して数を表します。当然身体部位には限界がありますので，私たちが使うような膨大な数を表すことはできません。

これらが意味していることは，私たちが数を何百何千と数えられたり，複数の桁の計算ができたりするのは，数量の知識体系をもつ文化に生まれ，必要に応じてそれらを学習してきたためであるということです。したがって，どのような文化や社会のなかで生まれ育つかによって，最終的な発達の姿は異なってきます。

数の領域を例として話を進めてきましたが，一口に環境といっても，さまざまな内容が含まれています。ここでブロンフェンブレンナー（1996）の提唱した生態学的モデルにもとづいて子どもを取り巻く環境について，整理しておきます（図4-2）。

環境は，子どもを中心にマイクロシステム，メゾシステム，エクソシステム，マクロシステム，そして後年追加されたクロノシステムの5つに整理されています。マイクロシステムは，その子

〈コラム②〉 脳と行動の関係からみた発達

生理学的視点から人間の発達を捉えるとき、「脳」は重要な存在です。私たちが何か活動をするときは、その活動を「したい」と思う意思や欲求があって活動していると感じています。そうした姿は「脳が指令を出すことによって活動している」と生理学的には説明されます。

たとえば、一般的に子どもは大人と比べて「がまん」することが苦手だといわれています。大人より意志が弱いから、気持ちが弱いから、がまんできないのでしょうか。「脳」に基づく生理学的視点に立てば、主に行動を抑えるように働く「前頭葉」という脳の一部が大人に比べて小さく、十分に働かないため子どもは「がまん」することが難しい、と説明できます。

こうした視点は発達の支援者にとって有用なものになるかもしれません。もちろん「がまんできない」とみてしまうこと自体、大人側からみた子どもの行動の一方的な解釈にすぎないのですが、たとえば「がまんできない子」に対して、「どうしてがまんできないの！」と腹を立てるより、「この子はまだ前頭葉が十分に発達していないのだから仕方ない」と収めてしまったほうが、「なぜわかってくれないの」と大人側は（勝手に）憤ることもなく、気が楽になるかもしれないからです。

脳は大きさだけでなく、その構造が発達とともに変化します。脳を構成する神経線維が髄鞘で覆われるようになることで、より効率的に情報が伝わるようになります。よく利用される神経の結びつきが強化される一方、使われない結びつきは弱くなります（刈り込み）。そして、大脳半球が左右で分業されるようになり（側性化）、さらに脳の各部位が分業をするようになります（局在化）。こうした脳の発達は、たとえば

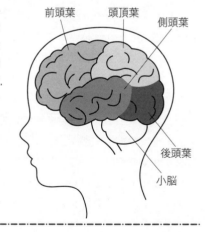

母語の獲得や利き手の決定といった行動上の変化として観察できます。安定した睡眠も脳の発達の結果として可能になるといえるでしょう。

近年では，脳内における生理的変化を敏感に検出する装置が開発されています。具体的には，磁場の変化や近赤外線などを利用して，脳の血流量の変化を検知し，「現在，脳のどの部分に多くの血液が流れ込んでいるのか（そして，どの部分が利用されているのか）」を観察できるようになりました。こうした装置を使えば，たとえば計算をしているときには脳のどの部分が活動している，ということがわかるのです。

こうした研究でわかってきたことの１つに，脳の「柔軟性」が挙げられます。たとえば楽器を演奏したり，タクシーの運転手を続けたり，というように特定のことを続けてきた人は，その活動に関連する脳の部分がとくに発達する，ということがわかってきました。演奏家であれば演奏に関連した活動を行うところが，運転手であれば地図の記憶力に関連するところが，一般の人に比べて発達するのです。特定のことを続けていれば，他の人より上手になるということが脳からも推察できる，といえるでしょう。そして，こうした柔軟性は年齢が低いほうが高いこともわかっています。また，幼少期に虐待を受けた人の脳は，そうした経験がない人の脳に比べて構造的変化が生じていることなどもわかってきています。

こうした装置の多くは大がかりなものが多く，その装置を用いる対象は大人に限られていたのですが，最近では乳幼児に対しても利用できるような装置が開発され，乳幼児における脳活動の研究も行われるようになってきました。

さまざまな観点から研究がなされている脳科学研究ですが，社会風潮としては「脳を鍛える」ことを重視しているような印象があります。しかし，脳活動は人間の活動と関連したもので，どんな活動にも，それに対応した脳活動があるのです。そして，少なくともいまのところ，すべての脳機能を向上させるような特別なトレーニングは存在しない，といえるでしょう。そして，脳は人間を取り巻く環境と個人の発達との相互作用によって機能しているのであって，脳が行動の真の原泉ではないのです。

60　第Ⅱ部　人間の発達と乳幼児期

どもが直接関わる環境のことであり，家庭（家族）や園（保育者），友達などが含まれます。メゾシステムは，マイクロシステム間の関係を指しており，家庭と園の関係であったり，自身の家庭と友達の家庭の関係などが含まれます。家庭と園がどのような関係を形成しているかで，子どもの家庭での過ごし方や園での過ごし方は変わってきます。エクソシステムは，子どもが間接的に関わる環境のことであり，親の職場や教育政策などが含まれます。親の職場環境は子育てに優しいか，教育政策は充実しているかということに，子どもは直接関与できませんが，その子の発達に間接的に関わってきます。マクロシステムは，前述した3つのシステムの内容に一貫性をもたらすような文化的な価値や信念，規範が含まれます。その文化のなかで共有されている価値観や信念などがエクソシステム，メゾシステム，マイクロシステムに反映されることになります。最後のクロノシステムは，時代間の変化を表しており，上記のマイクロ・メゾ・エクソ・マクロシステムが時間の流れとともに相互作用し，変動していくことを指しています。

　したがって，子どもの発達を考えるうえで，目に見える直接的な環境だけではなく，文化や歴史，社会のありようにまで目を向けていく必要があることを生態学的モデルは示唆しています。

2　発達を生み出すのは誰か

　最初に，「遺伝と環境が相互作用することによって人間は発達する」と書きました。そして，遺伝と環境それぞれについて説明してきましたが，最も重要なのは，「相互作用する」という部分です。ある遺伝的な能力が適切な環境下に置かれれば，自動的に相互作用して，私たちは変化していくのでしょうか。遺伝と環境

を結びつけるもう1つのピースが必要です。このもう1つのピースが何なのか，ピアジェやワロンなどによる発達の古典理論を手がかりにして考えていきたいと思います。

★ ピアジェの発達論

ピアジェは遺伝と環境の相互作用によって人間は発達していくと考えていました。彼は相互作用の中身に踏み込み，その過程をつぶさに観察・調査し，子どもがどのようにして物事の新しい側面に気づくのかを明らかにしていきました。そして，人間の認識の発達の源泉が，遺伝でも環境でもなく，環境に働きかける子ども自身の「行為」であると提唱しました。「行為」とは，自分が知らない「こと」や「もの」に対して自ら働きかけ，それを探索することです。乳児の行動を観察してみるとわかりやすいかもしれません。たとえば，乳児にゴムボールを手渡すと，乳児はゴムボールをぎゅっと握って感触を確かめたり，ボールを握ったまま手を回転させいろいろな角度から凝視したり，ボールを上から落として弾むボールの動きを楽しんだりします。握ったり，回したり，落としたりといった行為を通して，ゴムボールについて理解を深めていきます。つまり，「知る」ということは，子ども自身がその新しい「こと」や「もの」に対して働きかけ，試行錯誤して，それらの諸特性を「発見」することを意味しています。

ヒトは，どの社会に生まれ落ちるのか事前に知ることはできないため，その社会に適応するための知識を生まれる前から完全に揃えられません。また，誰かに教えられたことをそのままコピーして記憶しているわけでもありません。教えられる場合であっても，そのなかで何に注目するのか，何を見出すのかは個人個人のそのときの発達の状態や試行錯誤の仕方によって異なります。

そして，ピアジェはこの「行為」の質が，発達の時期によって

62 第Ⅱ部 人間の発達と乳幼児期

表4-1 ピアジェの発達段階論

Ⅰ 感覚運動期	五感や身体を使って，外の世界に関わり，自身と外の世界との関係を理解していく段階。
Ⅱ 前操作期	記号やイメージを用いて自分の内側に自分なりの世界を構築しはじめる段階。ただし，その世界は直観的であり，論理的であるとはまだいえない。
Ⅲ 具体的操作期	具体的な状況において，論理的に思考できるようになり，見かけの変化に対して簡単に惑わされなくなる。
Ⅳ 形式的操作期	記号のみを用いて思考できるようになることに加え，自分の経験と矛盾するような「もしも」の仮定の世界でも思考できるようになる。

大きく転換することを見出し，各時期の発達段階を定めています。もともと第三者にも観察可能であった行為は，次第に外部の手がかりを必要としなくなり，内部で自律的に組織化され，「操作」と呼ばれる内的な行為へと発達していくこととなります。先のゴムボールの例でいうと，実際に手でボールを握ったり，落としたり，握ったボールを回したりしなくても，心のなかでそれらをイメージして同様のことができるようなっていきます。また，操作自体の質も変化することが明らかにされており，表4-1はそれらをまとめたピアジェの一般的な発達段階の内容です。感覚運動期は生まれてから1歳半から2歳頃まで，前操作期は2歳頃から6歳頃まで，具体的操作期は6，7歳から11，12歳頃まで，形式的操作期は12歳以降と考えられており，乳幼児期はおおよそ感覚運動期と前操作期にあたります。ただし，この年齢についてはあくまで目安であり，人によって段階の移行が早かったり，遅かったりする場合があります。重要なのは，この段階移行の順序であり，感覚運動期から前操作期を飛び越していきなり具体的操作期に変わることはないということです（各段階のより詳しい内容が

知りたい方はピアジェ〔2007〕を参照）。

★ ワロンの発達論

ワロンは，ピアジェと同時代に生き，自身の臨床実践や戦争体験を背景に，「自我」「身体」「情動」「認識」を包括する発達論を構築していきました。前述したピアジェの発達論は，「能動的に環境に働きかける子ども」の姿を前提としていました。一方で，ワロンは人間の「受動性」の側面に光を当てました。受動性と書くとネガティブなイメージをもたれるかもしれませんが，ここでの受動性とは，「受けとめる」ということを含んでいます。

そもそも人間は生まれてきた時点で他者の存在を前提としており，他者がいなければ生き残っていくことができません。生まれて間もなくは，自由に身体を動かすこともできませんし，まずは養育者の関わりを受けとめることから始まります。身体が自由に動かせるようになりことばが巧みになって他者とコミュニケーションできるようなっても，自分が言いたいことばを発しているだけではコミュニケーションは成立せず，互いのことばを受けとめあうことがなければ成立しません。受動性を私たちは普段の生活のなかでそれほど意識できませんが，「能動」と「受動」は表裏一体であり，分かちがたいものなのです。

「能動」と「受動」の表裏一体性を伴ったものとして，ワロンがとくに注目したのが姿勢の機能です。たとえば，私たちは，ある対象に対して身体を使って探索をしようとする際，探索を実行する前に身構えます。この「構え」は動作のための「構え」であると同時に，その探索対象に対する「構え」でもあり，「構え」を通して，対象を知ることが始まっています。

さらに，姿勢の機能はワロンの発達論の軸となっており，姿勢は行為や運動との関わりだけでなく，内臓系に作用することで，

64 第Ⅱ部 人間の発達と乳幼児期

情動ともつながると考えられていました。情動を内臓系の状態の変化によってもたらされるものとして捉えたのはワロンのユニークな点ですが，読者のなかにも緊張すると胃がキリキリした経験のある方は少なくないと思います。そして，そのときの姿勢はというと，きっと背は丸まりこわばっていると思います。私たちはどうしても緊張しているから，胃がキリキリしたり，姿勢がこわばると考えてしまいます。しかし，緊張という意識と胃のキリキリ，姿勢のこわばりは相互に連動しており，関係ないようにみえる姿勢と情動も切り離すことはできません（詳しくは加藤〔2015〕を参照）。

　ワロンもまた，相互作用過程のなかで発達段階が形成されていくと主張しています。図4-3は浜田寿美男によってまとめられたワロンの発達段階論です。ワロンとピアジェの違いは，「適応行動」の系と「主体形成」の系の両方を含んだ段階論をワロンが構想している点です。「適応行動」とは外の世界の適切な理解を意味しており，ピアジェは主にこの部分を扱っています。ワロンの発達論は，さらに対人関係のなかで進む人格の形成を意味する「主体形成」も射程に捉えた発達論となっています。

　「適応行動」と「主体形成」は相互に絡みあいながら発達していきますが，各時期でどちらが優勢になるかがある程度想定されています。図中の実線で囲まれた部分が優勢になる部分を示しています。出生後の吸啜などの生存に不可欠な基本的活動や反射による衝動的運動の段階から始まり，姿勢・情動による表現を他者から受けとめ理解される情動的段階を経て，2，3歳頃に自身で外の世界を探索する感覚運動的活動の段階に至ります。3〜6歳頃までの自己主張の段階は自我を形成する段階であり，6〜12歳頃までのカテゴリー的思考の段階はことばを使って世界を理解

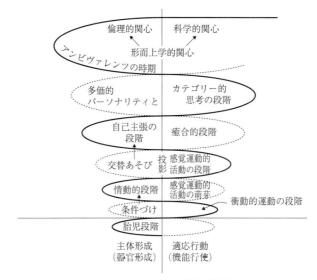

図 4-3　ワロンの発達段階論
(出典)　浜田，1994 より作成。

してそれらを自分のなかで整理する段階です。最終的な形而上学的関心の段階は 12 歳以降と想定されており，人格の形成がなされると考えられています。

3　発達を段階論的に捉えることの意味

ピアジェやワロンは発達に質的な変化が起きる発達段階を想定していました。一方で，「発達段階」といったことばだけがひとり歩きして，その意味が誤解されている場合があります。よくある誤解として，発達段階をあらかじめ与えられたものと捉え，できるだけ早く次の段階に到達するために，次の段階の内容を前の

66 第Ⅱ部 人間の発達と乳幼児期

段階に取り入れて，発達を促そうというものがあります。

　これは，発達段階が子どもの手によって構築されていくという視点が欠落していることによって起きる誤解です。また，後の段階が前の段階よりも優れていると捉えている可能性もありますが，段階間に優劣はありません。各段階での生活はその時期の子どもにとって必要なものであり，その段階を安心して過ごせることを保障することが周囲の大人の責任であり役割です。

　また，発達段階論は，総体としての子どもを捉える手がかりになります。一般的な乳幼児心理学や保育の心理学のテキストでは，個別の能力や特性別に発達が描かれているかと思います（たとえば，感覚・運動，認知，言語，社会性，自我など）。それぞれの発達を詳細に知るうえでこのような整理はとても有益ですが，実際に子どもと出会う場面で，私たちは能力や特性がばらばらになった子どもと出会うのではなく，総体としてのその子に出会っており，ばらばらな記述では子どもの全体像をつかむことができません。そもそも，諸能力が独立して個別に発達していくわけではなく，相互に関係しながら発達していきます。これを「機能連関」といいます。この点は，姿勢－情動の関係を論じたワロンの発達段階論においてとくに顕著です。姿勢と情動の発達を個別にみていたら，ワロンの指摘した発達の姿はみることはできなかったでしょう。

　本書の第Ⅱ部において第5～10章の構成が年齢別になっているのは，上記のことを意識してのことです。各章の第1節では，子どもたちが生活のなかでみせるその年齢らしいと考えられる姿について，大きな特徴を示しています。第2節では，第1節の大きな特徴の背景にある各年齢の発達の姿について，身体・運動，手指操作，認知，言語とコミュニケーション，対人関係と自我の

第4章　発達理解の基礎　　67

観点から整理されています。そして，第3節では，各年齢の子ど
もたちにもてる力を存分に発揮してもらうために保育で大切にし
たいことは何か，どのように子どもたちと関わっていきたいかに
ついてまとめられています。各章を読み進める過程で，読者のみ
なさんの頭のなかでその年齢の子どもの生き生きとした姿が想起
されることを期待しています。

4　発達の多様性

　ピアジェやワロンの発達段階論は，1つの道標になってくれま
す。しかし，現在では，発達に対してより多様な捉え方が広まっ
ており，以下では，代表的な社会・文化的アプローチ，複線径
路・等至性モデル，生涯発達について，紹介していきます。

★ 社会・文化的アプローチの視点から発達をみる

　社会・文化的アプローチは，発達は私たちの所属する社会や文
化から切り離すことができず，社会や文化が異なれば発達のあり
ようも異なってくるという考え方です。この社会・文化的アプロ
ーチはヴィゴツキーの発達論を基盤として発展してきました。

　ヴィゴツキーは，他者（大人や年長者）との相互作用とその相
互作用のなかで使用されることばが発達に重要な役割を果たすと
主張しています。重要なキーワードは，「文化」「大人」「ことば」
です。「文化」とは，ある集団内で何世代にもわたってつくりあ
げられてきた知識体系のことを指し，「大人」はその知識体系の
担い手であると同時に，子どもに知識を伝える伝達者です。ここ
で「伝達」と書きましたが，これは大人が子どもに一方的に教え
るということを意味しません。このとき，重要となるのが，大人
との対等な関係に基づく「ことば」を使ったやりとりです。

68 　第Ⅱ部　人間の発達と乳幼児期

　「ことば」は大人と子どもがやりとりをする際に使用される道具ですが，やりとりのなかで使用されていた「ことば」は，次第に子どもの内面に取り込まれ，自分の心のなかで対話するもう1人の自分をつくり出していくことになります。他者とのやりとりのなかで使用されることばを外言といい，自分の心のなかで対話する際に使用することばを内言といいます。この内言を使用することで，眼の前に大人がいなくても，自分自身の思考や行為を制御できるようになります。また，「ことば」自体がそもそも特定の文化の形成過程でつくられた道具であるため，その「ことば」によって思考が形成されるということは，思考も文化と密接に関係していることになります。

　ここで社会・文化的アプローチの立場から発達をみたときに，具体的にどのように発達を捉えることができるのか，コールの読解能力の発達モデルを紹介します（コール，2002；図4-4）。読解を学ぶ前提として，子どもが大人を介して世界を知るAの三角形（子ども-大人-世界）と，大人がテキストを通して世界を知るBの三角形（大人-テキスト-世界）が存在しています。この2つの三角形を基盤に，子どもはテキストを通して世界を知るCの三角形（子ども-テキスト-世界）を確立していきます。子どもは最初は直接テキストを読むことはできず，大人と大人が読むテキストを介して世界を知ることになります（子ども→大人→テキスト→世界）。たとえば，絵本を読んでいる場面を想像してください。最初，子どもはまだ1人では絵本を読むことはできませんが，大人がいっしょに読んでくれれば絵本を読むことができるという状態です。この絵本を大人といっしょに読みながら，絵本の内容について大人と子どもでやりとりを繰り返すなかで徐々に大人の役割が減少していき，子ども→テキスト→世界のCの三角

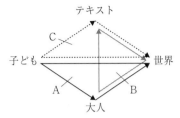

図4-4 読解を子どもが学ぶメカニズム
(出典) コール，2002より作成。

形が確立するようになります。

一般的な読解能力の発達で取り上げられる要因は，語彙の多さや，記憶容量の大きさ，音の聞き分けといった個人に起因する能力になりがちですが，社会・文化的アプローチでは，他者との関わり方に焦点が当てられます。そのため，発達のありようは，どのような文化で誰とどのように関わるかによって変わってくるため，多様な発達の姿が想定されることとなります。

★ 複線径路・等至性モデル

さて，ここで大きな問題が出てきました。実は，発達段階と社会・文化的アプローチは相性がよくありません。発達段階は普遍的で一般的な発達の姿を指向していますが，社会・文化的アプローチは個別具体的な発達の姿を指向しており，実際にこれまで社会・文化的アプローチの立場の研究者から発達段階は批判されてきました。しかし，両者を対立的に捉えるのではなく，積極的に統合していこうという新しい発達論が提唱されてきています。

ヴァルシナーは，両者を統合して捉えるために，複線径路・等至性モデルを提唱しました（図4-5）。複線径路は，社会・文化的アプローチでみてきた発達のプロセスの多様性を意味しています。山登りにたとえれば，頂上へと続く道は平坦な道，草をかき

70 第Ⅱ部 人間の発達と乳幼児期

〈コラム③〉 ヴィゴツキーの視点から保育を考える

ヴィゴツキーは，ちょっと変わった心理学者です。いくつかの実験の特徴を簡単に整理すると，以下のような点がみえてきます。第1に，子どもが1人で解決できないであろう課題を出します。第2に，課題のヒントや手がかりとなる道具を置いておきます。第3に，その課題でつまずくような仕掛けをしておきます（折れた鉛筆を置いておくなど）。彼はこの実験を通して，子どもが大人に助けを求めるなど，課題を解決するために道具をどのように使うかを観察していたといいます。このような実験から，ヴィゴツキーの関心は，子どもが課題を1人で解決できるかどうかではなく，解決できないときに子どもがどのようにその困難に向きあい克服していくのかという点にあったことがうかがえます。

ヴィゴツキーは社会や文化との関係のなかで発達を考えた心理学者でした。人間は道具を媒介にしながら世界に働きかけます。そしてその道具によって環境をコントロールすると同時に，自分自身の認識や情動をもコントロールすると考えたのです。この道具にあたるものを心理的道具という名称で呼びました。心理的道具の代表的なものとして，言語が挙げられます。ですから，先ほどの実験でも，子どもが実験者にことばで助けを求めることは，ヴィゴツキーにとって発達を読み解く重要な行為だったのです。

また，ヴィゴツキー（2003）は書きことばの前史として，身振りや描画活動を挙げています。文字や数といったものは，学校で初めて学ぶものではなく，生活のなかでさまざまな形で登場し子どもたちはそれらのシンボルに触れているのです。日々のあそびや生活のなかに潜んでいる，文字や数の発達を歴史的に理解する必要性をヴィゴツキーは教えてくれます。

ヴィゴツキーが提示した有名な概念のなかに，発達の最近接領域の概念があります。ヴィゴツキーは次のように述べています。「子どもの発達の最近接領域は，自主的に解決される問題によって規定される現在の発達水準と，大人に指導されたり，自分よりも知的な仲間と協同したりして解く問題によって規定される可能的発達水準との間の隔たりのことである」（ヴィゴツキー，2003，63-64頁）。現在，子どもが1人で何をできるかではなく，大人や仲間との協同でどのような発達を遂げようとしているのか

といった未来の発達の様相を見通す必要があると述べています。

　では，どのようにして未来の発達を見通すのでしょうか。乳幼児期の発達において，ヴィゴツキーが重要視したのがあそびです。「発達に対する遊びの関係は，発達に対する教授‐学習の関係に匹敵すると言わなければならない。遊びの背後には欲求と，より一般的な性格をもつ意識の変化が存在する。遊びは発達の源泉であり，発達の最近接領域を創造するのである」（ヴィゴツキー，1989，30頁）。このようにあそびのなかで，背伸びしながらいまの自分ではない何者かになりきってあそぶ行為を通して子どもの発達が導かれていくと考えたのです。ヴィゴツキーは，あそびのなかに，子どもの発達の未来をみようとしたのです。

　以上のようなヴィゴツキーの視点から保育を考えたとき，以下の3点のことが考えられると思います。

　1つめは，子どもの活動を媒介する環境に注目しながら保育の手立てを考えるということです。たとえば，集団活動に入るのが苦手な子どもがいるとします。その子どもを変えて，集団活動をさせようとするのではなく，集団やその周りの環境と子どもの関係に目を向けてみるのです。もしかすると，友達の声や騒がしい音が苦手なのかもしれません。あるいは，お気に入りのミニカーを持っていれば参加できるかもしれません。このように，道具や環境をちょっと変えることで，子どもと活動の関係がうまく動いていくことがあるのです。

　2つめに，保育者は子どもの発達の兆しを見逃さないことです。その子どもの興味関心をはじめ，夢中になって取り組んでいるあそびのなかに，その子どもの育とうとする未来を見極める力が求められます。そこには友達との関係のなかでの前向きな葛藤もあるかもしれません。その葛藤を支えることも保育者の役割でしょう。

　3つめに，発達の未来を見通しつつ，ともにその子どもがあそび込める環境や状況をつくりだすのです。保育者が人的環境としてあそびを援助することもあるでしょうし，子どもの関心に応じて必要なあそび環境を工夫することが求められます。

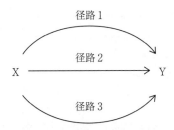

図4-5　ヴァルシナーの複線径路・等至性モデル
(出典)　サトウ，2009より作成。

分け登る道，急勾配の道，曲がった道など複数あります。ここで重要なのは正解の径路があるわけではないということです。近道できたり，効率的だったりということと正しいことは別物です。むしろどの径路も正解といえます。自身が置かれた文化・社会，関わる他者によって，それぞれの径路が立ち現れてきます。

しかし，この径路は常にバラバラというわけではなく，多くの人が共通して通過するポイントが想定されています。さまざまな径路をたどりながらも遺伝的な制約や環境的な制約によって一定の類似した結果にたどりつくという性質を等至性といい，類似した結果が現れるポイントを等至点（Y）と呼びます（サトウ，2009）。極端な例としては，私たちに死は平等に訪れるので，死は1つの等至点と呼ぶことができます。また，Xは始点と読み取れますが，複数の選択肢が発生する分岐点としても捉えることもできます。したがって，人生には分岐点や等至点が複数存在し，それらは繰り返し現れ，それぞれを経ながら戻ることのない時間のなかで私たちは発達しているということを示唆しています。

★ 生涯発達的な視点から発達をみる

発達の多様性といったときに，そこには，発達径路の多様性だけでなく，発達したことをどのように価値づけるかという問題も

第 4 章　発達理解の基礎　　73

含まれています。そこで最後に生涯発達の視点から発達を捉え直すことで，発達の価値を再考したいと思います。

　わざわざ「生涯」発達と「生涯」を強調しているのは，これまでの「発達」の捉え方が，乳幼児から青年になるまでの狭い期間にとどまっていたためです。このような発達の捉え方の弊害として挙げられるのが，単線的で右肩上がりの発達観の形成でした。能力が伸びる，できることが増える，うまく環境に適応できるといった発達の一面だけが強調されてしまい，発達は達成しなければいけないものになってしまったり，近頃ではそこからずれると何か障害があるのではないかというような過剰な反応までもがみられるようになってしまいました。

　この単純な発達の考え方へのアンチテーゼとして生涯発達という考え方は現れました。生涯発達とは単純に受精から死までの変化という意味だけではありません（バルテス，1993）。発達には，さまざまな径路があること，いつの時期も大きく変化する可能性があること，獲得や成長といったプラス面だけでなく喪失や衰退といったマイナス面がどの時期にもあること，発達には歴史や文化，文脈と切り離せない性質があることを意味しています。

　とくに，発達に獲得と喪失の両方があるという視点は，単線的で右肩上がりの発達観を見直すポイントとなります。図示すると図 4 - 6 のようになります（無藤・やまだ，1995）。上側がプラスの変化を，下側がマイナスの変化を表しています。同じ現象でも，見方によってプラスに捉えられたりマイナスに捉えられたりします。たとえば，「他人の考えていることがわかるようになる」ということは，人間関係においてよいこととして捉えられがちですが，他人の考えがわかることで，相手を騙すこともできますし，相手の嫌がることも的確にできるようになります。

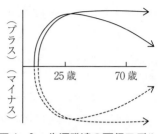

図 4-6　生涯発達の両行モデル
(出典)　無藤・やまだ，1995 より作成。

　また，ある機能を獲得することで別の機能を失うこともあります。ある日，幼稚園の3歳児を観察していたとき，ある子が，お皿やカバン，ビニールでつくった魚に長いセロハンテープをつけて，遊具の壁面に貼りつけてぶら下げていました。「これは何？」と聞くと，その子は「雨が降ってきたからね！」と答えてくれました。そうです，それは紛れもなく「てるてる坊主」でした。筆者は「正しい」てるてる坊主を知っており，つくることもできますが，それ以外のものをてるてる坊主と認識できませんし，まったく新しいてるてる坊主を生み出そうとも思いません。つまり，私たちは発達の過程で「正しい」と考えられている答えにたどりつくためにだんだんと論理的・合理的に物事を考えられるようになりますが，同時に3歳児のような自由で柔軟な発想は失われていきます。

　社会・文化的アプローチ，発達径路の複線性や生涯発達的な視点は，人間の発達がいかに豊かで複雑かを示しています。そして，子ども理解の難しさを改めて認識させてくれます。私たちは子どもといっしょに生活し活動するなかで，子どもの発達の豊かさに気づくための努力を同僚やその子を取り巻く大人たちとともに継

第 4 章　発達理解の基礎　　75

続していかなければならないでしょう。

第5章　0歳児

1　0歳児の生活の姿

★　0歳児クラスの子どもたち

　保育園で一番小さな子どもたちが生活している場所，0歳児クラスを覗いてみましょう。

〈エピソード5-1〉　みんないろいろ！

　朝10時すぎ。静かな保育室では，**かずは**（0：8）が午睡をしています。保育室から乳児用園庭につながるテラスの端では，うつぶせになった**ふみ**（0：8）が，"出ていこうかな……"と迷っているように土に触れています。筆者が来たことに気づくと，**ふみ**は一瞬でこわばった表情になり，筆者を見つめたまま動きを止めてしまいました。

　はると（1：3）と**ひろき**（1：0）は，1歳児クラスの子どもたちといっしょに園庭で草を摘んでいます。草を手にした**ひろき**が筆者のほうに歩いてきて，「ん！」とさしだしてくれました。「ありがとう」と言われてにっこりする**ひろき**。しばらくすると，また「ん！」。"どうぞ-ありがとう"のやりとりを楽しんでいます。

　朝なのに寝ている子どもがいる。這っている子どもも歩いている子どももいる。知らない人をみて硬直する子どももいれば，プ

レゼントを渡しに行く子どももいる——0歳児クラスを訪れると，月齢や育ち，家庭での生活状況などによって大きく異なる子どもたちの姿に驚くことがあるでしょう。生まれて1年めから2年めには，心も体も一生のうちで最も大きく変わっていきます。保育園の0歳児クラスは，この時期の子どもたちが保育者や友達と安心して過ごし，たくさんの魅力的な出会いのなかで大きくなっていく生活の場なのです。

★ 心地よい生活リズム

家での生活にも目を向けてみましょう。身体的にとても未熟な状態で誕生するヒトの子どもは，大人の手厚い養育行動なしには生きていくことができません。そのため，赤ちゃんが家族に加わると，眠りと目覚め，母乳やミルクの飲み具合，排泄の状態，ご機嫌の良し悪しなどの1つひとつに大人は細かな対応を迫られるようになり，赤ちゃん誕生の喜びとともに家庭生活が大きな変化を迎えることとなるのです。

では，0歳児期の生活のリズムはどのように変化していくのでしょうか。新生児期（出生後28日未満）には，昼夜の区別なく2〜3時間間隔で睡眠と覚醒が繰り返されますが，3か月頃には夜間に睡眠がまとまっていきます。その後の睡眠のとり方は育つ場によって多様になりますが，心地よく十分に眠ることが，目覚めているときに子どもが能動的に環境に働きかけるための大切な基盤であることに違いはありません。保育園では，家庭の状況や子どもの体調に合わせて日中のリズムが整えられます。0歳前半期にはおおむね午前1回・午後2回，0歳後半期にはおおむね午前1回・午後1回の午睡をとるようになっていきます。

生活リズムが整っていく過程では，授乳や食事，そのときの大人の関わりも大きな役割を果たします。0歳初期には泣きを伴っ

て目覚めることが多く、そのつど授乳や排泄の世話が必要になります。しかしそのときに、ただ生理的な欲求が満たされるだけではなく、「おいしいね」「すっきりしたね」と社会的な関わりが行われることが、子どもの目覚めに喜びをもたらし、人と

図5-1 マンマ食べたいな〜──隣の部屋から給食の準備を見つめる

関わることの心地よさを伝える機会となります。目覚めている時間に生き生きと活動できることは、次の心地よい眠りにもつながります。

　授乳の間隔は新生児期でおおむね2〜3時間ごとですが、その後、睡眠のリズムと足並みをそろえて次第に間隔が長くなります。おおむね4〜5時間ごとの授乳のリズムが整ってくる5〜6か月頃には、運動発達や食べ物への興味などの様子をみながら離乳食が開始されます。1日1回から始めて、新しい食品を1さじから試し、咀嚼、消化、アレルギーなどを確認しながら固さや形状を変えていきます。個人差はありますが、7〜8か月頃には1日2回、9〜11か月頃には1日3回の食事をとるようになります。多くの保育園では、食べ物を手づかみして自分で食べることも大切にされています。0歳後半期には、目の前で用意される給食を期待のまなざしで見つめ、自ら食事の場面に向かおうとする姿もみられます（図5-1）。

第5章　0歳児　79

★ 自分から周りに働きかける

　健やかに生活するために，0歳児があらゆる面で大人の適切な世話や配慮を必要としていることは確かです。しかし，近年では，胎児期からすでに聴覚・味覚などのさまざまな感覚機能が発達し，生後間もなくから環境に対して能動的に働きかける能力をもっていることが明らかになってきました。

〈エピソード5-2〉　こうしたら動くんだ！

　おばあちゃんがりこ（生後5日め）に初めてのプレゼントをくれました。だるま型のおきあがりこぼしで，揺らすとコロンコロンと音が鳴る玩具です。りこがあおむけで右を向いているとき，母親が目の前 20cm ほどの場所に置いて揺らすと，りこはじっと見つめています。りこが大きく腕を動かすと右手が玩具に当たり，揺れて音が鳴ることもありました。毎日そうしているうちに手が玩具に当たることが増え，生後8日めには5分以上玩具に視線を向け続け，腕を繰り返し動かして「あそぶ」ようになっていきました。

　玩具に触れて動きや音を感じ，同じことを再現するように身体を動かす様子をみていると，たとえ新生児でも，"もう1回！""やったぁ！"と心のなかで歓声を上げながら「あそぶ」ことができるのだと感じられます。0歳児も，自分から環境に働きかけて変化を生み，それによって自分自身も変化していく発達の主体です。諸研究によって示されてきた事実は，受け身的で無力な存在としての新生児観・乳児観を変え，保育や子育てのあり方を変えることにつながってきています。

★ 大人たちと子どもたちのなかで

　日本の認可保育所では，0歳児3人につき保育者1人以上という体制で保育が行われています。多くの場合，0歳児クラスには複数の子どもと複数の保育者が存在するのですが，「0歳児が友

80　第Ⅱ部　人間の発達と乳幼児期

達といっしょにあそぶ姿なんて想像しにくい」という読者もいる
かもしれません。ここでは，3m四方の薄い大きな布を広げ，バ
ルーンのようにしてあそんでいる場面をみてみましょう。

― 〈エピソード5-3〉　バルーンで「ばあ！」―

　8か月から1歳2か月までの子ども10人と保育者3人が保育室にい
ます。布の端を持った保育者たちが「いないいなーい」と言いながら布
をふわりと持ち上げ，空気をふくませて子どもたちにかぶせました。少
し離れた場所にいた**ひとみ**（0：11）にも声をかけ，布の下に招き入れ
ました。保育者たちが「ばあ！」と言いながら布を持ち上げると，**ゆみ**
（0：9）が泣きはじめました。「こわかったかな。ほら，大丈夫」とA
保育者が**ゆみ**を膝にのせ，次の「いないいない」では**ゆみ**といっしょに
布のなかに入りました。**さやか**（1：1）が布の端から自分で顔を出し
て「ば！」と言うと，そこにB保育者が顔を近づけて「ばあ！」。また
保育者たちが布を持ち上げたときには，1人ひとりに順番に声をかけて
いきます。さっき泣いていた**ゆみ**も，もう笑顔です。うつぶせでじっと
しているけれどB保育者の顔がみえるとにっこりする**いくま**（0：7）。
布の下を四つ這いでくぐり抜け，C保育者と顔を合わせてキャッキャ
ッと笑う**ようた**（1：0）。みんなそれぞれのやり方でバルーンを楽し
んでいるようです。

　保育室の中央で広げられた大きな布は子どもたちの注目を集め，
"何が始まるんだろう？"と，ワクワク感・ドキドキ感を生んだ
ことでしょう。保育者は，全体の楽しい雰囲気をつくりながら，
不安を感じる子どもには心理的な支えとなり，それぞれの子ども
の楽しみ方に寄り添っていきます。個人差や月齢の違いによる発
達差が大きい0歳児クラスでも，保育者がこのような環境を構成
し，物と人をつなげるように働きかけていくと，友達の楽しそう
な姿をみて子どもたちの心が動き，あそびに加わっていく様子が
みられるのです。

第5章 0歳児 81

　0歳児期には，物への関わりと人への関わりのそれぞれに大き
な発達的変化がみられ，0歳の終わり頃にはその両者を結びつけ
る活動が盛んになっていきます。まだことばを話すことはできな
い子どもたちですが，保育者や友達に自分から玩具をさしだした
り，見つけた物を指さしたりして，伝えあいつながりあいながら，
同じ場で同じ時を過ごしていく姿をみることができます。

2　0歳児の発達のさまざまな側面

★ 身体・運動

　出生時の身長は約50cm，体重は約3kgですが，1歳になる頃
には身長が約75cm（約1.5倍），体重が約9kg（約3倍）になると
いう著しい成長がみられます。

　生後間もない子どもの動きには，身体に外から刺激が与えられ
ることによって生じる反射運動（原始反射，図5-2）と，外から
の刺激によらず自然に生じる自発運動とがみられます。自発運動
としては，「赤ちゃんの不思議なダンス」とも称される独特な全
身の動きであるジェネラル・ムーブメントが知られています（高
塩，2012）。身体の動きが原始反射によって制約されることも多
いのですが，口唇探索反射や吸啜反射のように，口から栄養を摂
取するために役立つものもあります。原始反射は大脳皮質の成熟
に伴って抑制され，3〜4か月頃から消失していきます。

　運動機能の発達には一定の順序（方向性）があることが知られ
ています。頭部から足部へ（例；首がすわり頭を持ち上げられるよ
うになってから，寝返りをし，座れるようになる），中枢から末梢へ
（例；胴体に近いほうが，手指などの末端部分より早くコントロール
されるようになる）といった発達の流れがあるのです。その流れ

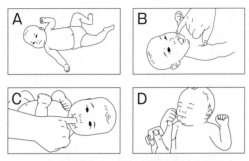

図5-2 原始反射の例

A 非対称性緊張性頸反射:頭を一方に向けると、頭が向いたほうの上下肢が伸展し、反対側の上下肢が屈曲する。
B 口唇探索反射:唇の端に物が触れると、その方向に頭を回して口を開ける。
C 吸啜反射:唇に触れた物をリズミカルに吸う。
D 把握反射(手掌):手掌の中心に触れた物を握る。

のなかで、0歳前半期には、姿勢変換や移動運動の前段階として臥位(あおむけ、うつぶせなどの寝ている姿勢)での自由度が高まっていきます。

─〈エピソード5-4〉 はじめまして ───────────
　今日が初登園の**みなみ**(0:2)。「おいしいなあ。いっぱい飲もな(飲もうね)」と話しかける保育者の目を見つめ、ミルクを全部飲みました。そこへ登園してきた**れん**(0:5)といっしょに、キルトマットの上でほっこりタイム。保育者が2人に、天井からゴムで吊られた玩具をみせました。うつぶせ姿勢の**れん**が片手で玩具をつかんで振り動かすと、木のビーズと鈴が揺れて音が鳴りました。まだ左右非対称のあおむけ姿勢で自分では玩具をつかめない**みなみ**も、**れん**が動かした玩具に目を向け、身体をもぞもぞと動かして微笑んでいます。

　0歳前半期の子どもが自発的にとれる基本姿勢は臥位です。エ

ピソード5-4のみなみのように，非対称性緊張性頸反射で全身が左右非対称となることが多い1〜2か月頃でも，視野に入った対象に魅かれて注意を向けようとする動きがみられます。原始反射が消失していく3〜4か月頃には左右対称の姿勢をとれるようになり，首もすわって，体の正面で人や物と関わることができるようになります。大人と対面してやりとりをしたり玩具であそんだりできる豊かなあおむけは，ヒトに特徴的な交流の姿として注目されています（竹下，2001）。

うつぶせでも，3〜4か月頃には両肘で上半身の体重を支えて頭を上げ，正面をとらえることができるようになります。次第に，身体の重心を移動させて片手で玩具をつかむ姿や，両手掌を床につけ腕を伸ばした姿勢を保つ姿がみられるようにもなります。

あおむけで足先が口に入るほど骨盤を引き上げられる生後半年頃には，あおむけからうつぶせへの姿勢変換である寝返りをしはじめます。自分で身体の位置を変えていく移動運動の芽生えです。次の0歳後半期には，自ら物や人に近づいていく移動運動や姿勢変換の発達によって活動範囲が広がり，周りの環境に積極的に働きかける姿がいっそうはっきりしていきます。

では，0歳後半期の移動運動の中心となるはいはいの発達過程をみてみましょう。6〜7か月頃，うつぶせの子どもの前に玩具を出して誘うと，床にお腹をつけて飛行機のように四肢を反らせたり，その場で旋回したりする動きがみられます。"あの玩具を取りたい"と願う気持ちの高まりが感じられる姿です。手足を左右交互に動かして足指で床を蹴る動きが出てくると前進できるようになり，ずり這い（四肢と腹部を床につける）から四つ這い（腹部を上げ両手と両膝・両足を床につける），そして高這い（両手と両足を床につける）へと変化していきます（図5-3）。

ずり這い　　　　　　四つ這い　　　　　　高這い

図5-3　はいはいの発達

― 〈エピソード5-5〉　みんなのところへ！ ─────────

　ホールでリズムをする日。四つ這いをするようになり保育室内の探索に積極的になってきた**ゆき**（0：8）も，今日は保育室からホールまで這っていくことになりました。1歳児クラスの保育室を横切り，幼児クラス前の廊下にさしかかると，「ゆきちゃ〜ん！」と応援してくれる大きい子どもたち。笑顔でペースダウンしているうちに，前を行く保育者と友達の姿がみえなくなってしまいました。表情が曇り，気持ちが途切れたように動きを止めてしまう**ゆき**。そこで筆者がちょっとお手伝いして，ホールがみえるところまで数ｍ空中移動！　保育者と友達の姿がみえた瞬間，**ゆき**はパーッと笑顔になり，力強い四つ這いでグイグイ進んで一気にホールへと入っていきました。初めて長い道のりを這ってホールにたどりついた**ゆき**を，「よく来たね〜！」と保育者も笑顔で迎えていました。

　エピソード5-5のゆきのように，8〜9か月頃には四つ這いでの活動範囲が広がり，探索行動が盛んになります。保育者や友達のいる場所に自らたどりつき，うれしい出会いや楽しい活動を経験することは，全身をしっかり使うことの手ごたえと喜びをもたらし，さらなる全身運動への意欲を生み出していきます。

　次に，座位（おすわりの姿勢）と立位（立った姿勢）の変化をみてみましょう。はいはいが楽しくなる7〜8か月頃には，床上で

第5章　0歳児　85

安定した座位をとれるようにもなり，環境への関心の高まりととも
もに垂直方向への動きも活発になっていきます。臥位と座位の姿
勢変換が次第にスムーズになり，その姿勢ではみえないところへ
の期待も生じて，立位への挑戦が始まります。9～10か月頃，
机などに手をかけて立ち上がることからつたい歩きへと進み，1
歳頃には1人で床から立ち上がるようになります。歩行は1歳児
期を通して安定していきますが，個人差も大きいものです。0歳
児期に，"～へ行きたい"と目に見える目標を自ら捉え，人とつ
ながる喜びを含んだはいはいやつたい歩きを豊かに経験すること
は，表象能力を伴い生活のなかで目的や見通しをもって移動する
1歳児期の歩行を準備するものになります。

★ 手指操作

　エピソード5-2のように，新生児期にも腕の大きな動きで玩
具に触れる様子がみられますが，手指の微細な運動は，その後ど
のように発達していくのでしょうか。

　0歳初期には，手掌に物が触れると把握反射によって握り込ん
でしまいます。しかし4～5か月頃には，目の前の物を見つめな
がら親指を開くことがみられはじめ，ガラガラを持たせてもらう
と口に入れたり振ったりするようになります。5～6か月頃には
視覚で捉えた物に手を伸ばしてつかみとるリーチングがみられ，
6か月頃には，体の正面で物を両手で把握することを介して，一
方の手から他方の手へと持ちかえを繰り返す様子も観察されます。

　0歳後半期は，座位の安定によってリーチングできる範囲が広
がり，両手を使った手指操作が盛んになって，目的と手段とが分
化した意図的な対象操作がみられるようになる時期です。7～8
か月頃には，把握した物を口に入れたり，机に打ちつけたり，突
起をいじったりしながら，ちらちらと正面の大人にも視線を向け

86   第Ⅱ部　人間の発達と乳幼児期

〈コラム④〉　愛着研究と保育実践

　みなさんは，1歳頃の赤ちゃんに泣かれて困ったことはありませんか。いわゆる人見知りです。本章で学んだように，子どもは生後間もない頃から人に興味はあるのですが，知らない人に声をかけられてきっと不安だったのでしょう。よく知っている大人にしがみついて泣くのは，安心できる大人が心の支え（安全基地）となっているからであり，「愛着（アタッチメント；Attachment）」が発達しつつある姿といえます。

　子どもは，日常的に愛情をもって頻繁に自分とやりとりしてくれる人に特別の親しみをもちます。養育者との間には，そうした親密な結びつきが早くから形成され，それが養育行動を引き出すことにもつながっています。愛着とは，特定の人（養育者）との間に形成される親密な情緒的結びつきのことを指します。しかも，いつでもどこでもというよりは，たとえば周りに誰もいないことに気づいたりするような何らかの「危機」に子どもが出会ったとき，経験する恐れや不安などの否定的な感情を，特定の他者を求めくっつくことを通して調整するという性質のものです。

　アタッチメント理論を最初に提唱したイギリスの児童精神科医ボウルビィ（1907-1990）は，乳児院の子どもたちを対象に研究を行い，「生後3年間における"母子関係"の長期的断絶は幼児の性格に大きな影響を及ぼす」と著書のなかで述べています（ボウルビィ，1967）。第二次世界大戦前後当時の施設の子どもにみられがちな発達の遅れの原因としてボウルビィが主張したのは，「母性的養育の剝奪」（マターナル・デプリベーション）ということでした。これは「乳幼児期に母親的な人物（母親，母親代わりの人）から世話や養育を十分にされないこと」です。maternal を日本語に直訳すると「母親の」という意味になるため，当初「母性的養育の剝奪」ということばは，母親がいないとか母親が育てないことが子どもの発達に悪影響を及ぼすという意味に受けとめられることが多かったのですが，ボウルビィが主張したのは，母親に限らず特定の大人による養育を奪われることが子どもの発達に大きなダメージを与えるということでした。したがって，この「マターナル」は母親的な役割を果たす特定の人すべてを指します。つまり父親でも祖母でも保育士でもアタッチメントの対象と

なるという考え方であり，現在は一般的な考え方になっています。

　その後の研究では，愛着形成の状況は，養育者と子どもがいっしょに過ごす時間の量よりも関わりの質によること，生後1年未満でも同時に複数の特定の大人と愛着関係を形成でき，愛着関係を含むネットワーク（複数の他者との関係性のなかで生きている人間関係）を結ぶなかで心身の健康な発達が促されること等が明らかにされてきています。

　愛着との関わりで「3歳児神話」（「子どもは3歳頃までは家庭で母親の手で育てるべき」という考え方）があります。これは乳児の集団保育を否定する考え方でもありますが，その学問的根拠とされてきたのが「ボウルビィ学説」でした。しかし，その後の研究や保育実践の積み上げを通して「乳児保育は母子関係の長期的断絶にあたるのではないか」という解釈は正しくないことが明らかになり，いまでは少なくとも認可された保育施設の実態には当てはまらないとされています。

　また，「特定の養育者との関わりが大切」というところから，乳児保育の現場では「担当制」も検討されてきました。これは，個々の乳児の安定した生活と発達のためには「自分にとって一番近い大人」と思える存在として「特定の保育士」が必要との考えから，各保育士が主に担当する子どもを決めて関わるというものですが，それを固定するか，活動等に応じて緩やかにするか，あるいは担当制はとらないかは，園や子どもたちの状況に応じて異なるのが現状です。

　いずれにしても，ボウルビィの指摘のなかの「子どもの健やかな発達には，とくに初期の大人との親密な関わりが必要である」という点は，家庭・保育施設を問わず現在も今後も乳児保育にとって大切な視点でしょう。人間の生涯発達のスタートに関わる乳児保育では，毎日の生活やあそびのなかで身近な大人とふれあい，心を通わせながら安心して楽しく過ごせることが大切です。発達を踏まえつつ，1人ひとりの子どもと愛着関係を形成していくよりよい方法・内容をみつけていきたいものです。

88　第Ⅱ部　人間の発達と乳幼児期

る様子をみることができるでしょう。8〜9か月頃には，2つの
物を両手で同時に扱うこともできるようになります。物の形状に
合わせて手指を使うなかで微細な運動が促され，0歳の終わり頃
には，煮豆のような小さな物でも親指と人差し指の指先でつまめ
るようになります。

　次は，複数の対象を関連づける操作についてみてみましょう。

〈エピソード5-6〉　入った?! 入れた?!

　ふたに穴が開けられた粉ミルクの空き缶に長さ10cmほどの木の丸棒
を入れてあそぶ手づくり玩具があります。かな（1：0）の缶には棒の
直径より少し大きい丸い穴（直径2cm），たく（0：10）の缶には長方
形の穴（4cm×8cm）が開けられています。
　かなが穴に棒をまっすぐに近づけて差し込み，“これでいいの？”と
いうように保育者を見ました。「かなちゃん，パッ！」と保育者が手を
開く動作をするとかなもまねをして手を開き，棒が缶に入ってガラン！
と音が鳴りました。驚きと喜びの混じった表情で保育者を見たかなに，
保育者は「入ったね！ じょうず！」と拍手をしました。一方，たくの
缶は穴が大きいので，棒を斜めに近づけても入ります。半ば投げるよう
に次々と棒を入れていくたく。保育者は「たくちゃん，すごいね」と声
をかけつつ，「かなちゃんのは“入れた”，たくちゃんのは“入った”っ
ていう感じがするね」と話しています。

　置く，入れる，渡すなど，「自分の持っている物を外界のある
特定の部分（ある場所，ある物，自己あるいは他者）に方向づけて
操作する行動」を定位的操作と呼びます（竹下，2001）。エピソー
ド5-6の棒を穴に入れる行動や，エピソード5-1の草を手渡す
行動などがそれにあたります。目的と手段が分化し複数の対象を
関連づける定位的操作は，9〜10か月頃からみられはじめます。
定位的操作を繰り返し楽しむなかで大人や友達との関わりが増え，
エピソード5-6のかなのように，動作の区切りで大人に視線を

向けることも多くなります。「入ったね！」というように，大人から認められ意味を与えられることを通して子どもの行動はいっそう目的を意識したものとなり，1歳児期の道具使用行動につながっていきます。

★ 認　知

　ここでは五感のなかで出生後に最も調整が進む視覚を中心にみてみましょう。0歳前半期は，視覚の発達とともに見たいもの・知りたいものが広がっていく時期です。新生児は0.02～0.03程度の視力をもって生まれ，6か月頃には0.1程度になるとされています。0歳初期には，何かを注視することはできても他の場所に視線を移すことが難しいのですが，3～4か月頃になると，目の前で動く物を追視できるようになります。この頃から縦抱きを好むようになるのは，首がすわり，自分で好きなものを見ることが楽しくなってきたことの表れでしょう。6～7か月頃には，目の前に2つの物が出されたとき，何度も見くらべて一方を選びとる姿もみられるようになります。

　まだ話すことのできない0歳児が世界をどのように捉えているのかを調べようと，子どもの視覚を利用した研究方法が開発されてきました（第4章参照）。その結果，0歳初期から子どもは物と人に対して異なった反応を示すこと，また，接触（物は接触しなければ作用しない），凝集性（物はかたまりのまま動く），連続性（物は飛び越えずにつながった経路で動く）といった物理的な法則性についても早期から敏感であることなどがわかってきています。

　さて，0歳後半期に入って子どもがはいはいで動き回るようになる頃，子どもに触られたくない物は，子どもの手の届かないところか子どもには見えないところに置くのではないでしょうか。ある対象が何かに隠されて見えなくなってしまっても，その対象

90 第Ⅱ部 人間の発達と乳幼児期

は同一の実体として存在し続けているということを対象の永続性といいます。ピアジェは，この認識は生得的ではなく発達段階がみられるものとしました。子どもの目の前で玩具に布をかけて見えなくすると，0歳前半期には伸ばしかけた手を引っ込めて玩具がなくなったかのように反応しますが，8か月頃には布を取り除いて玩具を探し出せるようになります。0歳の終わり頃から1歳児期にかけては，目の前で移動された物を探し出したり，見えないところで移動された物を探し出したりすることも可能になっていきます。

　視覚を利用して物理的事象の理解を調べる実験では，対象の永続性は0歳初期から知覚されていると考えられてきています。しかし生活のなかでは，大人の物隠し戦略はしばしば成功しますし，エピソード5-5のゆきのように，移動の目標となる保育者や友達が見えなくなると行動が途切れてしまうこともあるのです。行動面では1歳頃までこのような姿がみられるという事実については，リーチングといった運動スキルや，対象物の場所や移動を心的に保持しておく記憶能力が，この課題の遂行に必要であるためと考えられています（木下，2016a）。知覚していることと実際の行動のなかでそれを発揮できることとの違いに留意して，子どもへの関わり方を考えることが大切であるといえるでしょう。

★ コミュニケーションと言語

　1歳前後に初語（初めての意味のある発語）が現れるまで，子ども自身が話しことばでコミュニケーションをすることはできません。けれども，生まれたときから"心をもち何かを伝えようとしている存在"として扱われ，豊かな社会的相互作用のなかで生活することを通して，話しことばの基礎となる前言語的なコミュニケーション行動が発達していきます。

エピソード5-4では，ミルクを飲んでいるみなみに保育者が「おいしいなあ」と話しかけていました。大人が子どものことを，大人と同じように豊かな心の世界をもっているとみなす傾向はマインド・マインディッドネス（mind-mindedness；心を気遣う傾向）と呼ばれます。子どもが本当にそう思っているかはわからなくても，ややもすると実態以上に豊かな心の内容を想像して意味を与える大人の姿勢は，子どもに社会的刺激を与え，早期からやりとりの維持を支えるものと考えられています（篠原，2013）。また，母親や保育者が子どもに話しかけることばを聞いていると，テンポがゆっくりだったり，抑揚が大きかったり，文が短かったりというように，大人の会話とは異なる話し方をしていることに気づくでしょう。これは IDS（Infant-Directed Speech；乳児に向けられた発話）と呼ばれる特徴的な語りかけで，子どもも好んで注意を向けることが知られています。コミュニケーションの発達は，このように子どもに向けられた大人の関わりによって支えられているのです。

　次に，ことばを話すために必要な構音（唇や舌を使って発したい音声を発すること）の発達プロセスをみてみましょう。出生直後から叫喚音（泣き声）を発することはできますが，構音器官が未成熟で口腔のほとんどを舌が占めるため言語音を出すことはまだできません。3～4か月頃には口腔内の空間が広がってクーイング（喉の奥で柔らかくクーと鳴る音）や母音を出せるようになり，大人との間で交互に似たような声を出すやりとりもみられます。生後半年頃から盛んになる喃語は，「ア～ウ，エ～ウ」と母音中心のものから，次第に，[bababa][nanana]のように「子音＋母音」の構造を含み複数音節から成る規準喃語になっていきます。0歳の終わり頃には，喃語に含まれる音をまるで会話のようにつ

なげるジャーゴン（jargon）がみられ，それと重なるように初語
が出現してきます。

　構音の基盤が整うプロセスと並行して，０歳後半期には前言語
的なコミュニケーションの面でも大きな変化がみられます。

〈エピソード5-7〉　初めてのお花見

　少しずつ暖かくなってきた３月末。保育者が４人の子どもをバギーに
乗せて散歩に出かけました。団地内の道を進んでいく途中，ゆうか
（０：11）は，鉢植えのパンジーやタヌキの置き物などを「あっ！」「あ
っ！」と次々に指さしていきます。ゆうかが「あーっ‼」とひときわは
りきって指さしをしたその先には，満開の桜の枝が揺れていました。保
育者が「きれいやなあ〜」と言うと，保育者の顔を振り返ってにっこり
するゆうか。ときお（１：０）もバギーから身を乗り出して，桜を見よ
うと首を伸ばしています。

　対象に対する注意を他者と共有することを共同注意といいます。
散歩中に出会った犬に対して「ワンワンがいるよ！」と大人が指
をさすと子どもも犬のほうを見る，あるいは，エピソード5-7
のように子どもが自ら指さして他者の注意を桜に向けさせるとい
った姿は，共同注意行動の例といえます。９か月頃からは，この
ような指さしのほかにも，他者に物を手渡す，持っている物を他
者にみせるなど，「自分-対象-他者」の３つを結ぶ三項関係の
成立したやりとりがみられるようになります。とくに10か月以
降には，子ども自身がやりとりを開始する場面が増えていきます。
このようなやりとりには，"自分と他者との間で話題を共有して
思いを伝えあう"というコミュニケーションの基本的な構造が表
れています。

　生まれて初めて満開の桜を見たエピソード5-7の子どもたち
は，どれほど心を揺らしたことでしょう。桜を指さした後で保育

者を振り返ったゆうかは，保育者が桜を見て自分の思いに気づい
てくれたこと，保育者も桜の美しさに心を揺らしてくれたことが
わかってにっこりしたのではないでしょうか。"相手が自分と同
じものを見ている"ことに気づき，"自分が相手の注意の対象に
もなりえる"ことに気づいている，という点に大切な意味がある
のです（木下，2016b）。このように9か月頃から他者が自分と同
じように意図をもつ主体（intentional agent）として認識されるよ
うになるという変化は，以後の言語発達や社会的認知の発達にと
って大きな意義をもつと考えられ，9か月革命とも呼ばれていま
す（トマセロ，2006）。続く1歳児期には，共同注意が話しことば
につながる様子や，意図の理解の芽生えが自我の育ちに関連して
いく様子をみることができます。

★ 対人関係と自我

　生後間もない頃から，子どもは人の顔・動き・声などの「人」
に関わる刺激に選択的に注意を向けることが知られています。大
人のほうも，自分に特別な関心を向けてくれる子どもの様子や，
「かわいらしさ」を感じさせる身体的な特徴（幼児図式：大きい頭，
目鼻などが下寄りの顔立ち，ぽちゃぽちゃとして短い手足など）に魅
かれ，関わりを深めていく面をもっています。このように魅かれ
あう両者の間では，大人が子どもの目の前で舌を出したり口を開
閉したりしてみせると生後数日の新生児でも同じような動きをす
るという新生児模倣や，大人の語りかけに同調するように子ども
が身体を動かす相互同期性のように，共鳴的な応答性が早期から
観察されます（共鳴動作）。子どもの社会性は，こうして大人と
子どもが互いに関心を向けあうなかで育まれていくのです。

　では，快や喜びを表す表情としての微笑の変化をみてみましょ
う。新生児期の微笑は，まどろんでいるときなどに外的な刺激と

は無関係に体内の感覚によって生じるので自発的微笑（生理的微笑）と呼ばれます。視覚刺激などに対する外発的な微笑は生後1〜2か月頃に始まり，3か月頃には人の顔に対する微笑が多くなります。大人があやすと最もよく微笑み返してくれるのがこの頃です。4か月頃には，人の顔を見つめて自分から微笑みかけることも増えていきます。このように人に向けられた微笑は社会的微笑と呼ばれ，その後，特定の親しい人に向けた微笑へと発達していきます。

　3〜4か月頃の子どもと向かいあい，ふれあいあそびやあやしあそびをすると，微笑，発声，手足をばたばたさせる動きなどによって喜びを全身で表現するおはしゃぎ反応がみられます。"もう1回やってよ！"と求めるようなまなざしと微笑を受けて大人が応答的に関わると，さらに反応が大きくなっていくでしょう。期待したことが叶えられる楽しいやりとりのなかで，子どもは自分を心地よい状態にしてくれる大人を意識し，その人を求める気持ちをふくらませていきます。

───〈エピソード5-8〉　この人だれ？───

　もうすぐ入園の日を迎えるゆうな（0：8）。母親に抱かれてお姉ちゃんのお迎えに来たとき，保育園の玄関で園長先生に出会いました。園長先生が「ゆうなちゃん，こんにちは。先生のところにおいで」と両手を伸ばしましたが，ゆうなは硬い表情になって反対を向き，母親の服を握りしめています。「抱っこしてもらったら？」と母親が園長先生にゆうなを渡すと，ゆうなはまじまじと園長先生の顔を見つめ口はへの字。母親と園長先生の顔を見くらべてだんだん泣きそうな顔になり，とうとう「うわ〜ん」と泣き出して母親のほうに身を乗り出しました。園長先生が「わかったわかった」と笑いながら母親に返すと，ゆうなは間もなく泣き止み，今度は微笑みながら園長先生を見ています。さっきの涙はいったいどこへ？

第5章 0歳児 95

　生後半年頃には知っている人と知らない人との間で異なる反応をみせ，知らない人に対しては不安や恐れを示すようになります。このような人見知りは8か月～1歳頃に多くみられ，子どもが特定の他者との間に情緒的な絆としての愛着を形成した姿と考えられています。ここでいう愛着とは，単に特定の他者に愛情を向けるということではなく，何かの危機に出会った子どもが，その人と近接することを通してネガティブな感情を元通りにしようとする欲求や行動を指しています（コラム④参照）。

　エピソード5-8のゆうなは園長先生を"怖い"と感じていたかもしれません。けれども，"どんな人だろう？"と関心ももっていたからこそ，安心できる母親の腕のなかに戻ったときには微笑をみせ，再び園長先生に視線を向けたのではないでしょうか。特定の他者とは，"何かあったときには，この人のところに行けば大丈夫だ"という安心感とともに，不安を乗り越える勇気を与えてくれる存在なのです。保育場面では，子どもたちが特定の他者としての"大好きな先生"を拠りどころに，自ら関わる世界を広げていく様子をみることができます。

　さて，0歳後半期の保育では，保育者と数人の子どもがいっしょに手あそびを楽しむことがあります。そんなとき，子どもたちは保育者を熱心に見つめます。動作をぴったり合わせることは難しくても，拍手をしたり口元に手を当てたりして，保育者と同じ動作をしようとする姿がみられるでしょう。このように，他者が目の前で行った行為をその場で同型的にまねることは即時模倣と呼ばれます。先に述べた新生児模倣は，後に出現する即時模倣や延滞模倣との発達的な連続性について研究者間の議論が続いています。一方，即時模倣に含まれる，8～9か月頃からみられる動作模倣（例：手あそびの身振り）や，9～10か月頃から盛んにな

96　第Ⅱ部　人間の発達と乳幼児期

る対象操作を含む模倣（例：保育者がするのを見て玩具を籠に入れる，ペンを紙に押し付ける）は，他者の動きへの注目によって喚起される意図的な行動として捉えられています。10か月以降には，まねできたことがほめられると喜び，大人に受けとめられていることを意識して，より積極的に繰り返すようにもなります。他者に認められた自分の行動を意図的に重ねようとする姿は，自他の間での意図の調整が関わる自我の育ちにつながるものとしても注目されます。

3　0歳児の保育で大切にしたいこと

★ 心地よい生活を支える

　これまでみてきたように，0歳児は早期から周りの物や人に高い関心を示し，自分から積極的に働きかけようとする存在です。しかし，生活のなかで子どもがその力を十分に発揮するためには，大人が子どもの体調を整え，安心して環境へのアンテナを伸ばせる状態をつくることが大切です。

　生後半年頃から，母親から受け継いだ免疫が減少する一方，子ども自身がつくる免疫が不十分であることにより感染症にかかりやすくなります。0歳児保育では，初めての集団生活に入ることと，生活リズムが変化していくことが重なって子どもへの負担が大きくなるため，とくに健康面への配慮が求められます。その際，保育園だけでなく家庭を含む24時間の生活を視野に入れた検討をしていきます。0歳児クラスは，保育園という新しい世界への入口です。子どもだけでなく保護者にも不安があり，初めての子育て，働きながらの子育てに戸惑いや疲労を感じていることが少なくありません。子育てのパートナーとして家庭と手をつなぎ，

いっしょに健康的な生活の基礎を築くことを意識しましょう。1人ひとりの睡眠，食事（授乳），排泄，あそびなどの状態を把握し，それぞれの要素を充実させる手立てを考えて，全体がスムーズに流れるようにしていきます。

　0歳児の保育室では，生活リズムの異なる子どもたちがいっしょに生活します。1人ひとりが落ち着いて過ごせるように，明るさや音，床の振動なども考慮し，どのように時間・空間を使い分けるのか，どのような体制で保育にあたるのか，物的環境と人的環境の両面から検討することが大切です。また，0歳児の保育実践記録では，身体の緊張が強くて眠りにくい，上手に飲めない・食べられない，あおむけもうつぶせも苦手で機嫌よくあそべないなど，心地よく生活できない子どもの事例報告が増えています。個別に丁寧な対応をするためにも，家庭と保育園との連携，職員間の連携のあり方がいっそう問われています。

★ 目覚めている時間を生き生きと過ごすために

　ここでは，大きく0歳前半期と後半期とに分けて，主にあそびの場面で大切にしたいことをまとめてみます。

〈0歳前半期〉　　1人ひとりの生理的なペースを尊重し，子どもの思いをくみ取りながら応答的に関わることが基本となります。自分で姿勢を変えたり移動したりすることが難しい0歳前半期には，環境への関心が高まるように，見える世界・聞こえる世界を大人が意識的に広げていくことが大切です。保育者や友達の姿が見えたり，好きな玩具を見つけたりというように，姿勢を変えることが喜び・楽しみとなり次の活動につながるように働きかけます。ベビーマッサージのように体に触れながら目を合わせことばをかける関わりも，人と触れあうことの心地よさを伝え，心と体を外界に開かれた状態に導くものとなるでしょう。

98　第Ⅱ部　人間の発達と乳幼児期

　指での対象操作が難しいこの時期には，手足の大きな動きで動かせる玩具，握って振ると音が鳴る玩具，口に入れて確かめることのできる玩具などが好まれます。楽しみながら五感の働きを高められるように，音，形，色，手触り，重さなどを考慮します。"玩具を取りたい"という気持ちを誘い出すように玩具をみせ，子どもの反応を待ってから手渡して，「きれいな音がするね」「おててがしっかり動いたね」と，子どもの気持ちや行動をことばにしていきます。願ったことを自分の力で叶える喜びを，子ども自身が感じられるような関わり方が望まれます。

　ふれあいあそびやあやしあそびのなかでは，子どもと向かいあい，子どもの笑顔や期待に応えてやりとりを繰り返すことが大切です。子どもに共感し思いに応えることを通して，子どもが自分の意思を表出する主体となる力を育んでいきます。

〈0歳後半期〉　　移動運動の発達によって活動範囲が広がり，探索行動が盛んになる時期です。安全面に十分な配慮をしながら，子どもが「おや？　何かな？」と変化に気づき，興味や好奇心をもって自ら動いていけるような環境を構成します。

---〈エピソード5-9〉　何の音？---

　8月のある日。子どもたちがテラスにいるとき，園庭で水あそびの準備が始まりました。保育者がホースを高く持ち上げて大きなたらいに水を注ぐと，バシャバシャと水音が響きます。その音に反応して園庭に目を向けたあきと（1：3）が，うれしそうにたらいのほうへ歩いていきました。「あきちゃん，気がついた？　お水あそびしよな（しようね）」と保育者。次に保育者は，足洗い場の水道の蛇口をひねって水を出しました。流れ落ちる水の動きと音に魅かれて，さき（0：8）もテラスから四つ這いで近づき，蛇口を見上げながら水を触りはじめました。

水あそびをするとき，先に水を入れたたらいを用意して「さあ，

水あそびをしよう」と呼びかける場合もあれば，エピソード5-9のように，子どもが水音やしぶきに気づくように準備を進め，自発的に動きはじめるのを待つ場合もあるでしょう。エピソード5-9の保育者は「子どもの発見の喜びを大事にしたい」という思いがあり，後者の方法をとっていました。どのような展開を選ぶかは，保育のねらいやその場の状況にもよりますが，五感によって周りの変化に気づける環境，移動の目標となる物や人が見通しやすい空間構成，玩具が取り出しやすく配置された玩具棚など，子どもに自ら動きはじめる力があることを信頼した環境構成は大事にしていきたいと思います。

　子どもが自ら動きはじめるためには，保育者との信頼関係や"見守られている"という安心感も不可欠です。とくに人見知りをする時期には，知らない人に出会ったときばかりでなく，保育者の慌ただしい動きなどでも感情が不安定になることがあります。複数担任の連携のなかで，子どものそばでゆったりと関わり安全基地としての役割を担う保育者を位置づけることが求められます。

　0歳後半期には，両手の手指操作を楽しめる玩具，出す・入れる・合わせるといった定位的操作を生かせる玩具，因果関係のつながりがわかりやすい玩具などが好まれます。子どもが大人に視線を向けたり玩具を介して関わったりするための「間」をつくり，子どもの行動を意味づけたり思いを代弁したりする関わり方を意識していきます。9〜10か月以降には，物の受け渡しやボールのやりとりのように，物を媒介として子どもから他者に働きかけ，他者と役割を交替しながらやりとりするあそびもみられます。大人が意図的に子どもの行動の受け手に回ったり，友達との関わりをつないだりして，あそびを支える役割をすることも大切です。

★ 友達のなかで育つ

　0歳児クラスでは，自分と同じような興味・関心をもった友達がいつも傍らにいるという毎日を過ごします。井桁（2005）は，「あそびの豊かさと広がりを，友だちの存在から得ることができるという体験は，家庭では育ち得ない，豊かな人的環境とあそびの場を保障することができる保育園生活の最大の長所といえるでしょう」と述べています。友達と過ごす時間が心地よく意味あるものとなるためには，0歳児が何人かいっしょにいればいいのではなく，子どもが安心してその場に参加できるような保育者との関係性が大切です。また，お互いの存在や行動に気づかせたり，楽しい雰囲気をつくり出したりする保育者の働きかけが必要なのです。

　0歳前半期には，たとえばエピソード5-4のように，複数の子どもがお互いの視野に入る場面を設定すると，友達の玩具に注目したり，友達の行動による変化を捉えたりして，互いに意識しあいながらあそぶ様子がみられます。

　次に図5-4をみてみましょう。9か月～1歳3か月の子どもたちが低い山状のマットをはいはいで乗り越えてあそんでいる場面です。山の左にいる子どもは，友達と保育者が声を上げて楽しんでいる様子を見て，"私も行こうかな……大丈夫かな……"とためらうように左端の保育者の顔をうかがっているのです。その後，保育者から笑顔で「大丈夫！ 行こう！」と励ましてもらって，この子どもも山に向かうことができました。

　どのように行動すればいいのか不確かなときに，子どもが大人の顔をうかがって，肯定的な表情であれば近づく，否定的な表情であれば離れるというように，表情から得た情報を自分の行動に反映させる過程は社会的参照と呼ばれます。保育のなかでは，こ

の場面のように，子どもが周りの大人からも友達からも情報を得，自らの行動を決めて動いていく姿をみることができます。

0歳児も友達に向かって開かれた存在です。この時期の子どもの力量で取り組め，同じことをいっしょにしながら，"楽しいね"と友達とも保育者とも共有できる保育内容が求められています。自分の行動を決められる環境からの情報や不安なときの心の拠りどころがあり，子ども自身が願いを実現していけるような保育を，自我の育ちの土台として大切にしたいと思います。

図5-4 私も行こうかな……──迷いながら保育者を見る

【付 記】

それぞれの発達的特徴がみられる月齢の表記は，主に，新版K式発達検査研究会（2008）による，「新版K式発達検査2001」標準化資料の検査項目別通過年齢（50％，75％）を参考にしています。

本章のエピソードと写真の掲載については，亀岡市，京都市の保育園の子どもたちと職員のみなさまにご協力いただきました。心よりお礼申し上げます。

第6章 1歳児

1　1歳児の生活の姿

★「つもり」をもって行動する主体に

　0歳後半期から新しい世界を広げてきた子どもたちは，1歳頃より，それまで大人にしてもらっていたことを自分でやろうとするようになってきます。

　生活のさまざまな場面において，自分で靴下や靴をはこうとする（図6-1参照），自分でズボンを引っ張り上げようとする，自分でスプーンや手を使って食べようとするなどの姿がみられます。靴下のかかとの位置を整えたり，靴のマジックテープを締め直したり，お尻にひっかかったズボンの後ろを上げてあげたり，最後に残ったご飯粒を集めてスプーンに乗せてあげたりと，まだまだ大人の手助けも必要ではありますが，子どもたちには自分でやりたいという願いが強まっていきます。

　そのような時期，たとえば食事場面で，大人が食べやすいようにとおかずを一口大に切ってあげると，自分でやりたかったとばかり怒ったり，泣いたりすることもあります。1歳児はまだ自分の思いをうまくことばにすることはできませんが，自分なりの

「つもり」をもって行動する主体になってくるのです。

他方で1歳後半以降，自分の「つもり」が実現できない場合，気持ちがくずれることがあっても，「間(ま)」が与えられることで少しずつ立ち直る姿もみられはじめます。

図6-1　靴下をはこうとする

〈エピソード6-1〉　**自分で立ち直る**

1歳後半児。お店の店先でいいものをみつけ，自分なりにいろいろと見比べたり持ち上げて調べたりしたうえで「コレダ！」といわんばかりにお母さんを振り返ってみせますが，「あなたのはあるでしょう。さあいきましょう」と手を引っ張られ，ぺたんと店先の地面に寝転んでだだをこねます。だだをこねながら靴まで脱いでしまい，お母さんが見ているのを見てさらに向こうを向いてしまいます。

ですが，しばらく待っていると寝転がったまま脱いだ靴でひとしきり遊び，2足そろえて，「お母さんにはかせてもらおうかな」「よし」という感じで立ち上がり，お母さんに靴を渡しに行きます。

(田中・田中, 1982, 124-125頁)

自ら積極的に関係をつくり直す（ここでは靴を母に渡す）ことで，立ち直った気持ちが受け入れられるとさわやかに次の行動に向かいます。「つもり」をもって行動する主体となる一方で，それがうまくいかなくても，やり方や気持ちを調整していくことで生活の主人公になっていくのです。

★ 道具の使用

「つもり」をもって行動する姿は，おもちゃや道具の扱い方に

104 第Ⅱ部 人間の発達と乳幼児期

も見事に現れます。

　0歳後半期にみられはじめた即時模倣は，たとえばブラシを頭に当ててみる，携帯電話に人さし指を当ててみる，ペンを紙に押し当ててみる，スプーンを食器に打ちつけてみる，といった，操作方法を形からまねてみる行為でした。子どもはそれで何かが起こるとはあまり考えておらず，渡されたのがふたのついたままのペンであっても，大人がやったのと同じように，紙の上に押し当ててうれしそうに大人を見るでしょう。

　ですが1歳を超えた子どもたちには，道具の使用目的がわかりはじめます。「描きたい」という意欲をもって，紙にペン先を当てて左右になぐり描きをします。2歳児のように描いているものを具体的にイメージしているわけではありませんが，大人がほめると満足げに描いたものと相手を見て，よりいっそう力強く描きこんでいきます。

　生活の他の場面でも，砂場でスコップを使おうとしたり，食事でスプーンやフォークを使おうとしたりします。「ハンバーグを食べたい」という意図をもってフォークで突き刺そうとし，うまく突き刺せると得意げに大人にみせて，口に運びます。そのように「つもり」をもって道具を使い，そのことを大人から認められるなかで，子どもは達成感を感じていきます。それが活動を広げ，うまくいかない場面でも気持ちを立ち直らせる心のバネになっているのではないでしょうか。

★ 友達を求め，ぶつかりながら，つながる生活

　「こうしたい」という「つもり」が生まれるがゆえに，道具やおもちゃをみると自分で使いたくなります。友達が持ってあそんでいるものがとても魅力的にみえ，思わずそれに手が伸びて，結果として取りあいになることもしばしばあります。

第6章 1歳児　105

---〈エピソード6-2〉　友達のものが気になる----

　あい（1：11）がままごとで青い大きめのお皿とお玉，お茶碗であそんでいるところ，ゆう（1：11）がさっとお皿を取って持って行ってしまいます。あいはギャーと泣きながらゆうを追いかけますが，ゆうはあいを見ながらニコニコと逃げ，先生のところへ行きます。あいも先生のそばに追いかけていき，そこでギャーと泣きながらお皿を指さし，取られたと訴えます。先生がゆうに「返そうか，それあいちゃんのでしょ」と言っても，ゆうはさっとお皿を自分の背に隠して返そうとせず，先生やあいを見ています。あいはさらにギャーと泣きます。

　この後，先生がゆうの思いをくみ取りつつ間に入ることで，お皿は無事，あいに戻りました。欲張りな気持ちでこうした取りあいが生まれるのではなく，友達のしていることや持っているものに興味関心がより向いてきたことの現れとして捉えていきたいと思います。そして1歳児は，次のエピソードのように，友達と楽しい場面をつくり出し，共有することも大好きなのです。

---〈エピソード6-3〉　それ知ってる！----

　ひな（1：7），ひろと（1：10），みか（2：3），けいた（2：4）。トイレに行って準備のできた子どもから自分の席に着き，エプロンを自分でかぶって給食を待っています。自然発生的に誰かがバンバンバンと机を叩いてパッと頭に手をやり，友達と顔を見合わせてキャッキャと笑います。いつも給食前にやっている手あそびです。すぐに伝染して，みんなで机をバンバン叩いて笑いながら待っています。まだ先生はトイレの終わっていない子どもたちの介助についていてその場にはいないのに，いつも先生がやるのを覚えていて，自分たちで始めているのです。この後，「お待たせ」と先生が来て実際に手あそびをしてくれました。あとは給食準備が整うのを待つばかりです。

　1人の始めた「机を叩く」という行為がすぐにみんなに「あの歌だ」と理解され，子どもどうしで響きあいます。ともに生活経

106　第Ⅱ部　人間の発達と乳幼児期

験を積んでいることが，共感の輪を広げます。子どもどうしのトラブルに対して，保育体制の改善を進める（コラム⑤参照）取り組みとあわせて，こんな楽しい経験を増やしていくことも１歳児の保育では大切にしたいところです。

2　1歳児の発達のさまざまな側面

★ 身体・運動

　歩きはじめの時期には個人差が大きく，生後８か月頃から歩きはじめる子どももいれば，１歳半近くまで歩かない子どももいますが，おおむね１歳から１歳３か月頃までに歩きはじめる子どもが多いようです。

　０歳後半期にははいはいを存分にしていくことで足腰の筋力がしっかりしてくると，つかまり立ちから伝い歩きで左右どちら側にも移動できるようになり，つかまり立ちをしたまま片手を離したり，おなかを台につけて両手を離してあそんだりできるようになります。立位でバランスを取ることができるようになると，つかまり立ちをした後で，手もおなかも台から離したひとり立ちをしたり，床から両足をぐっとふんばって立ち上がろうとしたりします。バランスをうまく取れないうちは，しりもちをついたり手をついたりもします。

　ひとり立ちから一歩前に踏み出した，歩きはじめの子どもの姿をみてみましょう。

〈エピソード6-4〉 ここまできたよ

　歩きはじめたばかりのそうた（1：1），よちよちと両手を上げてバランスを取りながら，転んでも何度でも立ち上がって自分の力で歩こうとします（図6-2）。たとえ，目的の場所に移動するのははいはいのほうが早くても，自分の足で地面を踏みしめて一歩一歩前に進むことが，うれしくて仕方がありません。時折，見守る大人のほうを見て立ち止まり，手を上げて「アー！」と大きな声を出す姿は，"ここまできたよ！"と宣言しているかのようです。

図6-2　歩きはじめ

　歩きはじめの頃は自分で「歩いて」移動することそのものが喜びに満ちた活動でした。大好きな大人が歩こうとする子どもの少し先から「おいでー」と声をかけると，よちよち歩きながらも満面の笑みでその腕のなかに飛び込みます。1歳後半になって歩行がしっかりしてくる頃には，自由に歩いたり小走りになったり，坂道を上り下りしたり，急に止まったり向きを変えたりできるようになります。その結果，子どもは，よりしっかりと「つもり」をもって行動する主体になるのです。

★ 手指操作

　歩行がしっかりしてくる時期は，手の使い方も自由度を増してくる時期です。たとえば絵を描こうとするとき，まだ，1歳初期では，思うように道具を使えません。鉛筆を持った際に削られていないほうが紙側に来ても，鉛筆の向きを変えて持ち直すことはみられにくいのです。

描きたい気持ちが高まると，腕を机に固定して手首だけ動かしたり，手首を固定して肘を支点に腕を動かしたり，手首と肘を固定して肩だけを動かしたりして，左右に往復するなぐり描きをするようになります。上半身で手首・肘・肩の連動が上手にできるよう

図6-3　次々と入れる

になると，左右のなぐり描きだけでなく，ぐるぐる描き（円錯画）ができるようになります。

　スプーンやスコップも上手に使えるようになり，肘や肩の動きと連動させてタイミングよく手首を回転させて調整するので，途中でこぼすことが少なくなります。図6-3ではスリットの向きに合わせてリングの向きを調整し，次々と容器にリングを入れています。積み木を積むときにも，水平や角合わせのため積み木の向きを調整して「高く積むぞ」という「つもり」をもって積めるようになります。こうした手指操作の細かな調整によって，積み木が崩れても気持ちまで崩れずに，もう一度やり直して粘り強く活動する姿につながっていきます。

★ 認　知

　以上のように，1歳児は歩行においても手指操作においても，「つもり」をもって行動するようになります。その際，積み木を高く積もうとする場合でいえば，まだ完成されていない目標（高く積まれた積み木のイメージ）を心のなかで保持しておく必要があります。すなわち，「つもり」をもつにはこれからしようとする行為の目標を心のなかでイメージする必要があるのです。こうし

第6章　1歳児　　109

たことに関わる能力を，発達心理学では，頭のなかで事物やできごとのイメージを思い描く表象能力と呼び，1歳後半から2歳にかけて芽生えてくるとされています。

　この表象能力によって，子どもは目の前の「いま，ここ」の世界だけではなく，直接目では見えないイメージの世界やことばの意味の世界にも足を踏み入れ，また自他の「つもり」(意図)を理解しはじめます。ピアジェとイネルデ(1969)は，表象能力の現れとして，延滞模倣(過去に体験したことを一定時間おいてから再現する模倣)と象徴あそびに注目しています。象徴あそびは，見立てあそび，つもりあそび，ふりあそびなどと呼ばれることがあり，次のエピソードのような場面もその一例です。

─〈エピソード6-5〉「はいどうぞ」──────────

　保育者が絵本を数人に向かって読んでいます。子どもがビスケットをおいしそうに食べている場面で，保育者がビスケットを絵から取ってパクッと食べるまねをして「おいしいねえ」と笑い，そして1人ひとりの子どもの口元にも，「はいどうぞ」とビスケットを配るまねをします。パクパクと食べるまねをするりか(1：5)，パクッと食べて"おいしい"のしぐさで両方のほっぺたを押さえるけい(1：7)。みゆ(1：3)は，続いて口元に出された保育者の指先を怪訝そうにカプッとかんでみて，保育者の指先をもう一度見て，保育者の顔を見ます。

　ビスケットの絵を手がかりとしながらも，実際にはないビスケットを食べるふりをするりか，けいの姿から，表象能力の発達を読み取ることができます。表象の世界の手前にいるみゆは，保育者の「つもり」を受けとめつつも，まだ理解できないでいるようです。ただ，日常のこうした大人や仲間のふるまいに支えられて，新しい世界であそぶ楽しさをもうじき知っていくことでしょう。

　さて，「つもり」をもって行動するようになった子どもたちで

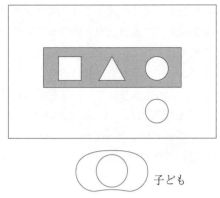

図6-4　はめ板の「円板　回転」課題の様子

すが，その「つもり」はいつも実現できるものではなく，やり方を調整して目標を達成する必要があります。こうした調整は，1歳半以降，「……デハナイ……ダ」という基本的特徴（田中・田中，1982）をもったものとして，全身運動や手指操作だけではなく，エピソード6-1のような気持ちの立ち直りも含めてさまざまなレベルで認められるようになります。

「新版K式発達検査2001」に，はめ板の「円板　回転」という課題があります。図6-4のように，子どもの前に3種類の孔の開いたはめ板と円板を置き，孔にはめてもらうものです。丸い孔に円板をはめられたら，次に子どもの目の前で，はめ板を180度旋回させて丸い孔が反対側に来るように置き，もう一度，円板をはめてもらいます。

1歳前半では，円板のすぐ向こうに丸い孔があればはめることができますが，はめ板を旋回させた後でも，もう一度同じ場所に円板をはめようとします。当然，そこには四角い孔があるので，今度はうまくはまりません。

それが1歳後半になってくると，はめ板の旋回後，はめる前に丸い孔の位置と四角い孔の位置を両方見比べて，"こっちだ"とばかりに丸い孔に入れられるようになってきます。お手つきをしたり，別の孔を試してみたりすることもありますが，"やはり違う"というように丸い孔にはめなおします。

こうした「……デハナイ……ダ」と調整する力は，生活のあらゆる面で発揮されます。保育室の一方のドアが閉まっていると方向転換して別のドアから入る，着替えの際，2枚あるシャツのうちから青ではなく赤いシャツを選ぶなど，周りの状況をよくみて自分の行動を考えたり，やり方を変更したりすることは，子どもがまさに生活の主人公になるうえで不可欠なものです。

★ コミュニケーションと言語

9〜10か月頃に成立しはじめた三項関係を基盤にして，1歳児のコミュニケーションはさらに豊かになっていきます。子どもたちは指さしや身ぶりを使って，自分の「つもり」を伝えようとします。たとえば散歩の途中できれいに咲いた花を見つけ，「ア，ア」と指さして（「叙述の指さし」）大人を振り返り，その受けとめをしっかり確認する，そんな経験の積み重ねが伝えあう意図をより確かなものにしていきます。また，両手を重ねて「チョー（ちょうだい）」と言ったり，人さし指を立てて「モッカイ（もういっかい）」と楽しいあそびを再度要求したりと，ことばと身ぶりを複合させて，なんとか自分の思いを伝えようとします。

そうした伝達要求の高まりとあわせて，大人のことばかけの理解も進んでいきます。「クック，取ってきて」ということばかけに，当初は保育者の個別的な誘いかけや友達の動きに支えられて行動していたのが，次第にことばのみに従って，靴を取って戻って来られるようになっていきます。また1歳半頃より，「○○は

112 第Ⅱ部 人間の発達と乳幼児期

〈コラム⑤〉 乳児保育とかみつき・ひっかき

かみつきやひっかき（以下，この２つを「かみつき」と表記）について，本章や次章において発達的な特徴の１つとして紹介されていますが，乳児保育において「かみつき」は保育者の深刻な悩みのたねになっています。その理由として，「かみつき」は，集団保育のなかで１歳すぎから３歳頃に頻発し，しかも，一部の子どものみにみられるものだということが挙げられます。

もう１つの理由は，保育園で起こるさまざまなできごとのなかで，ことばでのけんかや叩く行為と違って，跡が残るという特徴から，保護者が子どもどうしのいざこざを知ることになることが挙げられます。１歳をすぎたばかりの子どもどうしのいざこざは，かまれた子どもの保護者にも，かんだ子どもの保護者にも，負のインパクトのあるできごととして受けとめられがちです。

保育園では，多くの場合，園で起こったけがについてはすべて園の責任であると考えて，かまれた子どもの保護者に謝っているのですが，その際にかんだ子どもの名前を伝えるかどうか，かんだ子どもの保護者に「かみつき」について伝えるかどうかなど，その対応に工夫を重ねています。最も望ましいのは「かみつき」がなくなることなので，「かみつき」を減らすための保育の工夫，さらに，「かみつき」が起こる前の保護者との関係づくりの工夫などの実践交流や研修会が行われています。

そうした保育者にとって深刻な現象である「かみつき」が近年増えてきているのかどうかを明らかにするために，過去21年にわたる乳児保育の実践報告を分析しました。この20年，日本では保育所利用のニーズが激増してきました。1993年では9.3％であった３歳未満児の保育所入所率は，2018年には36.6％になっています。それに伴い待機児対策として保育の規制緩和が行われてきました。1998年には，保育所定員の弾力化が図られ，児童福祉施設最低基準を満たしていることを条件に，年度当初に認可定員に15％，年度途中に25％を乗じた人数，年度後半には25％を超えた人数を受け入れてよいことになりました。そこで保育所では，保育室の広さは従来のまま，子どもの受け入れ人数を増やし，子どものロッカーや，

保育士の配置数を増やし、保育室は過密な状況になりました。さらに、2002年には、保育士の配置の規制が緩和されました。従来、保育所の保育士は常勤の保育士を配置することを原則として、短時間勤務の保育士の配置を最低基準の2割までとしてきたのに対し、常勤の保育士が各組に1名以上配置されているなど一定の条件を満たす場合には、短時間勤務の保育士をあててよいことになりました。これにより、短時間勤務の保育士が増え、クラスの職員同士の話しあいや担当者みんなで職員会議をもつことが難しくなりました。

こうした保育の規制緩和と「かみつき」の深刻さの関連をみるために、年1回発行される『全国保育団体合同研究集会要綱』『季刊保育問題研究提案特集号』『全国保育士会研究紀要』に掲載された乳児クラスの実践報告を対象として、そのなかの「かみつき」を示すことば（かみつき、ひっかき、かむ、かまれる、がぶっなど）の数を数えました。対象とした期間は、1993年から2013年で、1998年までを規制緩和前、1999年から2004年を激変期、2005年以降を緩和後としました。その結果、「かみつき」の語数は、規制緩和前に比べて激変期に多くみられることが明らかになりました。これは、実践報告において、「かみつき」の占めるウエートが高くなったことを示すものです（西川, 2017）。

子どもの発達を学び、子どもの思いを理解し、それを保育のなかで生かしていくために、保育者が連携して保育の質を高めていくことは大切なことですが、そうした質の高い保育を進めていくうえで、きめ細やかな保育を可能にする条件を整えていくことも大切なのです。

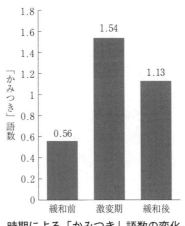

時期による「かみつき」語数の変化

114 第Ⅱ部 人間の発達と乳幼児期

どれ？」と聞かれて指さしで答えられるようにもなってきます。これらはいずれも，ことばを聞いて，あるもののイメージや概念を表象する能力によって可能になるものです。

　以上のようなコミュニケーションの土台のもとに，子どもの発語は開花していきます。歩きはじめの1歳前後は，ジャーゴンが盛んに発せられますが，それらの発声のなかから，明確にそれまでの喃語とは違う意味のあることばが出現していきます。初めてのことばを「初語」といいますが，子どもにとって身近で関心の高い「マンマ」「ママ」「パパ」「ワンワン」「ハーイ（返事）」「ネンネ」「バイバイ」などが多いようです。

　当初の子どもの発語は，具体的な場面に関連づけて発しているようで，「ワンワン！」ということばの裏に「ワンワンがいた！」「ワンワンのところに行きたい」「ワンワンのような何か（猫）が来た」「ワンワンがいなくなった」などさまざまな意味を付しています。1つの単語だけでこのようなさまざまな意味を伝えようとするので，「1語文」といわれます。

　語彙の増え方は最初はゆっくりですが，表出された語彙としてカウントされる前に，理解語として意味のわかる語彙が増えてくる段階があります。個人差はありますが，1歳後半以降，認知面で解説したように「……デハナイ……ダ」と違いが見比べてわかってくるようになると，「ワンワン」ではない「ニャーニャ」だ，「パパ」ではない「ジージ」だ，というように，表象と音声が結びつき，語彙が爆発的に増えていきます。

　その後，「～の」や「～と」など助詞がついた発話に続いて，「クック，ない」などと2語文（2語発話）も発せられるようになります。こうした発話の発達は，文法能力が獲得されはじめた1つの目安となります。

★ 対人関係と自我

　「つもり」をもって行動する主体となった1歳児は少しずつ自分自身を客体として捉えはじめます。自己認知の始まりです。たとえば，子どもに気づかれないよう鼻のあたりに赤い印をつけた後，鏡を見せると，子どもは遅くても2歳頃までにその印を取ろうと，自分の鼻を触るようになります。

　この研究結果は，鏡に映った像を自分だと理解しはじめた証拠として考えられ，自分というものを意識的に自覚するのは1歳半以降だとされています。たしかに，日常場面においても，1歳後半，とくに1歳10か月前後，自分の名前を使って「○○ちゃんの！」「○○ちゃんも！」と他者に要求したりするようになり，「つもり」をもった主体である「自分」を主張しはじめます。

　ただし，1歳児の「つもり」は誕生したばかりですし，ことばも獲得途上であるために，まだはっきりと言語的に内容を明示できないものです。

　ある1歳児クラスでこんなできごとがありました。保育者が「じゅんちゃん，着替えようか？」と言うと，「イヤ」。「じゅんちゃん，先生もいっしょに座っていい？」と言うと，これまた「イヤ」。近頃は保育者が何を言っても，じゅんにいったんは「イヤ」と言われてしまうのです。けれども保育者が「あら，じゃあ，先生，どうしようかな……」と困ったように言うと，じゅんはしばらくしてから「いいよ～」と気持ちを向けてくれたのでした。

　大人とは異なる「つもり」をもった主体となりはじめた1歳児は，まずは「イヤ」と言うことで自らの独立性を発信しているようです。他方で，大人が自身の「つもり」を押しつけず，子どもが判断し選ぶ「間」（上記のエピソードでは「あら，じゃあ，先生，どうしようかな……」ということばかけ）を与えると，子どもなり

のペースで気持ちを切り替えることもできるのです。

　2歳にかけて，頭のなかで思い描くことが膨らみ，「もっとほしい」「もっとあそびたい」「これは○○ちゃんのなの！」という気持ちが強くなり，さらにしたいことが具体的にイメージできるようになると，大人の対応もなかなか一筋縄ではいかなくなります。すると，つい大人のほうはより強く強要したり，「ダメ」と規制したりする関わりも生まれやすくなります。そんな場面だからこそ，ここまでの子ども理解を振り返って，子どもの内面に芽生えた「つもり」を想像しつつ，「……デハナイ……ダ」と行為や気持ちを調整する力を発揮しやすい状況を考えてみたいと思います。

3　1歳児の保育で大切にしたいこと

★ 子どもの「つもり」を尊重した生活づくり

　1歳児は，生活のあらゆる場面で「つもり」をもって行動するようになり，自分とは異なる「つもり」をもつ他者との間で行動や気持ちの調整を繰り返しながら，生活の主体として育っていきます。子どもはその道のりを，同行してくれる大好きな大人の支えと励ましを受けて，ゆっくりと歩んでいくのです。神田(1997)は，ゆっくりと動く子どもの心のなかの時間に合わせて，大人がゆったりと生活を切り替えていくことの大切さに触れ，子どもが「周囲の出来事に目を向け，納得して動けるためには，ゆったりとした日課の中で日常生活の一つ一つの行動を意識に落として経験することや，自分の思いを込めてじっくりと遊びに関わっていくことが必要なのではないか」(神田，1997，72頁)と述べています。ここではまず，1歳児の「つもり」を支える生活づく

りについて考え，次に，1歳児が思いを込め友達とつながっていくあそびについて考えてみたいと思います。

〈エピソード6-6〉 「おはよう」しよう！

　1歳後半期の子どもたちの朝の様子です。「さあ，おはよう（朝の集まり）するよ〜」と保育者が声をかけると，テラスであそんでいた子どもたちが次々に保育室に入ってきました。保育者が机をいつもの場所に運びはじめると，子どもたちも椅子を1つずつ押し動かして，机の周りまで運んでいきます。場所の取りあいにならないように，保育者がさりげなく交通整理をしています。みんなが椅子に座ったら，楽しい「おはよう」の始まりです。

　このエピソードでは，テラスでのあそびから「おはよう」への場面の切り替えを，子どもと保育者がいっしょに進めています。子どもたちには，いつもの楽しい「おはよう」のイメージが共有されているようです。動線のわかりやすい空間が構成され，子どもでも運びやすい椅子が取り出しやすいように配置されています。場面の切り替えそのものが，意味のある保育の時間として位置づけられていることがわかります。早く次の活動を始めることよりも，子どもの心のなかで時間と空間がつながることを大切にした1つの例といえるのではないでしょうか。生活の流れや環境を，子どもにとってわかりやすく，安心感と期待感をもてるものにすることは，子どもが生活の主体となるための前提と考えられます。

　「つもり」をもちはじめた1歳児は，基本的生活活動やあそびの1つひとつに思いを込めることが多くなるので，活動に区切りをつけることが難しい場面も増えてきます。そんなときでも，「いっぱい〜したね」と丁寧に受けとめられて気持ちをしめくくるきっかけが与えられたり，楽しい見通しのもとで「じゃあ次は」と自ら決めて動くための「間」が用意されていたりすれば，

118　第Ⅱ部　人間の発達と乳幼児期

前向きな気持ちで行動を切り替えていく姿がみられるでしょう。子どもの心の時計に合わせて行動できるゆとりのある日課を，1歳児のために用意していきたいと思います。

★　身につけた力を発揮して，「友達といっしょ」の楽しさを知る

　頼まれたタオルを取ってきたらお父さんが「ありがとう」と喜んでくれた，スコップでお茶碗に砂を入れて持って行ったら先生が「マンマおいしいね」と食べるふりをしてくれた，というように，1歳児の生活においては，自分の行動が他者に受けとめられる機会が増えていきます。歩行や道具の使用などの新しく身につけた力を「つもり」をもって発揮することによって，人とつながる喜びをたくさん経験していくのです。では，1歳児クラスの保育のなかで，友達とはどのようにつながっていくのでしょうか。ある1歳児クラスのお散歩エピソードをみてみましょう。

─〈エピソード6-7〉　両手で顔を隠せば子どもたちの世界─

　かくれんぼあそびが続くなかで突然，Ｙが両手で顔を隠して「見つけて！」と期待している様子。保育者の「あれ？　Ｙくんがいないね」という言葉を聞いて，見つけに行ったはずの子どもたちが，「なんか面白そうなことしている」と二人……四人……七人とみんな同じ場所に集まって，真似して，両手で顔を隠して隠れているつもりになっていたのです。「みーつけた」と見つけにいくことよりも，友達と同じことをして隠れることの方が楽しくなってきているようでした。

　でもそこは，枝だけの木の後ろで，子どもたち全員の姿が丸見えなのですが，両手で顔を隠せば子どもたちの世界。「誰にもみえていないはず……」「上手に隠れているでしょ！」と言いたげな可愛いらしいいっぱいの姿がありました。

（山本・福田，2017，72-73頁）

　これは秋～冬頃，いつも出かける川岸の散歩でのできごとでした。かくれんぼをテーマにした絵本が大好きになり，園庭でも散

歩でもかくれんぼあそびを楽しんでいた子どもたち。繰り返し同じ場所であそぶことで,「あー楽しかった」「また行きたいな」「ここではこんなあそびができる」と期待をもちながら,日々の散歩を楽しむことができたそうです。

　このエピソードでは,「いつも」の安心感に支えられながら,「おや？」と感じる新鮮な物事に出会い,1人の「つもり」がみんなの「つもり」になっていく様子をみることができます。このような「友達といっしょが楽しい」という経験は,子どもが自ら友達を求め,毎日の生活を友達といっしょに築いていこうとする気持ちを育むものとなるでしょう。心地よく楽しい生活をつくることは,保育のなかでのいざこざを減らすことにもつながります。そして,友達と楽しい経験をするなかで身につけた力は,いざこざがあったとき,その関係を修復するためにも生かされていくはずです。1歳児が,自分の「つもり」と友達の「つもり」とを主体的に合わせて同調し,心でも体でも「友達といっしょ」の楽しさと手ごたえを感じられるような場面を大切にしたいと思います。

★ 友達とのいざこざのなかで,相手の気持ちを知っていく

　こうして友達といっしょにいることが大好きになっていく子どもたちですが,だからこそいざこざはなくなりません。2002年,まだ保育園でタオルを共用していた時代の実践記録を紹介します。

┌─〈エピソード6-8〉　自己主張するための自己主張──

　1歳児クラスの後半になると,お昼ご飯やおやつの前の手洗いの時にこだわりが出てきます。手を洗って拭いたらタオルを抱え込んで,わざわざ次の友だちが来るのを待っています。あとから手を洗った友だちが保育者と一緒に「かーわって」と寄ってくるとすかさず「イヤ！」。この「イヤ！」を言うためにわざわざタオルを抱え込んで待っているのです。

　保育者が「どうぞは？」と声をかけますが,替われません。そこで保

育者は次の手を持ち出します。「みんな，じゅんばんこ。見ててや。か
ほちゃんかしこいからなー。待ってたらきっと，ドウゾしてくれはるし
なー」。それでもだめなときは，「『いち，にいーっ，さんまのしっぽ』
したらきっと替わってくれはるしな。みんなでうたおうかあー」といっ
て 10 までの数え唄を歌ったりして，気長ーくこの場を大事にすると，
かなり機嫌よく「あいっ，どうぞ！」とタオルを渡してくれます。時に
は「ご飯」という強い味方をだして「もうご飯たべるよー」と言うこと
も。

(朱い実保育園職員会，2002，58-59 頁)

　　エピソードのあとに「こうして子どもたちは友だちとの関わり
方やルールを学んでいます。そこには大人の押しつけでもなく，
押さえつけでもなく，『自分で』という自分で決めて行動できる
成長の場があります。少しの間待つ，という自分をコントロール
する力も育ちます」という解説がついています。
　　この時期の子どもにとって，友達が持っているものは魅力的に
みえるので，取りあいが繰り広げられるのですが，ここで紹介さ
れているのは，友達が「かわって」と言うことを予測して，「イ
ヤ！」と自己主張するチャンスを待つ姿です。ここで注目したい
のは，保育者の働きかけの根拠となる子どもの行動の捉え方です。
子どもを自分で決めて行動する主体として尊重したうえで関わり
を展開している点です。子どもの心に区切りがつくのを待って，
ていねいに関わることで，子どもの心にも相手を受けとめる
「間」ができて，自分で替わろうと決めて，友達に譲ることがで
きていくのだと思います。すべての場面で子どもが納得するまで
待つことは難しいので，「ごめんね，今日は○○してもいいかな
ぁ」と保育者が整理する場面にも出会います。でもそこでも譲り
たくない子どもの気持ちを尊重しつつ関わることが大事だと思い

ます。そうしたエピソードを心に留めて，同僚と話しあい，トラブルが予測される場面にゆとりがもてるよう，日課の見直しをするなどして，心地よい生活をつくることができればと思います。

このように友達との関わりの密度が高まってきた1歳児クラスでは，かみつきやひっかきなど子どもどうしのいざこざが起こりがちです。叩いたり，言いあいをしたりすることと異なるのは，傷跡が残ることによって，保護者の心にも傷が残ることがあることです（かみつきの問題については，コラム⑤も参照してください）。そんなときに，かみつきが起こらないことだけを目的にするのであれば，子どもどうしが関わる場面を極力減らすことになりますが，保育者はかみつきに発展しそうな場面でも，子どもどうしの取りあいを見守っていることがよくあります。

たとえば，ままごとセットのお皿やスプーンであそんでいる場面で，さくらがつばさのお皿を取り上げようと引っ張ります。つばさはお皿を引き戻しながら，仲裁を求めるように保育者の顔を見ます。あらあらという表情の保育者の顔をさくらがのぞいています。つばさに引き戻されていくお皿を見ながら，さくらが涙目で保育者を見て，つばさのお皿を指さします。どちらかが最終手段として，叩いたりかんだりしそうになれば，もちろんそれを止めるのですが，真横に保育者がいる環境でのものの取りあいは，1歳児なりに子どもが自分の思いを相手に訴え，相手の思いを理解する格好のチャンスだと思います。さくらがつばさのことを大好きだから関わりたいと思っていること，つばさはそんなときに手が出ることは少ないことを理解している保育者にあたたかいまなざしで見守られて，安心してお互いの気持ちを伝えあう経験は貴重だと思います。

友達といっしょだと，食事も，あそびも，楽しさが何倍にもふ

くらむ子どもたちの生活が安心できるものになるよう，いざこざの場面も含めて子どもを見守る大人のちょっとした支えが大切な時期です。

第7章 2歳児

1　2歳児の生活の姿

★ 大きくなりたい2歳児

　1歳半頃，表象が誕生し，「つもり」の世界が開けた2歳児は，自分の身の回りのことやあそびのなかで，「ジブンでする！」「ジブンがする！」と自分で行うことを強く主張する姿があります。そして，自分でできることに誇りを感じ，素直に「ジブンってすごい」と思うことができる2歳児です。自分を大切に思う気持ちは，自分があそんでいるおもちゃや園で使う椅子，布団など，自分が関わる物や場所にも拡大し，「ジブンのもの」という思いを強くしていきます。だからこそ，自分の思いが受け入れられなかったり，友達とぶつかったりしたときには，より強くその思いを通そうとしたり，こだわることがあります。そんな2歳児の様子がよくみえるエピソードを紹介したいと思います。

〈エピソード7-1〉「もういいかーい！」

　散歩中，えみ（2）が突然「もういいかーい」と言いながら道端にある大きな掲示板にかけ寄って顔をふせます。すると，1人，また1人と，子どもたちは「もういいかーい」と同じ掲示板へやってきます。そんな

なか，こうた（2）は掲示板のそばにいる他の子どもたちを押しのけて，掲示板に抱きつき，「こうちゃんが1人で！」とアピール。どうやら自分1人で「もういいかい」がしたいみたいです。こうたを見て，最初に始めたえみは「うわー」と声を上げて，掲示板の横にくっつきます。先生が「はい，右も左も後ろもあいてまーす」と間に入ります。こうたは，えみにどいてほしくて，掲示板をつかんでいるえみの手に向かって口が動きます……。それにいち早く気がついた先生が「おっととと〜，ありゃ？」とえみを引き離します。先生のおかげで，こうたはえみの洋服の袖口にかみつく格好になり，袖がちょっとひっぱられただけですみました。そのとき，ふいにこうたの反対側に立っていたゆうき（2）が「あいたよ」と隣を空けてくれます。えみは，すうっとゆうきの横に並び，にっこり笑顔。えみが「もういいかーい……ばあ！」とかけていきます。それを見て，ゆうきも「ばあ！」と同じ方向にかけていきます。そんな2人の様子を見て，しばらく考えているかのようにじっとしていたこうたでしたが，やっぱり「ばあ！」と友達のほうへかけていくのでした。

　エピソード7-1のなかでは，こうたの「ジブンが1人で『もういいかい』したい！」という2歳児らしい姿が現れています。こうした姿の背景には，1歳児の頃よりも自分の考えていることや行っていることを具体的に意識し，「こうしたい」というイメージをもって行動する力の育ちがあるといえるでしょう。ほかにも2歳児クラスではよく「見て見て，すごいでしょ」「ジブンだけ」「いっぱい」「いちばん」といったことばをクラスの子どもたちがこぞって使うようになるときがあります。「大きくなったジブン」の存在をアピールし，それを周りに認めてもらいたい気持ちを強くもっているのが2歳児なのです。

　「かみつく」ということばに驚かれた読者もいるでしょうか。2歳児は，友達の姿を見て「ジブンもやってみたい」と憧れやまねっこしたい気持ちをふくらませている子もいれば，「ジブンは

こうしてあそびたい」とはっきりとしたイメージをもっている子どももいるため，子どもどうしの思いがぶつかる場面も多くなってきます。自分の気持ちをことばにすることはまだ発達の途上ですので，かみつきやひっかきなどの行動に出るときもあります（コラム⑤参照）。同様に，自分の思いが強くなるぶん，うまくいかないときには大きく気持ちがくずれたり，大人に対して強情をはることも増えてきます。第2章で述べたようにこのような2歳児の姿は，しばしば否定的なニュアンスで「魔の2歳児」や「イヤイヤ期」と形容され，子育てや保育が「思うようにいかない」2歳前後のキーワードの1つとして定着しつつあります。では，2歳児との生活は苦労・苦難の連続なのでしょうか。

　いえいえ，決してそんなことはありません。エピソード7-1のなかでは，友達の楽しそうな様子につられて，自然に「ジブンも」とまねをしてあそぶ姿が実に多いことがわかります。1歳児の頃よりも，友達が「何をしようとしているか」をはっきりと理解できるからこそ，同じあそびを自然に行う姿が現れてくるのです。また，2歳児の後半期には，ゆうきのように友達の様子に気づき，少しだけ譲るような優しさを時にみせてくれるようになるのも2歳児なのです。

　2歳児とともに生活する1年には，ほかにもたくさんの喜びと，何よりも笑いがあります。以下では，1年間を通しての成長や，2歳児期に固有な素敵な姿もたくさん紹介していきます。

★ 身体（動き）の模倣から，イメージの共有へ

　まねっこや模倣による友達との関わりが楽しくなる1～2歳児ですが，イメージの世界がより豊かに育つ2歳児期は，ことばを使って子どもどうしで共通のイメージを立ちあげてあそぶ姿もみられます。たとえば，「お店やさんはこういうもの」という共通

の知識を土台にしながら，売る人 - 買う人に分かれて「いらっしゃいませー」「ありがとうございましたー」とお店やさんごっこを楽しんでいる姿も観察されます。役割分担など，あそびの状況設定を相互に調整することはできないので大人の援助は不可欠ですが，実に楽しそうです。次のエピソードのように，保育園で友達と繰り返し見聞きした絵本のストーリーやフレーズも，共通体験として子どもたちの心にしっかりと刻み込まれています。

〈エピソード 7 - 2〉　ねこじゃらしが「大きなかぶ」に

　10月，路地裏の空地で探索していると，ゆうた（3：4）が「あ！ねこじゃらしみーつけた！」と声をあげました。保育士が「ほんとだね，大きなねこじゃらしだね！」と伝えると，ゆうたは，ねこじゃらしを引っ張り「うんとこしょ，どっこいしょ，まだまだかぶは抜けません」とあそびはじめます。それを見ていたはるか（3：5），さな（3：3）がゆうたの後ろをつかんで「うんとこしょ，どっこいしょ，うんとこしょ，どっこいしょ」と引っ張ります。「すぽーん!!!　大きなかぶが抜けたよ～!!」とゆうたが根っこから抜けたねこじゃらしを見せます。はるか，さなも，「やった～！　抜けた抜けた！　大きなかぶ！」と言って3人で喜びあいます。周りにいた友達も3人のあそびを見て，大きなかぶのつもりあそびが始まりました。

　ねこじゃらしをかぶに見立てるゆうたの発想も素敵ですが，ゆうたが「うんとこしょ」と口にした後に，絵本の『大きなかぶ』の世界に即座に入り込めるはるかたちも素敵です。1歳児クラスでも，何かを引っ張って抜く動作が大流行する場面はみられます。しかし，その楽しさの大部分は，引っ張って抜く「つもり」の世界を再現するおもしろさです。一方，2歳児になると「こうしたらこうなって，こうなるんだよね」という動作の連なりを含めて再現することが楽しくなります。同じ絵本を題材としても，1歳児と2歳児では楽しさのツボが異なることが多々あるのです。一

第7章　2歳児　127

定のパターンの繰り返しがあって，開始と終了がわかりやすいお話ややりとりの型は，2歳児の「いっしょが楽しい」気持ちを膨らませてくれるアイテムの1つといえるでしょう。

★ 状況に融け込みやすい2歳児たち

　友達といっしょにイメージの世界であそびはじめた2歳児たちですが，そのイメージ世界の移ろいやすさにもこの時期に固有な不思議な特徴があるようです。

〈エピソード7-3〉「ナンマイダー」

　子どもたちと追いかけっこをしていたひとりの保育者が，わざとかほんとか知りませんがバタっと倒れて，「たいへんだー，小林先生死んじゃったー」と大騒ぎをしました。

　芝居がかった騒ぎぶりに丹羽保育者ものってきて，「どれどれ脈をはかろう。これはもうお墓を作ろう」ということになっくしまいました。ちょうどそのとき千夏も何を思ったのか倒れこみ，死んだ人になってしまいました（絶対目をあかない演技力）。

　積木の墓作りが始まると，墓作りを忘れ，積木遊びに変わってしまいそうになります。

　さてここで保育者が「ナンマイダー，ナンマイダー」と唱えたならば「オバケ遊び」の幕開けです。

　墓に入った人の数は少し増え，「お兄ちゃんオバケ」（智恵），「赤ちゃんオバケ」（さちこ），「お母さんオバケ」（朋），「お姉さんオバケ」（千夏），「小林保母」の五匹です。

　このオバケに「人間の子ども食べちゃうぞー」と追いかけられると必死になって逃げる卓真。ひとみも怖がらず保育者にべったりすることもなく楽しんで逃げ，智恵もすっかりオバケ役を演じ，最後までスルリと抜けることなく遊べる姿を見せて，保育者もニカッ！とうれしくなり，ホールの舞台やカバ組の部屋に逃げる人間の子どもたちです（以下，省略）。

（加用，1990，125頁）

エピソード 7 - 3 の保育実践を引用した赤木（2012）は，追いかけっこだったはずの当初のあそびが，保育者の「死んじゃった」の一言で「死人ごっこ」になったかと思いきや，そのまま積み木遊びに矛盾なく展開しそうになったり，最後は保育者の「ナンマイダー」の一言でオバケごっこに展開する様子を，2歳児クラスの典型的なあそび風景として紹介しています。3歳児クラスや4歳児クラスになれば，「死人ごっこ」の設定が何の取り決めもなく勝手に積み木あそびや，オバケごっこに変わってしまうことに異議を唱えることでしょう。2歳児のあそびは，目の前の「つもり」の状況が変化すれば，その状況とともに自ずと変動してしまいます。自覚的にあそびの設定に一貫性や必然性を求めるのは大人や年長者であって，2歳児は，ただ目の前の状況をそのつど楽しんでいるのです。こうした姿は「何でもありを楽しめる2歳児」の素敵な一面として大人に新鮮な驚きを与えてくれるように思います。

2　2歳児の発達のさまざまな側面

★ 身体・運動

　「自分の身体の主人公になる」（長瀬，2014）といわれる2歳児です。走ったり，両足で跳んだり，少しの段差から飛び降りたりなど，二足歩行の力を発展させ，自分の思ったように身体をコントロールしはじめます。また，全身を使ってよじのぼったり，しゃがんだまま前に進んだりするなど，高低差を意識した動きが可能になります。

　あそびのなかでは，追いかけあそびで，「はやい－ゆっくり」と緩急をつけて走ったり歩いたり，リズムあそびで「うさぎ」の

つもりになって両足で跳ぶなどイメージをもって身体を動かします。また，斜面や段差のある場所をよじのぼり，はらばいになって滑って降りたり，ジャンプして降りたりするようになります。生活では，衣服の着脱において自分で片足を上げてズボンをはいたりする力として発揮されます。

★ 手指操作

手指の操作では，利き手とそうでないほうの手の役割が分かれ，指先に力を込め，つまんで入れる，通す，積む，はめるなど動作の巧緻性が高まります。また，手首を返す動きもより滑らかになり，あそびや生活のなかでこれらの力が発揮されていきます。

図7-1 描いた丸に「こんにゃく，いっぱい。小さいのも。お家にいっぱいくまちゃんいる。玉ねぎいっぱい。これはおめめ，口も。お魚いっぱい」と次々に意味づける

あそびでは，新聞紙を破いたり，積み木を高く積み上げたり，横に長く並べたり，粘土や紙を丸める様子がみられます。また，そうやってつくったものに「雨みたいにバラバラ～って」「おにぎりなの」などと意味づけて楽しみます。容器のふたを回して外す，ひもに大きめのビーズなどを通す，洗濯バサミを厚紙に挟むあそびなどに集中して取り組みます。描画では，ぐるぐると円錯画を描く時期から，2歳後半の頃には閉じた丸を描く子どももみられはじめ，描いたものにさまざまな意味づけをする姿があります（図7-1）。

生活面では，片手でお皿を支えたり，持ったりして，もう一方の手でスプーンを持って食事をするようになります。スプーンも

〈コラム⑥〉　乳幼児期の食：自我の育ちに着目して

　乳幼児期の食は，心身の成長や健康を支える重要な営みです。そのため，大人（保育者）は必要なものを必要なだけ，適切な食べ方で食べるよう働きかけます。一方，子どもは食べたいものを食べたいだけ，思い通りに食べようとして両者はぶつかります。

　子どもが「食べない」理由の1つに好き嫌いがあります。村上（2014）の調査によれば，幼児期に好き嫌いのある子どもは，全体では77.2％で約8割近くにのぼります。男女別にみると，好き嫌いのある男児は71.8％であるのに対し，同じく女児は87.8％で，女児のほうが多いようです。嫌いな食べ物としては，ピーマンやなす，トマトなどの野菜が上位に挙がります。また，子どもの好き嫌いが始まったと保護者が感じる時期は，1〜2歳未満，2〜3歳未満がともに32.0％，それ以前や4，5歳と比べて最も多くなっています（村上，2014）。

　この1歳から3歳頃は，食べさせてもらうことから手づかみ食べを経て，スプーンなどの道具を使って自ら食べることへと変化する時期です。それと同時に，自分で食べたい，自分で"〜してみたい"といった思いが強まる自我の芽生えの時期でもあります。そのため，野菜などの食材そのものを嫌がる場合もあれば，食べさせられるなどの受け身的対応を嫌がったり，あるいは「食べない」という明確な意思表示であったりすることも考えられます。したがって，そのような気持ちを受けとめつつ，子どもが主体になれるようなことばかけ，場面づくりを工夫することが大切です。

　1，2歳児の「食べない」事例をみてみると，その理由やその対応は月齢・年齢とともに変化・多様化していきます（河原，2004；河原，2009）。

　1歳前半では，苦手・嫌いな食べ物を食べないだけでなく，好きな食べ物（とくに食後の果物やデザートなど）が目に入ると，いままで食べていた物を嫌がったり，食べ物は同じでも食べさせられるという対応を嫌がって"ジブンで"食べようとしたりします。

　さらに，1歳後半から2歳台になると，はじめは食べることを拒否していても保育者とのやりとりを通して，最終的には食べるようになることも少なくありません。そのうち，特徴的な2つの関わりを紹介しましょう。

1つは、「○○見ててねー」などと子どもの食べる行動が誰か・何かに見られていることを強調する関わりです。○○には、友達の名前や他の大人（保育者），キャラクターなど子どもの好きな人やものも入るでしょう。もう1つは、「△△のお口でパクッ」など△△になったつもり・ふりをして食べる行動を促すというものです。ここでも△△には子どもたちのお気に入りのもの（キャラクター，かっこいいもの，かわいいものなど）をさまざまに入れ替え，試してみるというものです。

　これらはいずれも他者に「見られている」「注目されている」ことを子どもに意識させるものと考えられます。2歳前後の子どもたちは，自分ができるようになったこと，自分でつくったものなどを「見て，見て」と盛んに周囲に求めるようになります。上記2つの関わりは，これらの特徴をやりとりに取り入れたものといえます。

　つまり，食べることを拒否する自分本位の行動から，誰かに「見られている」「注目されている」場面づくりをすることによって，きちんと食べる社会的に望ましい行動へと切り替えが起こるのではないかと思われます。また，つもりになる・ふりをするといった架空の世界を導入することによって，「食べたくない」といったネガティブな感情が現実世界より緩和されるのかもしれません。

　日々の生活やあそびのなかで子どもが好きなもの，発することばなどに，関わり方を考える重要なヒントがあるといえるでしょう。単に食べるか食べないかだけでなく，この時期の子どもの気持ち，主体性を尊重してほしいという願いに寄り添った関わりが大切です。

　冒頭に述べた嫌いな野菜も，繰り返し食べる経験や慣れ，味覚・嗜好の変化によって，児童期（6〜11歳）から青年期（12〜17歳）には嫌いでなくなることが多いようです（河原，2017）。したがって，乳幼児期には子どもの主体性を尊重しつつ，青年期までの長期的見通しをもって楽しく食事をすることが何より大切だといえるでしょう。

親指と人さし指を出して上から持つような持ち方や下からすくうように持つ持ち方（図7-2）に変化し，自分で食べることへの意欲がいっそう高まります。着脱においては大きめのスナップやボタン，ホックをはめることが少しずつ可能になります。自分で食事や着脱に取り組むようになることで，自分への自信を高めていく時期です。

図7-2　スプーンをすくうように持つ

★ 認　知

2歳児の認識世界を語るうえで欠かせないのは，表象世界の拡大と対の世界をつくり出す心の働き（対比的認識の発達；白石，1994）です。表象の発達という点では，1歳児のように1つのことを思い浮かべることで精一杯ではなく，2つ以上のことがらを同時に心に保持することが可能になります。さっき見たものを覚えておきつつ，いま見ているものと比べることができるようになるのです。こうした力を獲得した2歳児の生活は，2つのものを見比べることに大忙しです。散歩のときも「おおきいのがいい！」と言って大きい石を集めることに余念がありませんし，ねこじゃらしや葉っぱを「いっぱい」集めることにも必死です。ある男児は，2歳8か月の頃，「ジブンでーえらぶ！」が口癖になりました。小包装になっているビスケットの袋を母親が差し出すと「ジブンでーえらぶ！」と言って箱ごと持ってくるように要求します。朝食で食べる袋入りのパンも「ジブンでーえらぶ！」と言って袋から中身が見えないように選びます。大人には既製品はどれも同じに見えますが，たくさんの「別のもの」のなかから，唯一の「自分のもの」を選びたいのです。

このように，比較し選ぶ心の育ちは，2歳児の自我を太らせ，冒頭で紹介した「大きくなりたい2歳児」の姿につながっていきます。一方で，忘れてはならないのが先に述べた2歳児の移ろいやすい独特の認識世界です。赤木（2012）は，こうした2歳児の姿を「意味を動かす2歳児」と表現しています。2歳児の立場に立ってもう少しいえば，「状況の変動によってそのつど『つもり』が変わってしまう」世界の見え方といえるのかもしれません。先に，追いかけっこだったあそびが，「死人ごっこ」，最後はオバケごっこへと展開するエピソード7-3を紹介しましたが，同様のことは他のあそびにも共通します。さっきまで「お父さんのタバコ」に見立てられていた「木の棒」が，いつの間にか「スプーン」になっていたりしますが，いっしょにいる友達もそんなことはお構いなしです。

　では，状況の変動によって「つもり」が変化してしまう心性はいったいどこからくるのでしょうか。おそらく，自分の立ち位置，つまり「視点」が確立していないことと関係していると思われます（木下，2011）。具体例として，ことばのやりとりを挙げて考えてみます。私たちは，自分が家を出るときに「いってきます」と言い，送り出す人は「いってらっしゃい」とことばをかけます。プレゼントを渡す側が「どうぞ」と言えば，受け取る側は「ありがとう」と応じます。やりとりのことばを状況に合わせて柔軟に使い分けるには，自分がいま，何かをする側（能動）の立場にいるのか，される側（受動）の立場にいるのかを意識する必要があります。私たちは何気なく，自分の視点を定めて会話やコミュニケーションを行っているのです。このような視点ができる以前の世界が，2歳児の生きる世界です。

134　第Ⅱ部　人間の発達と乳幼児期

〈エピソード7-4〉　あれれ，それはママのセリフでは!?

　筆者の息子がちょうど2歳になる8月のこと。少し離れた場所から母親（筆者）のもとに走ってくるときに，「ママとこおいでー」と言ってから走り出します。同時期，やってはいけない（と母親に言われている）ことをわざとやって「ダメダメ」と自分で言うことがブームになりました。たとえば，お尻を触って「ダメダメ」と走りながら逃げるなど……。母親からすると，「それは私のセリフでしょ！」と突っ込みたくなる場面ばかりです。

　自分の視点が定まっていない2歳児は，ある意味で誰の立場にも立ててしまう（簡単に乗り移ってしまうような）世界を生きていると考えられます。では，自分の立ち位置が明確になるとはどういうことなのでしょう。1つは，状況に合わせて自分の視点からことばで語ることが可能になることが挙げられます。3歳をすぎた頃から，少しずつ，出かける人に「いってらっしゃい」と声をかけ，自分が家に戻ってきたときに「おかえりなさい」ではなく，「ただいま」と言うことができるようになってきます。あそび場面では，2歳児クラス後半や3歳児クラスになった頃には，あそびのなかで状況の意味づけ（「つもり」の世界）が変化しても，そこに巻き込まれなくなってきます。たとえば，「いまは，この『木の棒』を『お父さんのタバコ』に見立てている」と友達と約束事（見立てのアイディア）を共有したら，別の約束事を共有するまでは最初の約束事を守ろうとします。勝手に自分のアイディア（「タバコ」）が「スプーン」に変更されたら抗議する姿もみられるようになるでしょう（瀬野，2010）。これらは，その時々の状況に関与する主たる自分の立ち位置が確立できるからこそ可能になることです。こうして「ジブンが主人公」の3歳児の世界へつながっていくのです。

第7章　2歳児　135

★ コミュニケーションと言語

　2歳頃は，語彙が増加し，2語文を使った会話が爆発的に増える時期です。自分や友達，保育者の名前が言えるようになったり，「おいしい」「きれい」「もっと」「〜みたい」など，形容詞や副詞を織り交ぜた表現も可能になります。表象能力の発達に支えられて「いま」と「少し先のこと」を同時に心に留められるようになり，「お靴はいたら，お散歩いこうね」など，言葉で見通しを伝えると，自ら玄関に向かう姿もみられるようになってきます。

　生活場面では，対比的認識の育ちに支えられて，自分のフィルターで物事の相違を感じとり，ことばにする姿がみられます。2歳をすぎた頃には，目の前に直接見比べるものがなくても，記憶を頼りにしながら，いま見ているものを意味づけはじめます。ある男児は，公園の芝生を見て「おやさいみたい」と芝生と野菜が似ていることに気づきました。テレビで見たドーナツと似た形を公園で見つけて「ドーナツあった。さっきといっしょだねー」とうれしそうに口にする姿もみられます。次のエピソードは，思わずほっこりとしてしまう保育場面での子どもたちの姿です。

〈エピソード7-5〉　ふじさんもり！　おおもりいっぱい！

　2歳児クラス8月，昼食の時間。子どもたちは2つのテーブルに分かれ，それぞれご飯を待っています。保育者が「○○ちゃん，ご飯どのくらい？」と尋ねると，1つのテーブルからは「ふじさんもり！」と元気な返事が返ってきます。隣のテーブルでは，同じく尋ねられた子どもが「おおもりいっぱい！」と口々に答えます。「多い」「たくさん」という認識を，クラス，グループなりの豊かなことばで表現するたいよう組の子どもたちです。

　過去の経験が，いまの体験としっかりと結びついていることが感じられるエピソードです。富士山を見たり，飲食店で大人が

136　第Ⅱ部　人間の発達と乳幼児期

「大盛り一杯！」と言うのをよく聞いていたのかもしれません。
時間軸という点では，過去形を使って過去そのものに言及しはじ
めるのも2歳頃からです（上原，1998）。

---〈エピソード7-6〉　記憶の共同構築---

　9月，よく知っているK先生と，母親（筆者）と3人で自宅であそん
でいたときのことです。2歳1か月の筆者の息子が「みんなでおどった
ねー」と言うので，（8月に行った盆踊りのことを言っていると気づい
た）母親は「アンパンマン，おどったねー」と返します。「ぼんおどり
ー」と言うので，母親が「ぼんおどりか，ぼんおどり，おどったねー」
と応じます。K先生が「誰といったの？」と息子に尋ねると，「ねねと
ー，みちゃこさんとー，じーじーとー」と言うので，母親は「そうだね
ー，ねねたちとーいったねー」と返します。

　エピソード7-6からわかるのは，初期の記憶が他者と共同で
構築されていくということです（岩田，2001）。大人は，子どもの
ことばを補って文脈を具体化したり，適宜，「いつ，どこで，誰
が，何を，どうしたか」を子どもに尋ねながら，子どもといっし
ょに過去の場面を想起しています。個人の記憶はどちらかという
と個の内部に閉じたものとして考えがちですが，もともとの起源
は他者との間に開かれたものだったのかもしれません。こうした
大人とのやりとりを通して，子どもは自分の記憶を構造化し，文
章構造も学んでいくと考えられます。

★　対人関係と自我

　2歳児は，さまざまな場面で「ジブンで！」や「（大人は）見
てて」「〜がいい」といった主張が強くなり，大人に対しても自
分なりの思いややり方を通そうとする姿が増えます。こうした姿
は，2歳児が表象能力を発達させ，イメージを強く長くもち続け
られるようになったことを意味しています。そして，大人からの

制止や禁止に対しては，泣き崩れたり，怒ったり，思いを延々と主張し続けるなど強情をはる姿もみられます。2，3歳の頃が「第一反抗期」と呼ばれるのは，このように大人に強く自分の思いを主張しながら，自我を明確にしていく時期であるためです。

また，2歳児は「依存しながら自立していく」といわれる時期です。「ジブンでする！」と強く主張したかと思えば，「じゃあ自分でやってね」と大人が任せた途端に「お母さんがして〜」と甘えるといった姿がみられます。次のエピソードのように，大人が1人でできるだろうと思うことでも，「まだできない」「大人にやってもらいたい」と主張する子どもが多いのも2歳児の特徴です。

〈エピソード7-7〉 「できなーい」をどう理解するか

2歳児クラス5月のことです。保育者（上のパジャマまでは着替えられましたが，いっこうにはこうとしないズボンを持って）「かいちゃん，先生はココ持つね。かいちゃんはどこ持ってはく？」

かいと（2：4）「かいちゃんね，ここ！」とズボンのゴムを持つ。

保育者「よし！ じゃあ，いっしょにはくぞー！ せーの！」

保育者・かいと「ギュー！」とズボンを上げる。

保育者「やったー！ はけたねー！」

かいと「……できなーい！ やってー！」泣きまねをして保育者に抱きつく。

普通ならば，「できた！」とうれしくなって笑みがこぼれたり，保育者といっしょに喜びあえるところだと思いますが，かいとは違いました。焦るように泣きまねをし，ズボンの後ろを指さすのです。

「え？」と思いよく見ると，ズボンが上げきらずパンツが見えてしまっていました。"おしりがまだできてない！"と言わんばかりに"できてない"ことを訴える姿が，保育者には"まだ赤ちゃんでいたい"という主張に感じずにはいられませんでした。

2歳児は，対比的認識の力を自分に当てはめることにより，

「できる－できない」がわかりはじめます。しかし，それは子ども自身が主観的なモノサシで決めているので，大人の考える客観的な評価との間にはズレがあります。そのため，大人が「援助が必要だろう」と思って手伝おうとすると，「ジブンでできる！」と1人でやろうとしたり，大人から「1人でやってみて」と言われると，不意に「できないかも……」と不安になったりするような思いの「変わりやすさ」があるのです。このことは，2歳児の自我が具体的な形をもち，強く押し出されるようになりつつも，まだ自分のものとして定まっておらず，大人の意見に影響されやすいことを表しています。つまり，認知の項で述べた「自分の視点が定まらない」という2歳児の特徴が，大人との関係においても現れているといえるのです。

　子どもどうしの関係においては，エピソード7-2の「大きなかぶ」で示されている「いっしょが楽しい」が1つのキーワードになります。2歳児は，友達の見立てや「つもり」を見て「何をしているか」をある程度理解し，「こうしたらこうなる」という決まった展開に見通しをもちながらいっしょにあそぶことが可能になってきます。

　自分の「つもり」が大切な2歳児は，時に自分のあそびのイメージをじゃまされたくないため，あそびに友達を入れないことやおもちゃなどの使っている物を「ジブンの」と抱え込むことも多くあります。しかし，友達とあそんで楽しかったという経験が重なるなかで，順番や物の貸し借りといったやりとりを次第に身につけていきます。その背景には2歳から3歳にかけて「ジブンの物」という自分の領域に対する意識が徐々に明確になってくることで，「相手の物」もわかるようになるという変化があります。そして，友達といっしょのことをしてあそぶ楽しさが感じられる

からこそ,「(これはお友達の物だけど,使ってみたいから)貸して」とことばで表現したり,貸してもらえるまで待ったりすることが可能になっていくのです。

また,友達に何かを「やってあげたい」という気持ちになり,自分がしてあげることに誇らしさを感じるのも,2歳児の子どもどうしの関わりの特徴です

図7-3 友達のパジャマのボタンをとめてあげる

(図7-3)。生活のなかでは,自分はまだ裸のままで,頼まれてもいないのに友達の服のパジャマのボタンをとめてあげたり,先生のまねをして,食事のエプロンを友達に配ってあげたりします。お世話焼きにみえる姿ですが,友達が何をしようとしているのかを理解し,「やってあげたい」と自ら行動する姿には,子どもが相手の気持ちに目を向けはじめている様子が感じ取れます。

3 2歳児の保育で大切にしたいこと

★ 子どもの「ジブンで」を支える

2歳児の「ジブンで」という主張は,子どもの意欲的な姿の現れとして,大人にとっても成長が感じられるうれしい姿です。子どものあふれる意欲や自由な発想が,あそびや生活のなかで十分に発揮できるように,子どもが「ジブンで」行うことに挑戦できる時間のゆとり,自由に遊べる空間の確保は,2歳児保育において非常に重要です。

ただし,2歳児の主張のなかには,時に大人にとって理不尽に

思える要求やこだわり，危険な行動など，受け入れ難い内容があることも事実です。そして，大人に自分の思いを受けとめてもらえないと，子どもはいっそう強く要求するので，大人も子どもとの関わりに根気と忍耐が求められる場面が多くなります。

神田（2004）は，この時期の子どもの主張には，ことばで要求した通りの行為を実現してほしいという「行為への要求」と，自分の思いを認めてほしいという「自我の要求」の2つの要求があるとしています。そして2歳児にとって大切なのは，子どもの「自我の要求」を大人が「〜したかったんだよね」と共感的に受けとめてくれることだと述べています。たとえば，「遊んでほしい」という行為そのものに応じることができなくても，「あなたの思いはわかったよ」という大人からの受けとめや気持ちの代弁を支えに，子どもはことばで自分の思いを伝えたり，自分の気持ちに折りあいをつけたりすることを徐々に学んでいくのです。

さらに2歳児は身辺自立において「ジブンでやってみたい」気持ちを高め，身体の発達もそれを後押しする時期です。その過程のなかでは，大人に依存しながら自立に向かう姿があります。子どもの「不安だけどやってみようかどうしようか」という「前向きな葛藤」（長瀬，2014）を支えることが大人の役割として大切になる時期です。食事や着脱など，生活の場面では，大人がモデルとなりながらいっしょに行ってみることや，他児が食事をとったり，服を着替えたりする様子に自然と目を向けられるような機会をつくり，子どもの「やってみよう」と思う気持ちを高めていきます。

2歳児はよく「見てて」ということばを使います。このことばには，大人に「手を出さないでほしい」と「そばで見ていてほしい」という2つの意味が含まれています。信頼する大人に見守っ

てもらえる安心感のなかで，2歳児は挑戦していく気持ちをもつことができるのです。そして，大人から認められたり，自分の成長をわかりやすく知らせてもらったりすることで，子どもは自分への自信を積み重ねて，3歳児の本格的な身辺自立へと向かっていくことができます。

★ 個々の子どもの思いをつなぐ

　「大きくなったジブン」をこぞって主張する2歳児です。当然，子どもどうしが物や場所の取りあいをしたり，思いがぶつかったりしてトラブルになる機会も増えます。本章冒頭で述べた「かみつき」のような相手に向かう行動は，1歳児においてもみられますが，2歳児の場合は「自分の思いが相手に受け入れられなかった」ことに対する悲しみや怒りの表現手段の1つとして現れることもあります。トラブルの際，大人は，子どもの行動だけを捉えるのではなく，それぞれの子どもの要求や気持ちをことばにして伝えていくことが大切です。たとえば，おもちゃの取りあいが起こった際に「おもちゃが使えなくて悲しかったね」「急に取られてびっくりしたね」など，大人が思いを代弁することで，子どもは自分の思いを改めて意識したり，相手にも思いがあることに気づいたりしていきます。

　2歳児保育では，子どもに友達とのやりとりのことばや関わり方を大人から伝える機会が増えます。たとえばあそびにおいて，「貸して」や「終ったらね」「待っててね」など貸し借りのことばを，大人から子どもに伝えたり，子どもといっしょに言ってみたりします。また，身の回りのことを「やってあげたい」子どもと「ジブンで」やりたい子どもの思いがすれ違うときには，「やってあげたい」子どもの思いを受けとめたうえで，「いま，がんばって自分でしているから，見ていてあげてね」と関わり方を伝える

こともあります。このときに大切にしたいのは，大人から伝えたことばや関わり方が，子どもの思いを反映したものになっているのかどうかという視点です。2歳児は，自分の思いが大人から受けとめられているという安心感を土台に，「いっしょにしたい」や「やってあげたい」といった思いをもって友達と関わり，その楽しさや喜びを知る時期です。表面的なやりとりの成立だけに注目するのではなく，トラブルを含めた多様な関わりのなかで，子どもどうしが思いを主張しあったり，思いを大人につないでもらったりする経験を積み重ねられるよう，子どもの思いをどうことばにし，何を伝えていくかを考えることが大切です。

★ 保育におけるあそび：楽しいあそびがもたらすもの

エピソード7-2でみたように，集団で共通体験を重ねながら「つもり」の世界を共有できることも2歳児保育の醍醐味の1つです。絵本で見聞きした忍者に子どもたちがなりきって集団あそびを楽しんだり，保育者がおばけになって子どもたちと追いかけあそびを楽しむ姿は，頻繁に見かける光景です。子どもたちは，「つもり」の世界で何かになりきることを仲間と共有する喜びを体感します。忍者に憧れて，「もっと強いおにぎり忍者になるぞ！」と言って給食で苦手なものを食べようとする姿もみられます。次のエピソードをみてわかるように，楽しいあそびは，子どもの生活に期待や張りあい，そして明日への希望をもたらします。

---〈エピソード7-8〉 楽しかった記憶----

　11月，おばけとの対決あそびを楽しんだ日の給食後，お昼寝前のひとときのことです。はみがきをしながら担任保育士が「たっくん，お山すべり台のぼるの得意になったね」と伝えると，たけし（2：10）が「うん，そうだよ。あとね，おばけもやったよね。忍者も」と言います。続いてみのる（3：0）が，「忍者がしゅしゅしゅってやったよ」，れな

第7章 2歳児 143

（2：9）は「楽しかったね。忍者やったね。葉っぱ攻撃もしたよね」
と言います。そうた（2：9）も「忍者やったね」，たけるも「楽し
かったね」と話します。保育士が「楽しかったから，明日また行こうよ」
と皆に伝えると，かな（2：9）が「いいよ。行こうね」と答えます。
気持ちよく眠っていく子どもたちです。

　しかしながら現実には，多様な保育環境のなかで，「みんなで
いっしょに」をどこまで集団のなかで保障していくかは保育者も
悩むところです。異年齢集団，月齢差，男女比など，集団構成も
園の状況やその年々によって異なります。集団のなかには認識の
発達がゆっくりな子，外国籍の子どもも存在します。安全にさほ
ど気を配らなくても，ブラブラできる自然環境や路地裏が近くに
ある園もあれば，都会の真ん中でなんとか公園を見つけ出して集
団あそびを楽しんでいる園もあるでしょう。「集団あそびを無理
して設定する必要はないんじゃないかなぁ」という保育者の悩み
を聞くこともたびたびです。逆に，「2歳児は，『つもり』のある
集団あそびを発展させないといけない」と思い込んでしまっても
保育は楽しくなりません。「何が楽しいのかは，目の前にいる子
どもたちが教えてくれる」と居直って，その時々のノリや子ども
の状況に合わせる潔さも必要です。
　繰り返しになりますが，楽しい「つもり」の状況が目の前にあ
れば，思わずその世界に身を委ねてしまうのが2歳児です。「こ
うせねば」という固定観念を捨てて，いっしょに「何でもあり」
の一時期を楽しんでしまいましょう。たとえ，さまざまな事情で
集団のなかに参加できない子どもが存在したとしても，保育者が
「仲間として」その子を集団の一員としてまなざす姿勢は確実に
子どもたちに伝わります。1人ひとりの子どもにとっての「わか

りやすさ」「安心感」を担保しながら，友達とともに過ごすことの心地よさを感じられることを大切にしたいと思います。

【付　記】

　エピソード7-1は「やさしさが育つとき　2歳児保育」（社会福祉法人恩賜財団母子愛育会 収録映像）から筆者が記録しました。

　エピソード7-2およびエピソード7-8は，2017年度愛知県小規模保育所連合会2歳児実践交流会で発表された，ほしざき保育園かわ組の伴美穂先生・斎藤優美先生による実践報告資料から引用しました。

　エピソード7-5は，天使みつばち保育園たいよう組の筆者による観察記録から引用しました。

　エピソード7-7は，的場千亜希先生・前澤友紀先生による2012年度天使みつばち保育園2歳児前半期のまとめ資料から収集しました。

第**8**章 3 歳 児

1 3歳児の生活の姿

★ "イッチョマエ"な主人公

　この "イッチョマエ" ということばは，保育実践を見つめ続け
た神田英雄が3歳児を表現したことばです。「主観的には一人前
だけれど，力がまだついていかない。客観的にはまだ半人前なの
が3歳児」（神田，2004，19頁）と神田はその特徴を表しています。
この「主観的には一人前」というところに3歳児を見つめていて
思わず吹き出してしまう魅力があります。

　「ジブンでやりたい！」があふれていた2歳児の頃からさらに
前のめりになり，「やったからにはジブンが物事を進めたい！」
とはりきります。しかし，4歳児のように物事を見つめ直すこと
はできません。生活習慣が確立してきたその自信が自己表現のエ
ネルギーとなり，「ジブンの考えはすごいんだぞ！」「みんなの役
に立つんだぞ！」とエンジン全開になっているのです。無敵の自
信に満ちあふれた "イッチョマエ" な3歳児のかがやく姿をみて
いきましょう。

146 第Ⅱ部 人間の発達と乳幼児期

―〈エピソード 8 - 1〉 事件の解決はぼくに任せて！（6月）――――

午前中の外あそびが始まった頃，あつし（5）とわたる（5）と保育
者が，門の近くで保護者が落としたであろうライターを見つけました。
とても危険なものが園庭にあったことに3人は大騒ぎです。「事務所に
もっていかんと」「水かけとかんといけん」「触らんと園長先生呼ぼう」
と口々に解決策を話しています。すると，保育者の後ろから様子をみて
いたけんた（3）が，輪の中心に身を乗り出してきて「名前書いておか
んといけんのんよ。名前なにって？」と得意げに叫びました。3人はこ
とばを失ってしまいました。

　3歳児の主張は，年上の子どもたちや大人からみれば突拍子も
ないものかもしれません。しかし，当の本人にとっては紛れもな
い正解であり，誰にも負けないその場の主人公として主張を展開
していきます。ことばでの主張に限らず，態度でもその姿をみせ
てくれることがあります。たとえば，先生が掃除をしている横で
ほうきを立てて仁王立ちし「この先通れません，掃除中です」と
門番をする姿に，「そのほうきでごみを取ったほうが役に立つん
じゃない」と言いたくなりますが，得意げな役立ち顔に微笑まし
く従ってしまうものです。エピソード8-1で鼻の穴を膨らませ
主張したけんたも，きっと自分の主張が事件解決に役立っている
と確信しているに違いありません。

★ ごっこあそびを楽しむ子どもたち

　ごっこあそびのなかでも魅力的な自己主張は存分に発揮されま
す。自分のアイディアがとてもおもしろいことを楽しそうに披露
していきます。

―〈エピソード 8 - 2〉 机の上は素敵なジューサー（7月）―――――

けいた（3：8）は果物が載っている図鑑を机の上に広げました。ま
まごととセットのなかからコップを取り出すと，そうた（3：11）に持た

第8章 3歳児　147

せました。けいたは，「この（机）下でこれ（コップ）持っとって。動かしたらいけんよ」と言うと，机の上に広げた図鑑をギューッと押しはじめました。けいたが「出とるよね？」と力いっぱい図鑑を押しながら言うと，そうたはけいたの手元を覗き込み，笑いながら「出とる出とる。コップもう1個いる！」と言ってコップを取りに行きました。そうたはコップといっしょに保育者を連れてきました。けいたは「先生，飲んでって，どんどん出すけジュース！　今日はお金いいけえね（いらないからね）」と得意げに図鑑を押し続けました。

　2歳児の頃には見立てたものをそばにいる人と共有していましたが，3歳児になるとさらにその見立てをアイディアとして周りにいる多くの人に披露しようとします。そして，アイディアが賛同されるとますます得意げになります。しかし，賛同が得られなかったときには念押しや説得をすることもあります。たとえば，砂場でお椀いっぱいに砂を詰め，「はい，シチュー」と自分のアイディアに賛同させようとします。そこで，「なんで？　砂じゃん」などと言おうものなら，「いまこっちで混ぜてたでしょ。見てなかったの？」とわかってないなあという目線で戒められます。理由はともかく堂々とした発言にこちらが恐縮してしまうものです。

　このように，アイディアの主張は一方向的なものが多く，全員が主人公の様相を呈してはいますが，時折，互いのアイディアに対してノリを合わせて楽しむような姿もみられるようになります。エピソード8-2のそうたは，図鑑のなかの果物を押してジュースを出すというけいたのアイディアに魅せられ，ノリを合わせていきました。そして，けいたもまたコップを増やし先生というお客さんを呼んできたそうたのアイディアに賛同し，ジュース屋さんへと展開していきました。4歳児ほどストーリーがはっきりし

たイメージの共有までには至りませんが，ごっこあそびが盛り上
がるように折りあいをつけあっていきます。

★ 様子をうかがう反抗

　3歳児なりに周囲との関係性を考慮しながら"イッチョマエ"
な主張を繰り広げていく姿は大人への反抗場面にも現れます。2
歳児のように「イヤ」を繰り返すだけでなく，相手の主張やその
人との関係性を自分なりに考えてそれなりの主張をしていきます。

〈エピソード8-3〉　反抗の仕方いろいろ（9月）

　なつみ（3：10）と**まゆ**（3：8）はカルタあそびを楽しんでいまし
た。今日は，担任の保育者が遅番なので，朝は手伝いの保育者が保育室
に入っています。しばらくすると，**なつみ**がカルタをそのままにままご
とセットであそびはじめました。保育者が「カルタ片づけてない」と言
うと「まゆちゃんがしよったの見てただけじゃもん。だからなっちゃん
は片づけんでいいもん」と強い口調で怒りました。ほどなくして担任保
育者が保育室に来て片づけるように促すと，今度は「だってね，本当は
まゆちゃんなんよ。いっつもまゆちゃんのお片づけ，なっちゃんがしと
るんよ～」と甘えた声で訴えました。

　周囲との関係性を考慮する力とことばのレパートリーが育ちつ
つあることで，大人への反抗の仕方にも工夫がみられるようにな
ります。許容や賛同の程度を見極める鋭い姿に戸惑う保育者も少
なくありません。しかし，4歳児のように相手との関係性に一貫
性をもたせることはできません。そのため，若い副担任の保育者
に「もう○○先生はわからないくせに，あっち行って」などと反
抗して困らせたかと思うと，すぐに「○○先生，いひ～（笑顔），
ここにいてね」と膝を触って甘えてきたりします。あくまで3歳
児なりに考慮した関係性なので，状況が変わればすぐに態度も変
わります。3歳児の"イッチョマエ"な主張に時を超えた一貫性

第8章　3歳児　149

は備わっていないようです。

★　一員になることで主人公になれる

　ここまで、"イッチョマエ"にたくましく自己主張する3歳児の姿をみてきましたが、なかには入園のタイミングや家庭の事情によって自己主張したくても不安でできない子どももいます。そのようなとき、保育者が寄り添うことはもちろんですが、クラスのなかの一員として確立することで背中を押されることもあります。

〈エピソード8-4〉　先生に勝ててよかったね！（1月）

　1月の寒さ厳しいある日、遊戯室で保育者対子ども（16人）でボール6個のボール当てゲームをすることになりました。保育者は逃げ回り子どもたちは大笑いで保育者めがけてボールを転がしています。9月に入園してきて上手く自分を表現できなかったあつし（3歳児）もひときわ笑顔でボールを転がしていました。少しすると保育者にボールがあたり「負けたー。」と倒れこみました。あつしは少し興奮気味に隣の友達たちと「先生に勝ててよかったね。」と笑い合いました。あつしは、保育室に戻ってから保育室を一往復走り腹筋と腕立て伏せをはじめました。保育者が「何しとるの？」とたずねると「先生に勝つためのトレーニング！」と得意げに答えました。

　エピソード8-4は、いままで保育者や友達に遠慮がちになり自分を出すことができなかった子どもが、保育室の真ん中で自分の突拍子もない思いつきを体いっぱいに表現して、初めて主人公になった姿です。たとえなんでもできるという万能感をもっていたとしても、自分の考えを思いっきり表現するためには何らかの支えが必要となります。エピソード8-4のあつしにとってはそれが「一員になる」ことでした。これまでの0〜2歳は自分自身に意識が向いていましたが、3歳児になると「みんなのなかにい

150　第Ⅱ部　人間の発達と乳幼児期

る自分」に意識が向きます。とはいえ，4歳児のように仲間意識が明確なわけではありません。だからこそ，「自分もみんなと『いま』を共有する一員」だというほんの少しの拠りどころがあるだけで，"イッチョマエ"な主張を幸せそうに披露することができていくのです。

2　3歳児の発達のさまざまな側面

★ 身体・運動

　2歳児のときに発展させてきた二足歩行の力に加え，片足でのバランスを取ることも上手になってくるので，片足を交互に出しながら階段の上り下りをするようになります（丸山，2007）。また，左右どちらの足も同様にコントロールできるようになってくるので，どちらの足を軸にしても片足でジャンプができたり，両足を揃えてのジャンプができたりするようになります。こうした力は，歩道の縁石や平均台などの不安定な場所を歩くときにも発揮されます。さらに，身体全体を使ってバランスを取れるようにもなってくるので，走るときに腕を振ったり，ジャングルジムや肋木などの大きな遊具を手と足をうまく使いながら登ったり，三輪車やブランコ，ビートバンなど，使える遊具の幅が広がったりするようになります。

　こうして自分の身体をコントロールすることに達成感を覚えはじめると，「ジブンで」という自我の育ちも相まって，大人と手をつなぐと動きが制限されるようで嫌がることがあります。さらに，あえて少し足場の悪いところを渡ろうとしたり，後ろ向きに歩こうとしたりするなど，運動を通して自分への挑戦も始まります。

★ 手指操作

2歳児のときよりも左右の手の機能分化がさらに進み、片方の手で紙を支えながらもう片方の手でハサミを使ったり、描画では紙を押さえながらペンを動かしたり、折り紙を押さえながら折り目をしっかりつけるようになります。左右の手を1つの目的に合わせて動かすことも上手になってくるので、両手を動かしながら表面の滑らかな泥団子をつくったり、広告紙を細く丸めた棒をつくったりする姿もみられます（図8-1）。

図8-1　広告紙でたたかいごっこに使う棒を製作する様子

図8-2　運動会の経験画を描いている様子——人物は頭足人。ペンの持ち方は、上手持ち、逆手持ち、鉛筆持ちなどさまざま。

手先の細かい操作も意識するようになってくるので、パジャマのボタンをスムーズに留めたり、丸を描くときに意識して閉じようとしたりするようになります。さらに描画では、操作面の発達に加えて、そこに目などを描いて人の顔を表すようになり、そこからさらに手や足が伸びた頭足人を描くようになるなど、何らかのイメージを見立てながら描いていることがみてとれるようになります（図8-2）。2歳児でも自分の描いた絵を何かに見立てることはありますが、大人をはじめとする他者の見立てに大いに影

152 第Ⅱ部 人間の発達と乳幼児期

響されるのに対して，3歳児はそうした刹那的な見立てではなく，自分なりの一定のイメージをもつようになります（山田，2014）。

★ 認　知

　まだ自分の視点が定まらなかった2歳児に対して，自我を太らせてきた3歳児は，自分の「つもり」や視点が定まってきます。しかし，まだ他者の視点を入れる余地がありません。このことから，このような時期は，発達心理学者ピアジェを筆頭に「自己中心性」の時期であると考えられてきました。「自己中心性」とは，いわゆる「ジコチュー」のようなわがままな性格特性を指しているのではなく，「客観的なことから主観的なことを区別することができない」（バターワースら，1997）といった認識面での制限を意味しています。簡単にいうと，いまの自分以外の視点に立って考える役割取得（role-taking）が難しいということです。たとえば，「同じものを見ていても，自分と異なる立ち位置にいる他者には違って見える」という空間的な視点から，「自分にとってうれしいことでも他者にとってはそうでないことがある」という心情的な視点まで，自分以外の視点を理解することが難しいのです。さらに，それは自他間の視点の違いだけにとどまりません。自分の"現在の"視点に縛られ，過去や未来を考慮に入れるといった時間的な視点を取ることの難しさとも関連します（木下，2001）。それゆえ3歳児は「後でね」と言われても，「いますぐがいい」と自分のいまの思いを優先させたがることも多いでしょう。

┌─〈エピソード8-5〉　相談なんて大嫌い（12月）──────────
　園の畑の八朔を2個だけ取るよう保育者は子どもたちに伝えました。ところが，あっという間に友達が2個取っていったので，れん（3：11）は「絶対取るの！」と泣いて地団駄みます。保育者は2個で十分だと伝えるのですが，れんは「取るの！」と言い続けるので，保育者が

「どうぞ」と言いました。すると今度は，れんが「4個がいいわ！」と言うので，また保育者は「どうぞ」と繰り返します。けれど，れんはなかなか取りに行きません。そこへ別の子どもが大根を見に行こうと誘いに来たので，保育者がそちらへ行くと，れんは「大根見たらだめ！」と地団駄踏みながら，八朔の木のほうへ歩きだしました。

ところが自分ではうまく取れなかったので，結局4歳児に1個取ってもらったのですが，それでもれんは満足そうに友達と見せあっていました。すると，他の子どもが「3個取っとるんやけど」と注意してきたので，保育者が「3個になってしまったで，また食べるときに相談しよ」と言うと，れんは「無理！　相談なんか大っ嫌い！」と言い放ちました。

　目先のことに目を奪われる姿は，大人からすると少し心配な面もあるでしょう。とりわけ，慣れていない活動や初めての活動に対しては見通しがもちにくいので，たとえば生活発表会の直前になって急に不安になるなど，そのとき・その場になって急に戸惑う姿をみせる場合があります。けれど，後先考えずいまの時間をめいっぱい生きるその姿は，子どもらしい魅力にあふれた時期ともいえるでしょう。

　3歳児はまた，ごっこあそびの全盛期でもあります。この時期の子どもは，たたかいごっこをしているうちに本当のけんかに発展したり，知っている大人が目の前で鬼のお面をつけただけでも泣きだしたりするなど，現実の世界と想像の世界の行き来が激しく，その境界が曖昧です。けれど，3歳児の後半になると次第に両者が分化するようになってくるので，たとえば，絵本に出てくる怖い登場人物も「お話だから」と泣かなくなる（田代，1991）など，現実とは違う想像の世界というものが独立しはじめるようになっていきます。

　またごっこあそびのなかでは，意味や役割の定まらない2歳児

とは違って，自分や他者の役割名を口に出しながらあそびを進める（河﨑，2005）など，イメージが定まるようになり，友達と役割分担をするようにもなっていきます。3歳児クラスが，普段はけんかが多くても，ごっこあそびのなかでは少なくなるとよくいわれるのは，子どもたちそれぞれが現実とは違う自分になりきって，ごっこの世界に浸っている証でしょう。ただし，想像力やことばのやりとりにまだ制限があることから，子どもどうしだけではイメージを共有するための土台となる共通の実体験やイメージを支える道具がないと，あそびを継続・発展させることが難しい場合があります。

★ コミュニケーションと言語

自我の成長とともに，3歳までに名前や年齢などを問われると答えられるようになるなど，自分のことをことばで伝えられるようになります。自分が体験・目撃したことも，「えーと」と一生懸命ことばを探しながら人に伝えることも増えるようになります。けれども，語りの形式（ナラティブ）をまだ十分に身につけていないため，堂々巡りで話がまとまらない場合もあったり，「きのうね……」などの前置きなく「○○行ってきた」などと唐突に自分が思いついた話題を話しはじめたりします。また，自分のことを「ぼく」や「オレ」などの自称詞で呼びはじめるようになります（西川，2003）。

さらに，自分の周りの世界への関心も広がるので，さまざまなことに「なんで」「どうして」と質問をしたり，ひとりごとをつぶやきながら考えたり，周囲の自然物を擬人化するなどのアニミズムのつぶやきがみられたりするなど，さまざまなことをことばにしながら考えるようになります（エピソード8-6）。ことばが伝達の手段としてだけではなく，思考の道具としても機能しはじ

めたことがわかります。またその思考内容は，他者との対話を通して，連想的にふくらんでいきます。

〈エピソード 8-6〉 アニミズムのつぶやき（8 月）

保育園のテラスにミミズがいて，みんなで見ていました。その後，雨が降ってきて，ミミズはいなくなっていました。すると，みずき（4：3）が，「ミミズさん，傘取りに行ったんかな」とポツリとつぶやきました。

ことばの理解については，目の前にある状況への受け答えはある程度できるものの，すぎてしまった過去のできごとや「もしも……」といった仮定的な状況などの目に見えないことについては，さらに詳しく聞かれると黙ってしまったり，ずれた答えを言ってしまったりすることがあります。なので，クラス全体への一斉指示などは，ことばだけを頼りに伝えようとしても，うまくいかない場合があるでしょう。

★ 対人関係と自我

1 歳頃から育ってきた自我は，この頃になると，自分のことを自分でやりたがる "ジブンで" という姿から，人のためにやってあげたいという "ジブンが" という姿へとより広がっていきます。当番活動を率先してやろうとしたり，大人から物事を頼まれると誇らしげな表情で手伝ってくれたりします。けれども，友達がしていることを自分もしたくなるので，ぶつかることもあります。

〈エピソード 8-7〉 "ジブンが" どうしで衝突（6 月）

台所に給食を取りに行ったこう（3：6）とるり（3：3）は，エプロンと三角巾を着けてうれしそうにしていました。ところが，おかずをもらっていざワゴンを押そうとすると，2 人とも同じところを握りたくて「こうちゃんが！」「るりちゃんが！」と言って譲りません。保育者が「上下にずらして持ったらどう？」と伝えてみるのですが，どうして

も同じところがよくて、2人とも涙目に。**るり**はその場から一歩も動か
なくなりました。しかし、しばらくすると、**こう**が「ここいいよ」と**る
り**に譲ろうとしました。**るり**も、握りたがっていたところではなく、**こ
う**とは反対側を持って歩きはじめました。

　自我の成長とともに、対峙する他者の存在もまた大きく感じる
ようになるのでしょう。それに負けじといわんばかりに親しい他
者に対して自己主張したり、あるいは、見知らぬ他者に対して警
戒・萎縮することで自我を守ろうとしたりする姿がみられます。
慣れた環境かどうかによって自我の出し方が変わるので、自治体
が実施する3歳児健康診査などの慣れない場面では、普段とは異
なる委縮した姿をみせることがあるでしょう。また年度当初は、
乳児のときから在籍している保育園の3歳児と幼稚園に入園した
ての3歳児とでは、大きく姿が異なります。けれども、慣れてし
まうと同じように自我は徐々に花開きます。

　自分の視点が定まらなかった2歳児とは違って、3歳児は自分
の思いにより自覚的になってくるので、ごまかしや融通がきかな
くなり、大人が手を焼くことも多くなります。また2歳児よりも
他者の反応を期待した自己主張なので、期待していたような他者
の反応でないと、エピソード8-5のようにいっそう激しく自己
主張をすることがあります。関係性のなかで自分が主導権を握ろ
うとすることで、自分への手ごたえを感じたいのかもしれません。
また自我の成長とともに、自己意識的な感情である恥やプライド
が強くなると、「できない」「失敗」「負け」といった状況を受け
入れたくない姿へとつながります。したがって、「やりたくない」
という姿の裏には、「できないから」という思いが隠れているこ
ともあります。それでも3歳前半はまだ無条件に大人に褒められ

第8章　3歳児　157

るだけでプライドは保たれるのですが，3歳後半にもなるとそこに内容が伴っていないと満足しなくなります（加用，2002）。「こうありたい自分」をもちはじめるからこそ，大人からの評価をうのみにしなくなるのと同時に，それを揺るがす「そうでない自分」を受け入れたくなくなるのでしょう。

　この時期はまた，自我が育ってくるだけではなく，友達への関心もますます高まっていきます。友達に「自分の気持ちをわかってほしい」という思いが強くなってくる反面，ことばでまだ自分の思いを十分に伝えきれないので，自分の思い通りにならないと「きらい」「ダメ」「あそんであげない」などの短くてインパクトのあることばで伝えようとし，ことばの手加減ができない姿がみられます。

〈エピソード8-8〉　思い通りにいかない友達（9月）

　まどか（4：1）は，4歳児クラスの子どもたちをまねして，「まどかと食べたい子，この指とーまれ」と友達を誘ったと思うと，「早くして！ここ持って！」「○○ちゃんも！」と友達の手を強引にもってきたり，とまらなかった子に対して，「じゃあもうあそんであげないよ？」とすぐに怒っていました。

　一方で，自分のプライドが関与しない状況では，他者に対しておおらかであったり世話をしたりなぐさめたりするなどの姿もみられます。まるでごっこあそびのように，大人の口調やふるまいを取り込みまねしながら「小さな先生」が出現します。そして年度末には，イッチョマエな「主人公」から，イッチョマエな「お兄さん・お姉さん」へと変化していきます。このような姿は，子どもどうしの対等な関係のなかでこそ，よくみられるようになります。

158　第Ⅱ部　人間の発達と乳幼児期

---〈エピソード8-9〉　他人にはオトナになれる（12月）---

　しっぽ取りゲームでしっぽを取られたあやな（4：5）は，泣き崩れていました。そこへみさこ（4：7）がやってきて「あやな，取られたのが嫌やったん？」と優しい口調で聞くと，あやなが「うん」と答えます。すると，みさこが「そっかぁ。あやな，これはそういうもんや！」と言うので，「!?」と戸惑うあやなに，みさこが「はい，抱っこしたろ！　よいしょー！」と抱っこしてあげました。みさこが「もっかいする？」と聞くと，あやなは「うん」と答えます。そうこうしているうちに，子どもたちだけでまたしっぽ取りが再開しました。

　年度当初，保育者に対して子どもの人数が急に多くなる3歳児クラスは，みんなが自分のことを見てほしくて精一杯でした。けれど年度の後半にもなると，自分の思いを受けとめてもらえてきた安心感と子どもどうしの関係の深まりによって，「ジブンが」を全面に出さなくてもいいことがわかってくると同時に，自分が集団の一員であることに気づきはじめます。

---〈エピソード8-10〉　まこ先生が少ないの（11月）---

　子どもたちはよく「まこ先生（担任）は忙しい」と言うことがあります。お昼寝の時間に園長先生がクラスに入っていたときのこと。園長先生が寝かしつけようとすると，みき（4：4）が「りんご組はね，まこ先生が少ないの。みきちゃんのトントンは後で来るの」とこっそり教えてくれたそうです。

3　3歳児の保育で大切にしたいこと

★ 片手程度の安心感

　ある新人保育者は，3歳児のことを「赤ちゃんの延長みたいでかわいいけれど手助けの加減を間違えると手に負えなくなる」と

第8章　3歳児　159

語ります。まさに「ジブンが物事を進める」けれど「少しだけ甘えたい」という3歳児の揺れ動きを表している語りといえます。

〈エピソード8-11〉　ちょっとだけ助けて！（9月）

　おやつの後の好きなあそびをする時間，ゆあ（3：8）は習ったばかりの折り紙のごみ入れをつくろうとしていました。近くにいた保育者に「三角と三角はきれいにくっつけんといけんのんよね」とうれしそうに話しながら折り紙を折っていました。保育者がおやつを食べ終わっていない子どものところに行こうとすると，ゆあは「できない」と怒った顔をして保育者を呼びとめます。保育者が「じゃあ少しやってあげよう」と言って折り紙に手を出すと，「折らんで」とまたしても怒ります。「じゃあ見とくね」と保育者が言うと，うれしそうに続きを折りはじめました。しばらくすると「ここ持ってて」と折り紙の端っこを保育者に持たせたり，何度も保育者の顔を見ては「ゆあ，できるけえね」と笑顔をみせながらごみ入れを完成させました。

　エピソード8-11のゆあは手助けがなくとも上手に三角を折ることができます。それでもほんの少しの心地よい安心感のなかで「私がやったんだよ，すごいでしょ」という姿を披露していきます。日々の生活習慣においてもこのような姿はみられます。たとえば，手洗いの際，ハンドソープを足せばよいのに「泡にならない」と言ってみたり，蛇口をひねれば解決するのに「水が出ない」などと言って甘えてきます。そして，保育者が少し蛇口をひねってあげると「見て！　泡いっぱいだときれいに洗えるんだよ」と満面の笑みで自慢します。

　2歳児の頃は，第7章に「依存しながら自立していく」と記されていた通り，「ジブンでやりたいけれど，やってもらいたい」という気持ちの揺れ動きがありました。3歳児になると，「やってもらいたいわけではないけれど，いっしょに共有してほしい」という揺れ動きに変化し，「甘えをそっとキープしながら自立し

ていく」ようになります。手伝いすぎずに見守り続けることは大変骨の折れることですし，時間を要することになるでしょう。しかし，得意げに物事を進めようとするその満面の笑みに，こちらが元気をもらうことは間違いありません。もちろん，いうまでもなく，欲しい安心感や手助けの程度には個人差があります。「見てるよ」のサインとともにそっと小さな手助けを差し出せるよう，加減を見極める観察もまた必要なことです。

★「私はこうです！」に寄り添う

　また，3歳児は先述した通り主人公になりたいという気持ちが強くなってきます。それゆえにほかの誰かに主人公の座が奪われてしまうと，思わずいじわるやじゃまをする様子がみられます。

〈エピソード8-12〉　僕はもっといいことするもん！（10月）

　今日はO地区の秋祭りの日。しゅんた（4：4）が保育者に「今日はパパもママも祭り（の準備）に行ってる」とうれしそうに話していました。保育者が「よかったね，楽しみじゃね，帰ったらお手伝いだね」と話すと，しゅんたはうれしそうに「うん」と言って満面の笑みをみせました。すると近くにいたM地区に住んでいるりょうた（4：3）が割り込んできて，「いいもん，O地区の祭りなんか行かんもん」「あめなんかいらんもん，オニなんかきらいじゃもん」「りょうちゃんなんか，映画行ってよそ行くもん」と否定的なことばを繰り返し主張し続けました。

　エピソード8-12のりょうたは，祭りが楽しいことを知っていますし，あめもオニも大変興味深いものであることもわかっています。それでも，「ぼくのほうがすごいことするんだぞ」「こっちの話を聞いてくれ」と必死に主人公の座を奪おうとして本来の気持ちとは裏腹に否定的な物言いになってしまいます。他の人と自分を比べる力が育ってきたことで「自分が一番」という万能感と「○○くんみたいにできない（したい）」という不安の両方で揺れ

第8章 3歳児 161

ているのです。そのようなとき，トラブルの仲介や否定的なことばへの注意も必要ですが，否定的になってしまった気持ちを受けとめることが大切になります。

ただし，4歳児と異なり，たとえ他の友達よりできないことがあったとしても，いつまでもクヨクヨとせずケロッとまた自分のできることを自慢したりする場合もあります。受けとめて励まそうと構えていた大人は拍子抜けしてしまいますが，「いま」をみている楽観主義だからこそ，3歳児の前に進む力が発揮されるのです。

ここまでみてくると，どうも3歳児は，万能な主人公「オレ様感」とできないから甘えたい「オレ無理感」といったようなものを，とても不安定に行き来しているかにみえます。この山の天気のような定まりきらない姿は，「いま」この瞬間を生きる3歳児ならではともいえます。自信や自己肯定感を確かなものへと育むために，片手程度の安心感に加え，「『いま』のあなたなら大丈夫」と背中を押してあげることもまた大切なことでしょう。

★ 小さな"お助けマン"を支えて

さて，第2節の「対人関係と自我」にもあったように，3歳児の否定的なことばや態度は，主人公になりたいときだけでなく，意欲的すぎるがゆえに表出してしまうこともあります。

────〈エピソード8-13〉 手伝うのは私！ （12月）────

　朝の自由あそびの時間，保育者は午前中の活動で使う折り紙を色別に机の上に並べていました。すると，**りな**（4：3）が「先生，手伝ってあげる〜」と近づいてきました。「じゃあ，これを同じ色のところに並べてください」と保育者が折り紙の束を渡すと，とてもうれしそうな顔で折り紙を受け取りました。するとそこへ**まお**（4：4）がやってきて「先生，お手伝いする〜」と言ってきました。保育者が同じように折り紙の束を渡そうとすると，**りな**が間に入り込み「りなのお手伝いだから

162 第Ⅱ部 人間の発達と乳幼児期

ダメ！ まおちゃんは後から来たからダメです」と言いました。「先生の
お手伝いじゃけ，りなちゃんは言わんで」とまおが言い返すと2人はそ
のまま言い争いになってしまいました。

エピソード8-13の2人は普段とても仲のよい友達ですが，お
手伝いとなると様子が変わってくるようです。2人で協力してお
手伝いをすればいいのですが，「『お助けマン』になりたい」とい
う意欲が前のめりになっている3歳児にとって，その冷静な考え
はなかなか浮かんできません。あえて"お助けマン"と名づけま
したが，誰かの役に立ってヒーローになるというのは単に主人公
になるよりも何倍もかっこいいことのようです。純粋に「誰かの
役に立ちたい」と行動するその利他的な姿はしっかりと受けとめ
大切に育むべきでしょう。ただし，まだまだ状況の文脈や選択す
べき行動を正しく判断するには至っていないため，"お助けマン"
が悪者になってしまうこともあります。

─〈エピソード8-14〉 "お助けマン"参上のはずが……（10月）─

　午前中の自由あそびの時間，ゆうま（3：11）が電車のおもちゃをつ
なげて1人であそんでいました。そこへたいが（4：6）がやってきて，
「1個ぐらい……」とゆうまの許可を得ずに電車を1つ持って行ってし
まいました。ゆうまは「あっ」と言うと何も言わずたいがを見ています。
すると，離れたところからその様子をみていたしゅんた（4：2）がた
いがへ近づき，肩を突き飛ばして電車を奪おうとしました。突然突き飛
ばされたたいがは怒ってしゅんたとけんかになりました。保育者がけん
かを止め事情を聞こうとすると，たいがは「知らん，しゅんちゃんが勝
手にやってきた」の一点張り。しゅんたは「だって，だって……」と泣
き声まじりで，うまくことばになりません。助けてもらったはずのゆう
ままでもが「しゅんちゃんがいきなりやった」とたいがの味方になって
しまいました。しゅんたはただ泣くばかりでした。

エピソード8-14は，"お助けマン"としての行動の選択を誤ったために，助けたいと思っていた友達にも悪者扱いをされてしまったできごとです。まだまだ，自分以外に視野が広がっていきにくい3歳児は，役立ちたい一心だけで突っ走ってしまう場合があります。そのため，おせっかいになってしまったり，思いがけないトラブルを巻き起こしてしまいます。そして，しゅんたが泣くだけになってしまったように，意欲がくじかれてしまった状況において冷静に物事の理由を話すこともまた大変難しいのです。

これまでみてきたように，3歳児は対人トラブルがこれまで以上に増えます。主人公として活躍するはずだった，誰かの役に立つはずだったという，実に前のめりな原因から起こるトラブルが多くを占めます。そのようなときは，少し違った空気を吸いながら，いっしょにトラブルの原因を整理する時間を確保してみるのもいいかもしれません。3歳児は「いま」主人公になれること，「いま」役に立てること，にただまっすぐに挑んでいます。ほんの少し「いま」をいっしょに深呼吸して気持ちを晴らす時間を共有してみましょう。きっとまた安心して主人公になるべく前を向いていくことができるはずです。

【付　記】
図8-1ならびに図8-2の写真は，ひよこ保育園から提供いただきました。

エピソード8-4は『竹原市立竹原西幼稚園平成27年度研究のまとめ』より伊場田沙紀先生のエピソードを掲載させていただきました。

エピソード8-5はこっこ保育園の堀内郁美先生から，エピソード8-6は公立保育園の中山郁絵先生から，エピソード8-7ならびにエピソード8-8はことり保育園の大江のぞみ先生から，エピソード8-

9 はぐみの木ほいくえんの浅井敬子先生から，エピソード 8-10 は公立保育園の細川真子先生からそれぞれ収集させていただきました。

エピソード 8-12 は「呉市保育事例検討会ハチャメチャの会」にて発表されたエピソードより収集させていただきました。

いずれも許可を得たうえで子どもの名前や一部の文章を変更しています。お礼申し上げます。

第9章 4歳児

1 4歳児の生活の姿

★ 思考をくぐって見つめ直しはじめる

3歳児の頃は「いま」目の前のできごとに,「いま」の自分の思いで,時に前のめりなほど意欲的に向かっていました。心の内で「考える自分」と実際に「行動する自分」とが未分化（松本ら,2012）がゆえに「いま」をめいっぱい謳歌できていたともいえるでしょう。

しかし,4歳児になると,心の内で「考える自分」と実際に「行動する自分」とが分化しはじめてきます。また,心の内で「考える」ことは,主観的な"イッチョマエ"の世界を抜け出し,より客観的な目をもつことにつながります（神田,2004）。その結果,4歳児は,身の回りの事象や自他の行為,相手の気持ちや自分自身といった目に見えない世界に対しても,"なんでだっけ……""でも本当はどうだっけ……?"と思考をくぐって見つめ直し,葛藤しはじめるのです。その様子は以下のエピソードでも確認できます。

166 第Ⅱ部 人間の発達と乳幼児期

〈エピソード9-1〉 「オレって，なんでスミレ組になったんだっけ？」

　（入園式翌日の通常保育開始日，ふと様子をみにきた巡回相談員の筆者に向かって）「スミレさん（4歳児クラス）になったんやで」「バラさん（3歳児クラス）になった」と口々に報告しに来る子どもたち。1年で一番誇らしげな表情をみせてくれる日といっても過言ではありません。
　筆者「なんでバラさんになったの？」
　ゆいな（3）「大きくなったねん‼」
　筆者「なんでスミレさんになったの？」
　たいち（4）「……」
　かれん（4）「あのなー，コスモスさん（5歳児）が小学校行ってな，スミレさん（4歳児）がコスモスさん（5歳児）になってなー，それでなー，それでなー……」
　筆者「それで，バラさんがスミレさんになったんか？」
　かれん「うん，そう！」

　進級したことを「大きくなった！」と即座に言いきれてしまう3歳児のゆいなに対して，「なぜ？」と問われたことで，思わずことばに詰まってしまったたいち，システムで説明しようとしはじめたかれんの姿がありました。4歳児になった2人に共通して，答える前にいったん立ち止まり，"オレってなんでスミレ組になったんだっけ？""進級するってどういうこと？"と思考をくぐって，スミレ組になった自分自身を見つめ直している様子がうかがえます。

　しかし，思考をくぐって見つめ直しはじめたばかりの4歳児にとって，見つめ直すための手がかりや基準はまだ整備されているとはいえません。また，見つめ直した結果，自分なりに対峙した「現実」に確かな実感をもったり，それを他者に伝わることばで説明しきったりするのは難しいことのほうが多いでしょう。つまり，4歳児はこうしたジレンマに遭遇しはじめる時期であるとも

いえます。そのため，急に自分自身に対して不安になったり，イライラしたり，恥ずかしくなったり，これまではできていたことも見かけの行動としてはできなくなることもあるのです（本章では，こうした思考をくぐって見つめ直す際の，ことばになりきらない心の内でのことばを“　”で表記します）。

★ 自分たちで納得できる理由・理屈を探しはじめる

　3歳児の頃は，周囲に褒められたり，自分で大まかにでも「できた」と思えたりすれば，すぐに得意げに自信をもつことができていました。しかし，4歳児は，“ここはできたけど，ここはできていない”などと部分部分にも注目しはじめます。それゆえに，周囲の曖昧な褒めことばに，“どこか違う”という違和感を覚えた表情をしたり，反対に自信を失うような姿があったりもします。また，部分部分に注目しはじめることで，褒められることに対してだけではなく，叱られることに対しても「でも，だって，先生だって……」と違う角度から言い返してみるという姿も出てきます。いずれも，ノリや雰囲気にごまかされるのではなく，いったん自分の思考をくぐって，より客観的に見つめ直しはじめているがゆえの姿といえます。

　こうして自他への細かな見つめ直しを重ねることで，子どもたちは，彼らなりのより確かなもの，より楽しいものを見つけはじめます。そのため，自分たちの「納得」できたことに対しては，自分でつながりや目的をもって向かっていきます。一方で，集いを進めたい先生の「静かに」という注意とは反対に，自分たちの別の関心事にくすくす笑いが広がっていくような姿が出てくることもあります。保育者からすると「やりにくくなったなあ」と感じる部分であるともいえます。

168　第Ⅱ部　人間の発達と乳幼児期

★ イメージの共有と展開

　上述のような変化の背景には，子ども自身の，イメージをこと
ばで表現する力や，ことばの意味内容までより深く理解する力が
深化することが挙げられます。これらの深化によって，子どもた
ちは，ことばを自分自身で思考したり他者に自分の思いをより正
確に伝えたりするツールとしても使えるようになるからです。

　そのため，子どもどうしでも，3歳児までの雰囲気で始まるお
もしろさや「いっしょ」の共有ではなく，文脈やことばでより正
確なイメージを共有しようとしはじめます。たとえば，ごっこあ
そびではあらかじめ役を決めたり，場面を設定したりしようとす
る会話も聞かれるようになってきます。

　そして，イメージの共有や展開はごっこあそびの文脈を超え，
日常生活のさまざまな場面でもみられるようになっていきます。

〈エピソード9-2〉　もしも本当に本物のブタだったとしたら……?

　4歳児の秋。1人の子が言った「グチャグチャ先生」を皮切りに，た
まにこども園にやって来るA先生の名前をつくるあそびを始めた子ども
たち。「うんこ先生」「ニンジン先生」など，途中からは当のA先生の反
応は関係なく，子どもたちどうしでの連想での命名がおもしろくなって
きたようです。子どもたちだけでどんどん盛り上がっていき，給食もな
かなか進みません。そこで，先に食べ終えたA先生が一言。

　A先生「あーお腹いっぱい。おいしかった。食べすぎた」「こんなに
　　食べたらブタ先生になってしまうわ」

　子どもたち（大爆笑）

　だいすけ（4）「じゃあ，オレはブタ子どもや〜」

　ゆうじ（4）「ブタ先生」

　口々に「ブタ先生」とあそび出す子どもたち。

　A先生「じゃあ，次来たときにはブタ先生になっているかもね」

　さき（4）「……でもさ，本当にブタだったら，子ども園入れないん
　　じゃない?」

第 9 章　4 歳児　169

りこ（4）「事務所の先生が門のところで止めてくれるやろ？」
だいすけ「門から棒であっち行けってする」
けんと（4）「門のとこから石投げたらええねん」
りこ「子どもは部屋におってくださーいって言われる」
さき「子どもは部屋におらなあかんで！　それでさ，事務所の先生が
　　こんな棒（フォーク）で『こっちくるな，えい，えい』ってすると
　　思う（実演しながら）」
　と，口々に，本当に，本物のブタがこども園に来る想定とその対策を
話しあう子どもたち。この数日前に，警察官との不審者対策の避難訓練
を行ったとのことで，さすまたで不審者を撃退する様子もイメージして
いたようでした。

　このエピソードからは，「本当のブタがこども園に来る」とい
う架空の状況をことばで想定・共有し，それぞれが自分の身近な
経験と引きつけながらイメージを膨らませ，またそれをことばで
伝えあい，そのことそのものを楽しんでいる 4 歳児の姿が伺えま
す。

　また，このように子どもどうしの理由・理屈から見出した「お
もしろさ」のなかで，自分たちでことばでのイメージや話を展開
させ，盛り上がりをみせていく姿は，4 歳児の「集団づくり」を
考えていくうえでも大切な土台であるといえます。

★ 集団のなかでの「自分」

　子ども同士の関係の育ちや深まりによって，「自分は○○した
い」という自分の目的だけではなく，「みんなと○○したい」と
自分の目的を集団に引きつけたり，あるいは「自分もみんなのな
かで○○したい」と集団の目的を自分に引きつけたりという姿が
出てきます。

　もちろん最初から自分の目的と集団の目的を柔軟に行き来しな
がら実行できるわけではありません。たとえば，「みんなと○○

したい」の思いのあまり，4歳児の前半頃には「スカートはいてない子はままごとに入れない！」というような一見いじわるのようにみえる行動がみられることもあります。これは，なんとなく始まる"いっしょ"ではなく，みんなとあそびたい気持ちや，そのなかでの確固たる"仲間"の証拠（スカート）を，わかりやすく視覚的に確認したいという思いの表れとも読み換えられます。また「自分もみんなのなかで○○したい」の思いのあまり，クラスみんなで頑張る行事で，うまくできるか不安で萎縮したり，反対におどけてみたりといったこともこの時期にはよくあることといえるでしょう。このときに見かけの姿とは異なり"本当は，もっと上手にできるのに……"と心のなかで葛藤しているのが4歳児の複雑な心です。

　こうして，自分の目的と集団の目的との狭間で，トラブルや葛藤も経ながら，仲間や仲間とのより楽しい生活やあそび（集団の目的）のために，"本当はイヤだけど……"と自分自身にことばを向けて励ましながら調整する自律的な自己調整の力，すなわち自制心（田中・田中，1986など）が育ってきます。たとえば，"まだあそびたいけど，みんなといっしょにいただきますがしたいから片づける"というようにです。

　大人も子どもも葛藤し，ぶつかりあう4歳児の毎日を経て，もうすぐ5歳児クラスという頃になって，ようやく集団としても育ちがみえてきます。その頃には，「○○組さん」としてその一員である自分と仲間とを，自分たちで誇りに思う気持ちも育ってきています。

第9章　4歳児　171

2　4歳児の発達のさまざまな側面

★ 身体・運動

　4歳台では身体の使い方がより柔軟になり，子どもたちは全身を使った躍動的な運動をさらに楽しむようになります。「〜しながら〜する」という2つの動作を1つに統合させる活動スタイルに挑戦しはじめ，たとえば，片足を上げるという動作と前進するという動作を統合させて，「片足を上げながら前に進む」ケンケンができるようになります。

　この活動スタイルは，野菜を押さえながら包丁で切ることや走りながら縄跳びをすることなど，子どもの生活や遊びのなかに現れてきます。あそびはより豊かになり，縄跳びやコマといった技術を必要とするあそびがだんだんと子どもたちのものになっていきます。このような活動スタイルは子ども個人に閉じたものではなく，歩きながらほかの人の速度に合わせたり，食事をしながら友達に注意を向けるといった姿としても現れてきます。事物の使用のなかで，また他者との関係性のなかで，自身の行動を調整しようとする姿がみられます。

★ 手指操作

　手指の操作はより自由度を増し，ハサミを使う手と紙を持つ手を協応させて「紙を回しながら切る」といった巧緻性の高い行為が可能となってきます。全身運動にみられる「〜しながら〜する」という活動スタイルが，手指操作においても展開されていきます。4歳後半になってくると，本をみながら折り紙を折るといった姿もみられ，手本を参考にした操作ができていきます。

　手指操作の発達により，複雑な製作活動が可能となっていくと，

子どもたちは製作意図をもって造形活動に取り組むようになっていきます。たとえば，描画においては，これまで「ママ」や「おにぎり」など羅列的に物事が描かれていましたが，イメージの世界も広がるなかで文脈のある事象を表現しようとする姿がみられます。5歳半前後になると，基底線などを用いて表現したい事象を構図として画面のなかにまとめあ

図9-1　運動会（4歳11か月）――「(中央に円を描き，そのなかに小さな円と四角形を描き塗りつぶして) ここに赤いマットがあって忍者してる」。「(同じ中央の円の左側に線を引いて) これは鉄棒」。「(上部に顔を描いて) こっちは見てる人，お母さん，お父さん…」。「(画面右側に2つの顔と線を引いて) つなひきもした」。「(少し間があってから同じく右側上に顔と線を引いて) 先生ピアノ弾いてた」。

げていきますが，4歳台では，図9-1にみられるように，さまざまな形を描きながらできごとを語り，その語りから描いていく姿がみられます。

　描き方に注目すると，四角形のマットは俯瞰的に見た視点，人物は向かいあったときの視点から描かれており，1枚の絵のなかに異なる視点が含まれていることもわかります。この時期の子どもたちは自分の描きたいことを目に見えるように描くのではなく，自分のもっている知識や経験を使って，自分なりの論理から表現をしています。このような表現は知的リアリズムと呼ばれ幼児期に多くみられ，おおよそ8歳頃から写実的な表現である視覚的リアリズムが現れてきます（リュケ，1979）。

★ 認　知

〈多面的理解の芽生え〉　　思考をくぐって見つめ直し，葛藤しはじめる姿には，表象の発達が関わっています。表象は，その場にないものをそこにイメージする力であり，1歳半頃から獲得されはじめます。4歳頃になると，子どもは同一の事物について複数の，時に対立するイメージを同時にもったり，自分がいま何かをイメージしていることそれ自体を自覚できるようになっていきます。たとえば，砂場でのごっこあそびで「ケーキ」をつくっている子どもに，大人が「これ何？」と質問し，「これ砂だよ」と現実の意味を突きつけると，子どもたちはどんな反応をするでしょうか（加用，1981）。3歳台では，大人からの「これ砂だよ」に対して黙り込んでしまったり，ごっこあそびでの意味である「ケーキ」を繰り返すといった反応がみられますが，4歳台になると「ウソっこで食べるの」といった発言がみられます。

　　4歳台の子どもたちは，砂でつくったケーキが複数の矛盾したイメージをもつこと（砂であると同時にケーキである）を理解しています。砂をケーキとして見立てているという関係性を理解したうえで，他者から指摘された矛盾を嘘と本当という概念を用いて乗り越え，自らイメージの世界をつくり出していることを楽しんでいます。

〈自他理解の深まり〉　　多面的な表象をもつことは，自他理解にも影響を及ぼします。同一の事物について複数のイメージをもてるということは，同じものを見ていたとしても自分にとっては「ケーキ」であり大人からは「砂」であることに気づくということです。これは，いまの自分の見え方と考えていることが，誰から見ても常に同じとはいえない可能性に気づくことを意味します。

　　自分や他者がもつ意図や知識，信念（信じていること）に気づ

174 第Ⅱ部 人間の発達と乳幼児期

き，そこからその人の行動を解釈したり予測することは，「心の理論」と呼ばれます（詳しくは子安・木下，1997）。「心の理論」の獲得を確認するには，「誤信念課題」という課題が使用されます。図9-2は「サリーとアンの課題」と呼ばれる誤信念課題です。課題に回答する子どもは，ビー玉が箱のなかにあるという事実を知っていますが，他者（サリー）は"ビー玉はカゴのなかにある"と事実とは「誤って」思っている（＝誤信念）状況で，他者（サリー）の行動を子どもに尋ねます。結果として，おおむね4〜5歳頃から，他者のもつ信念から他者の行動を推測して答える（「サリーはカゴのなかを探す」）ことがわかっています（林，2016）。

　他者理解の深まりは，他者との関係性のもち方に変化をもたらします。たとえば，"自分は知っているけど○○ちゃんは知らない"と自分と他者の知識の違いに気づくことで嘘や秘密が生まれたり，他者がもつ知識に配慮して教えあうことが可能になっていきます。他者からの見え方は違うとわかるからこそ，描画において自分の描き方に自信がなくなったり，逆に表現を工夫する姿もみられるでしょう。

★ コミュニケーションと言語

　〈言語の発達〉　3〜4歳にかけて語彙数は飛躍的に増加し，4歳頃になると語彙数は約1500〜2000語に達するといわれています。この時期には，「昨日，お父さんとお母さんと動物園に行って楽しかった」というような過去のできごとも語れるようになってきます。時期や場所が特定できる体験やできごとを思い出すことは，エピソード記憶と呼ばれます。2歳頃でも，手がかりから断片的に過去のできごとを語る姿はありますが，特定の過去を正確に想起して語るのはおおよそ4歳頃であると考えられています（上原，2012）。この背景には，4歳すぎから「いま，ここ」の

図9-2　誤信念課題

(出典)　フリス, 2009.

状況を越えて, 過去や未来に視点を移し, 時間的な視点で自己の認識が可能になることが挙げられます (木下, 2008)。

〈コミュニケーションの展開と自分との対話のはじまり〉　4歳台では相手の質問の大意を捉えられるようになり, 自身の経験を思いめぐらせながら答えようとする姿がみられます。「もし保育園に遅れそうになったらどうする?」と仮定の状況を聞かれたときに, 3歳では「いま, ここ」を離れた仮定的な状況について答えることが難しいのですが, 4歳になると日々の経験を思い出し

ながらじっくり考えて答えてくれます。

　このように自分なりの理由を考えることが可能になる背景の1つとして，身の回りの物事の仕組みや，因果的関係に対して関心が強くなっていくことが挙げられます。最後までうまくことばで説明ができなかったり，科学的に正しいこととは違う場合もありますが，次のエピソードのように，物事を結びつけて考え，子ども自身が発見したことやわかったことを教えてくれます。

⎯〈エピソード9-3〉「なんで雨って降るのか知ってる？」⎯

　ある女の子が，唐突に「なんで雨って降るのか知ってる？」と筆者に聞いてくる。そして「あんな，お空の上に神様がおってな，神様がいっぱい泣いてな，悲しくなってね，それでね，それでね雲の上でね，いっぱいになってね（無言）……それで，降るねん」と話す。

　仮定の状況を考えたり因果関係を考えたりすることは，他者との間でのみ起きるわけではなく，子ども自身においても生じています。これまでつぶやきとして発せられていたことばが，内言として子どものなかで発せられるようになります。自分自身と「内的な対話」ができるようになることで，ことばは思考の手段としても機能しはじめます（長瀬，2015）。そのため，4歳台になると，それまで大人に導かれていた行為が子ども自身によって行われたり，自分自身で自分を励ましたり，「本当かな？」と自分が納得するような事実や説明を求める姿が生じていきます。

★ 対人関係と自我

　〈複雑な感情を抱えて〉　感情においても，4歳台になると一面的でシンプルな感情だけではなく，悲しいけど泣くのを我慢するといった姿がみられます。その背景には，「人に泣いているところを見られたくない」といった他者を意識した恥の気持ちや，

第9章　4歳児　177

「お姉ちゃんなのに泣くのは恥ずかしい」といった子どもなりのイメージや思いがあります。次のエピソードからは，この時期の子どもが一筋縄ではいかない感情をもっていることが読み取れます。

─〈エピソード9-4〉　「泣いてしまったことに泣いてんねん」─────

　4歳児の11月。椅子取りゲームのルールも楽しさもしっかりわかり，クラスでの定番のあそびになってきました。座れなかった子から外れていき，いよいよ最後の2人に残った，かいと（4）とことね（4）。ことねはクラスでもとびきり負けず嫌いで，椅子取りゲームも他児とは明らかに異なる真剣さで椅子を奪いにいっています。

　しかし，ことねは決勝戦でかいとに負けてしまい，悔しさのあまり泣きはじめます。あそびを終え，他児が着々と給食の準備をしていくなか，自分のロッカーの前で泣き続け，ついにいただきますの時間になっても切り替えられず頑なに動かないことね。そこに給食の時間の応援に担任とは別の先生がやってきて，ことねにも聞こえるように「なんでことねちゃん泣いてるの？」とみんなに尋ねます。

　　ゆうき（4）「椅子取りゲームで負けたねん」
　　たいが（4）「最後かいとくんとやってな，それで負けて泣き出したねん」
と口々に解説する子どもたち。
　　すず（4）「ちゃうねん，負けたから泣いてるんやなくて，泣いてしまったことに泣いてんねん」
　　ことねは黙ってうつむいたまま手を洗いに行き，自席に着きました。

　負けた悔しさで思わず泣いてしまったけれども，おそらく負けず嫌いのことねは，泣いてしまったことも悔しかったのでしょう。しかし，友達の「泣いてしまったことに泣いている」ということばのなかで，自分の泣いたことへの悔しさ，情けなさを理解してもらえたと感じ，自分なりに気持ちに折りあいをつけて，次の活動に切り替えていくことができました。

　　〈対比的な評価から広がりをもった評価へ〉　　4歳台は「できる

178　第Ⅱ部　人間の発達と乳幼児期

－できない」という対比的な評価を行う姿から徐々に脱却し，広がりをもった評価に移行しはじめる時期になります。対比的な評価は，友達と自分を比べて自分はできないと落ち込む姿や，負けたくないからやらないといった姿として現れ，やりたいけどできない自分を感じてしまうことがあります。

　しかし，子どもたちが好きなあそびに思い切り熱中するときや，「やってみたい」「できるようになりたい」と思うとき，4歳台は身体の発達や認知・思考の発達によってしばしば大人顔負けの姿をみせます。他者や手本と自身の行為を照らしあわせることができてくる4歳台の子どもたちは，"同じかな？" "できたかな？"と自らの行為を振り返りはじめ，行為を変えて結果を引き出すといった工夫も行うようになります。このような営みを経て達成していくとき，子どもたちは自分を誇らしく感じ，さらに，子どもたちどうしで「あの子はすごい」と認めあう姿がみられます。5歳に向かっていくと，自分についても他者についても対比的な評価で終わるのではなく，「昨日より上手になった」といった部分の変化に目を向けた広がりのある評価がだんだんと行われるようになっていきます。

3　4歳児の保育で大切にしたいこと

★ 仲間を意識しあえる集団づくり

　〈思いを伝えあう集団に〉　4歳児になると，クラスのなかで役割を果たしていくことに喜びを感じたり，クラス全体での話しあいによって製作活動やあそびを考えることも行われるようになっていきます。しかし，はじめから1人ひとりが自分の思いを伝え，友達の思いを聞けるとは限りません。そのとき，生活の基礎

集団である小グループでの当番活動や，グループで製作のプロセスを決めるといった経験は，自分の役割を自覚し，共同して役割を果たすことを知る機会となるでしょう。このような小さなグループで思いを伝え，受けとめたという肯定的な経験が，クラス全体での話しあいでのふるまいにもつながっていきます。

　集団での話しあいにおいては，話しあうテーマも重要です。4歳児ではそもそもみんなで話しあいをし，みんなで決めるとはどんなことか，話しあいの意義を知る必要があります。そのとき，「どんな場所へ行けばおもしろいことが待っているのか？」「どんなふうにすればもっとみんなで楽しくあそぶことができるのか？」など，子どもたちにとって意味のあるテーマを話しあって決めていくことで，話しあうことの意義を知っていきます。さらに，自分たちで決めたからこそ納得して，行動に移すことができていきます。次のエピソードは，4歳児クラスの秋に行われた話しあいの様子です。保育者が話しあいを支えながら，子どもたちが思いを伝えあう姿がみてとれます。

〈エピソード9-5〉　「なんで言うこと聞かんといけんのん」

　冬の畑に植える野菜をグループで1つ決めて植えることになりました。多くのグループは多数決やじゃんけんなど自分たちで案を出しながら1つの野菜に決まりましたが，Tちゃんのいるグループだけが小松菜とラディッシュのどちらにするかなかなか決まりません。どうしても自分の意見を通したいTちゃんは，無理やり小松菜にしようと話を進めていました。同じグループにはTちゃんと仲良しのNちゃんがいるのですが，どこか納得していない様子です。担任が「ほんとにそれでいいの？」と聞くと，Nちゃんは「ラディッシュがいい」とポツリとつぶやきました。担任も間に入り話をすると，「なんでNちゃんの言うことばっかり聞かんといけんのん！」と耳を抑えたり，周りの友達に当たるTちゃん。「なんでTちゃんの言うことばっかり聞かんといけんのん」と泣き出すNちゃん。話はなかなか進みません。

180 第Ⅱ部 人間の発達と乳幼児期

> 　自分の気持ちを落ち着かせる時間も必要だと思ったので，他のグループの子たちも呼んで「ラディッシュと小松菜でなかなか決まらないんだけど，どうしたらいいと思う？」と相談すると，「２つ植えたら？」と考えてくれる子がいました。Ｎちゃんは「それでもいい」と納得してくれましたが，Ｔちゃんは隅に隠れてみんなの様子をうかがっていました。担任が「Ｔちゃん，みんなＴちゃんのこと考えてくれてるよ，Ｔちゃんもみんなの話も聞いてあげられるといいね」と話をすると，Ｔちゃんが「みんなのほうへいく」と言うので，いっしょにみんなのところへ行きました。担任が「２つ植えるのはどう？ってみんな考えてくれたんだけど，どうかな」と聞くと，小さくうなずくＴちゃん。時間はかかったけれど，みんな納得して畑に植える野菜を決めることができました。

　Ｔちゃんはしっかり者で自分の思いをはっきり発言するため，これまでＴちゃんの意見に「イヤだ」と主張する子はいなかったそうです。しかし，このクラスでは，小グループをつくって子どもどうしで製作の役割分担を話しあったり，保育者と子どもが相談しながら生活のなかのルールを決めるといったことが日々続けられていました。そのなかで，１人ひとりが自信をもち，自分の気持ちを伝えることができてきました。さらに，周りの子どもたちの発言や姿からは，ＴちゃんとＮちゃんだけではなく，子どもたちみんなが話しあいのなかでお互いの思いを受けとめあい，互いに調整をしようとする姿がみられます。

　〈仲間との関係のなかで育まれる自制心〉　　ＴちゃんやＮちゃんの姿には，自分の"……したい"だけではなく，"私は小松菜が植えたいけれど……"と自分の意図を集団のなかに位置づけようとする様子が生まれています。これは，"……したいけど……"といった自制心が形成されてきていることを意味します。自制心が他者から強制される「我慢」ではなく，子ども自身による自己調整として発揮されるには，仲間とのこれまでの関係性や集団で

過ごしてきた生活が前提となります。"ぼくのだけど，大好きな〇〇ちゃんもあそびたいって言っているから……""まだやりたいけど，みんなで交代してあそんだほうが楽しいから……"と，これまでの友達とのやりとりやあそびの楽しさを思って，自らを励まし葛藤を乗り越えていきます。

　もちろん，このような自制心の形成は簡単なものではありません。自分自身のこうしたいという意図と，本当はこうなりたい，みんなと楽しくするにはこうしたほうがいいといった意図の間で子どもは揺れ動き，Tちゃんのように友達に当たったり，隅に隠れてしまう姿をみせることもあるでしょう。保育においては，子どもの揺れ動く気持ちを丸ごと受けとめ，その子の本当の気持ちを理解し，結果だけではなくプロセスを見守っていくことが大切になります。そのとき，子どもの側にだけ調整を求めようとしない姿勢をもつことも重要です。子どもの気持ちが揺れ動くことを保障したり，子どもの想いを受けとめて次の展開をいっしょに考えることが大切であるとすると，保育の時間的・環境的なゆとりが必要となるでしょう。

★ イメージの広がりと共有

　第1節でも紹介したように，4歳児になると自分のイメージが広がるなかで，そのイメージを形にするため工夫し，イメージに入り込んであそんでいる姿がみられます。次のエピソードはある4歳児クラスでの絵日誌の取り組みの様子です。

┌─〈エピソード9-6〉　子どもの気持ちに沿った描画活動（前編）─

　ある日，Mちゃんの絵日誌のなかに，「ピーチクタイム（以下，ピーチクと表記）」という名前の謎のキャラクターが……「なんだこれは！」と思いましたが，そのキャラクターの生態，家族構成や習性をイメージの中でどんどんつくり上げてお話してくれるMちゃんの様子が面白く，

182　第Ⅱ部　人間の発達と乳幼児期

盛り上がって話を終えました。

　その日をきっかけに，ピーチクが一匹，また一匹……夏を迎えるころには紙いっぱいのピーチクを毎日かくように。話の内容も前ほど膨らまず，もはやピーチクを描く事自体が目的になってしまっている状態でした。担任としては，毎日が面白くないのでは…？と悩みましたが，何気なく「今日どんな事が楽しかった？」と聞くと，「あのね～」といきいきと語ってくれます。それを受け，「ピーチクの絵と別にその日の楽しかったこともMちゃんとお話したいな」と担任の思いを伝え，一日二枚の絵を描くことを提案しました。

（尾形・辻本，2018，246頁）

　このクラスでは，絵日誌として子どもにその日のあそびで楽しかったことや印象に残った絵を描いてもらい，保育者が聞き取りをしていました。ピーチクの出現は4月で，描かれるピーチクは完全に空想というわけではなく，「とび箱を飛ぶピーチク」など日常にピーチクがいるというものであったそうです。身近な経験から架空の状況を想定しイメージを展開させる姿は，エピソード9-2の子どもたちとも共通する部分でしょう。子どもも保育者もピーチクの世界を楽しみますが，ピーチクだらけになる画用紙や絵日誌という性質を考えると，保育者の悩みや提案をする気持ちもよくわかります。しかし，2枚描くことの提案後，Mちゃんは「だんだんと絵も気持ちの語りも定型のものになっていった」そうです。そして……。

──〈エピソード9-7〉　子どもの気持ちに沿った描画活動（後編）──

　そこで一日二枚をやめ，Mちゃんが満足するまで，好きな絵を描いてもらうことにしました。どんな絵が来ても，そこからMちゃんとのお話（たとえイメージの世界でも）を楽しもう！「描きたい！」気持ちを第一に考えていこう！と覚悟を決めました。

　それからしばらくはピーチクの絵を描いていましたが，ある日「私，

第9章　4歳児　183

> 今日楽しかった絵を描くことにする！」と宣言があり，今ではその日の
> 楽しかった事を絵にして，語ってくれる毎日です。ピーチクもMちゃん
> にとっての表現の一つ，それを受け止めてくれる保育者との楽しい時間
> の一つだったのです。
>
> (尾形・辻本，2018，246頁)

　Mちゃんの宣言は秋頃で，実に半年ほどピーチクの世界が描き
続けられたことになります。この間にピーチクは「Mちゃんのピ
ーチク」とクラスで知名度を高め，「私もピーチクのお話描くわ」
と友達にも広がっていき，Mちゃん自身は宣言後も自分のスケッ
チブックでピーチクの紙芝居を描いているそうです。

　このエピソードからは，自分の描きたい気持ちや表現を保育者
や仲間に受けとめられるなかで，自分自身の「描きたい」という
意図だけではなく，保育者の意図もMちゃんなりに受けとめてい
く姿がみてとれます。子どものイメージが広がり，さまざまな形
で表現されるときに，他者（保育者や友達）が表現のなかにある
その子らしさに気づき共感していくことの大切さがわかります。
そして，先ほどのTちゃんの姿とも重なりますが，子どもが他者
の意図を受けとめていくときにはその子なりの受けとめ方やプロ
セスがあり，他者がその姿やプロセスを受けとめることの重要さ
があらためてみえてきます。

★ 昨日・今日・明日がつながる保育

　第2節で取り上げた認識の高まりとともに，子どもたちは日々
の保育を通して時間的・空間的に広がった視野をもつようになっ
ていきます。たとえば，畑で野菜を育てる経験は，苗を植え，草
取りや水やりをし，収穫して，調理をするという年間を通した活
動となります。このとき，子どもたちは「昨日よりちょっと大き
くなった！」と日々変化する野菜の変化に気づき，期待をもって

184 第Ⅱ部 人間の発達と乳幼児期

関わっていきます。あそびのなかでも，「とっておきたい」や「続きにする」といった次を見通した発言が子どもたちのうちから発せられるようになります。友達と迷路を描きはじめ紙を足していくなど，自分たちで続きをつくっていく姿もみられます。自分で何かをつくることへの喜びは4歳以前からありますが，4歳台になると，たとえば自分を示すシールや名前といった何らかの目印がなくても，自分で描いた絵がどれかわかるようになります。これは，色使いや描いた内容を覚えているといった記憶の発達だけではなく，製作意図をもって描いていた過去といまがつながることで生ずる「作者」としての実感であり，自分自身でつくったものへの時間の積み重ねを含んだ愛着や価値を生じさせていきます。

この時期の子どもたちであれば，続きになるようなダイナミックなあそびを大いに期待して楽しむ姿がみられます。そのため，みんなでつくる造形活動やごっこあそびなど，イメージを共有してふくらませていけるようなあそびを用意することが大切となります。このような時間的な見通しが育まれる保育を通して，5歳児クラスへの進級を控えた年度末頃，1年間で描いた絵を子どもに返すと，絵を見ながら「むかしこんなんかいてたなー」といった一言がつぶやかれるようになっていきます。そこには，過去の自分といまの自分との実感を伴ったつながりを見出し，過去を振り返る姿があります。

【付 記】

図9-1 運動会は，山本南保育園より許可をいただき掲載しました。

エピソード9-5は，帯賀見菜子さん（たんぽぽ保育園）による広島県保育団体合同研究集会報告資料より収集したものを許可をいただき掲載しました。

第10章 5歳児

1 5歳児の生活の姿

★ 懐の深い5歳児

自分の意見や行動が事実と合致しているかどうかを心のなかで考え，振り返りはじめるのが4歳児の姿でした。その結果，4歳児は意見を言ったり行動を起こしたりする前に，何かと「でも，自分は……」「だって，本当は……」と躊躇するようになります。失敗を恐れず果敢にチャレンジする"イッチョマエ"な3歳児と比べて，なんとも思い切りが悪く，「あと一歩」な4歳児です。

しかし，そうした考えて振り返る日々は，彼らの心のなかにたくさんの見方や考え方の引き出しをつくり上げていくことにつながります。物事を捉えるとき，そこには1つだけではなく，たくさんの見方や考え方が広がっている。そのことに気づくようになるのです。その結果，5歳児になると，子どもはそれまでとは違って，なんだか余裕に満ちた姿をみせるようになります。

┌─〈エピソード10-1〉 「なおちゃんはおこりんぼやなぁ」────

　6月。男児2人が園庭の隅っこで大きな穴を見つけ，水を入れてドロドロにしてあそびはじめる。すると，そこに女児4人が通りかかる。

186 第Ⅱ部　人間の発達と乳幼児期

　なおみ（5）「ちょっと，何しているの？」「ちょっと！　やめなさい
よ。ドロドロになって汚いでしょ！」。まさる（5）「ええんやで。ドロ
ドロになっても，こうして混ぜるんやから」。みほ（5）「混ぜてどうす
るのよ？」。まさる「ドロドロを混ぜて，コーヒーをつくるんや」と言
い，じょうろに水を汲みに行く。すると，その間に女児たちが勝手に穴
のなかにちぎった葉っぱを入れはじめる。
　まさる「ちょっと何しよるんや！　やめてーな」。なおみ「いいのよ。
水を入れる前に葉っぱを入れたほうがいいんだから。そのほうがきれい
になるんだから」。しんご（5）「（水を入れながら）ちょっと！　葉っぱ
を入れんなや。葉っぱは入れんでいいんや」。みほ「ちょっと！　水を入
れないでよ。汚くなるでしょ。葉っぱを先に入れるんだから」。まさる
「違うんで。葉っぱは入れんのんで！」と言い，入れられた葉っぱを取
り除いていく。なおみ「何よ。葉っぱを先に入れたほうがいいのに！」
と言いながら，その場を立ち去る。
　女児たちがいなくなってしばらくすると，まさるがつぶやく。まさる
「女はああ言うけどなぁ，本当はどっちでもええねんな。なおちゃんは
おこりんぼやなぁ」。しんご「ほんまやな」。一方，女児たちは……。な
おみ「ねえ。あとで男たちが嫌いなものを（水のなかに）入れときまし
ょうよ」。みほ「あんな泥水，やだやだ，私たちにはできないわ」。あか
り（5）「本当に，あんな泥水にして。ちゃんと片づけてくれないと困
るわよね」。いったいどこまで本気なんだか……。

　なんとも間の抜けた，それでいてほっこりとするエピソードで
す。同じ場面でも4歳児であれば，まだまだ言い返したり食い下
がったりなど，殺伐とした雰囲気になってしまったかもしれませ
ん。1つの視点にこだわるのではなく，そこから一歩引いて複数
の視点から物事を捉えてみる。そうすることで，対立の場面から
ちょっと距離を置いて，ボヤいたり毒づいたりすることもできる
ようになるのでしょう。この「かわし」や「いなし」のテクニック
がなんとも絶妙で素敵です。これこそが4歳児期の振り返りや葛

藤の日々をくぐり抜けた5歳児の懐の深さであるといえましょう。

★ 不思議や感動を学びに変える

　5歳児になると視野や見通しも広がって，自分に何ができるか，このような状況のときに自分は何をすべきかについても少しずつ考えることができるようになります。また，思ったことをことばで表現する姿は，4歳の時点ですでにみられるのですが，5歳になるとそれに加えて，自ら仮説を立てて検証したり，筋道を立てて考えたりする姿がよりいっそうみられるようになります。

〈エピソード10-2〉　踊る水の不思議

　11月のある日，5歳児がいつものように畑の水やりをしていると，あみ（5）が「先生，来て！　大発見！　水が踊ってる」と言う。急いでかけつけると，「見てて」と言いながらブロッコリーの葉っぱに水をかける。すると，葉っぱにかかった水がはじかれ，ちょうど葉っぱの上で水の粒が踊っているように見える。声を聞きつけて集まった子どもたちも「本当だ！　踊ってる」。近くにある大根やキウイ，サザンカの葉っぱにもかけるが，そのようにはならない。ただ葉っぱの表面が濡れて，ダラーっと水が流れるだけである。

　あみ「キウイの葉はボコボコしてるけど，ブロッコリーの葉はボコボコしてないから，踊りながら流れるんじゃないの？　大根の葉っぱはチクチクしてるから，水の栄養が取られて割れるのかも」。だいすけ（5）「キウイの葉っぱは手で触ったらチクってした。だから，キウイの葉っぱは水の粒が割れてしまうんじゃない？　空気が水を丸めてるんじゃないかな。風船も尖ったもので刺したら割れるでしょ。だから，チクってしたものがあると，水を丸めてる空気が割れて，水の粒も割れるとか？」。えり（5）「大根の葉っぱは，チクチクしてる。大根の葉っぱとブロッコリーの葉っぱをいっしょに手で触ったら，ちょっとだけチクってなった。チクチクだから，水の粒が割れて，水が落ちるのかな？」。こうた（5）「じゃあ，これ（サザンカ）は水をかけても落ちない（踊る）かもよ。これはツルツルしてるから」。

188 第Ⅱ部 人間の発達と乳幼児期

葉っぱには,「水が踊る」葉っぱと「水が踊らない」葉っぱが
ある。「水が踊る」という表現そのものも魅力的ですが,日常の
なかで見過ごしがちな,こんな些細な不思議に着目するとは,さ
すが5歳児です。「なぜ?」「どうして?」という素朴な疑問をも
とに,さまざまな葉っぱで試し,その結果をじっくりと観察し,
仮説を立て,そして,仮説の確かさを検証するためにもう一度試
してみる。より確かなことや本物らしいことを求めるようになっ
た「本物志向」の5歳児らしいエピソードであるといえましょう。

★ より確かで,本物らしいことを求めて

 4歳から考えたり振り返ったりする心を鍛えた結果,5歳にな
ると点検する心が育ってきます。自分が考えたことやつくり出し
たことに対して,経験や知識をもとに点検するようになるのです。
点検する心が育つということは,点検によって間違いや勘違いに
気づき,それを修正できるようになることを意味します。点検し
磨きをかけることで,5歳児はより確かなことや本物らしいこと
を求めるようになるのです。

 たとえば,廃材を使った製作あそびは4歳頃からよく目にする
ようになりますが,5歳になると自分がつくりたいものをより鮮
明にイメージし,本物らしくするためにはどのような素材が必要
で,どのような道具を使って,どのように合成したり加工したり
するとよいかを考えながら,行動に移せるようになります。

 図10-1はこうへいがつくったバスです。4歳までは単に空き
箱にタイヤをつけるだけでおしまいという場合が多かったのです
が,5歳になったこのときは,より本物らしくみせることにこだ
わって,外観やドアや窓を工夫するようになりました。彼は,窓
が開いたままだと雨の日に濡れてしまうから,窓ガラスをつけた
いと言いました。試行錯誤の結果,透明なカップを小さく切って,

それを窓にしました。指先ではじくと「コツコツと音がして、本物みたい！」と喜んでいました。ドアも折り畳み式にするにはどうしたらよいかと悩んでいると、友達がいいアイディアをくれて、それでなんとかつくりあげました。

図10-1　廃材でつくったバス

ななみは消防車（図10-2）をつくりました。彼女もまた本格的です。なにしろ車体の横には水を入れるポンプがあり、そこからストローをつなげてつくったホースが伸びていて、水に見立てたティッシュが噴き出す仕掛けになっているのですから。はしごはそれらしくみせるために、ストローを細かく切って等間隔に貼り、それを足場にしています。消防士が乗るバスケットもつけられました。このななみのアイディアは好評で、彼女に教えを乞う友達が続出しました。ななみにとっても自信につながったあそびの1つです。

図10-2　廃材でつくった消防車

より確かで本物らしいことを求めるなかで、5歳児は以前の自分よりもちょっとだけ背伸びした自分を目標として設定します。そして、1人ひとりの目標が、やがては仲間に共通の目標となり、その目標達成に向けて努力するようになるのです。

2　5歳児の発達のさまざまな側面

★ 身体・運動

　5歳児は身体を大きく動かす運動が活発になってきます。うんてい，竹馬，鉄棒，縄跳び（長縄跳び）など，足が地面を離れたところの動きを楽しむようになります。あるいはフラフープや巧技台や平均台など不安定な状況のなかで，身体のバランスを取ったり，動きを調整したりするあそびも好むようになります。図10-3の上は，2本の木の間，上下に縄を張ったところを，手を伸ばし上の縄をつたいながら，身体全体でバランスを取りながら行き来している様子です。普通に渡ることも難しいのですが，わざと揺らして不安定さを楽しむ姿もみられます。下は，縄の上を歩こうと試したり，木に吊り下げられているブランコを楽しんでいる様子です。図10-3のようなあそびはたしかに危険と隣りあわせではあるのですが，5歳児はこのような状況で悪ふざけをしたり，必要以上に友達が嫌がることをすることはありません。不安定な状況での身体のバランス感覚を楽しむ5歳児ならではの「余裕」も感じられます。

　また大型積み木を組み合わせて立体的に家やお化け屋敷をつくったり，巧技台でアスレチックをつくったりなど，自分たちの経験を基に，より本物らしくなるような工夫や，現実世界を基にしながらも空想も混じりあっているような世界をつくっていきます。

★ 手指操作

　〈微細運動と認知〉　大きな動きだけではなく，細かい作業にも挑戦するようになります。図10-4のれいは，等間隔にドミノを並べています。積み木の高さ，そして倒れる間隔を考え慎重に

第10章　5歳児　191

図10-3　バランスを取りながら楽しむ子ども
（上）縄に身体を委ねて楽しむ子ども（5歳前半）
（下）縄の上を歩こうとしたり，木に吊り下げている
　　　ブランコを楽しむ子ども（6歳前半）

並べています。折り紙も，お手本をみながら折ったり，端をきちんと合わせて折ったり切ったりすることも，4歳児の頃よりも，より正確になります。正確にお手本通りにすることだけではなく，図10-5のように，より遠くに飛ぶような紙飛行機を，何度も飛ばして何度も折り直すという工夫もみられます。何かをつくって終わり，というよりもそこから何かが始まる，という姿も，5歳児らしい姿の1つではないでしょうか。

〈細部へのこだわり〉　むきだしの廃材をそのまま使うのではなく，折り紙をていねいに貼ったり，窓やタイヤの位置にまでこだわるのが「本物志向」の5歳児です。自分が頭のなかで描いて

いる完成に向けての試行錯誤や，細部へのこだわりは目を見張るものがあります。完成までの見通しや段取り，そして本物志向を支える手指の発達があるからこその姿です。

しかしその一方で，なかなか思い通りにいかないことや，本物にこだわるからこそ，製作過程をみせたくないという思いも生まれてきます。何かをつくっていたはるかに，つい筆者が「何，つくっているの？」と覗き込んだことがありました。彼女は「ダメ！まだできていないから見ないで！」とすごい剣幕で，つくっているものをさっと隠しました。その後，しばらくたっていたのですが，はるかによびとめられました。

図 10-4 等間隔に慎重にドミノを並べている

図 10-5 遠くまで飛ぶ紙飛行機をつくっている子どもたち

彼女は，「さっきね，ちょうど難しいところだったの」と言いながら，ティッシュペーパーの箱でつくったかわいい猫をみせてくれました。自分の思いを込めてこのようにこだわる姿，そしてこだわるからこそ集中し，製作過程をみせたくないという思いが強くなるのかもしれません。

★ 認　知

〈「斜め」や「間（あいだ）」の世界を捉える〉　この時期の子どもがつくるものや表すものには「斜め」や「間（あいだ）」が出てきます。図 10-4 では積み木を階段のように斜めに積みあげています。紙飛行機を折るにしても，当然のことですが，斜めにきちんと折ることがで

きなければ，紙飛行機はつくれません（図10-5）。

　また「大きい‐小さい」「高い‐低い」という捉え方だけではなく「大‐中‐小」「高‐中‐低」というように，「真ん中」という理解ができるようになります。このように三次元の認識が少しずつ可能になってくることも5歳児の大きな特徴です。

　筆者が「3個のチップを2枚のお皿にできるだけ同じように分ける」課題を子どもに行ったときのこと。6歳のまやが，それぞれのお皿に1個ずつチップを入れた後，おもむろに2枚のお皿をくっつけ，その境目にチップを1個，置いたのです。そしてニヤッと笑った後，そのチップを差し出し「これ残ったよ」と言ったことがありました。このニヤッという笑みのなかに，「違うことわかっているけど，やってみたかった」「これも分けたことになるよね」という彼女なりの課題への向かい方や，文字通り「間」「狭間」を理解する姿を垣間見た気がしました。ちなみに，彼女はそれ以降，そのようなことはしませんでした。「できる‐できない」を超えて，ある程度の見通しをもち，「こうすれば，こうなる」ということもわかりはじめてきます。

　〈複雑な世界を捉える多様な視点〉　時間的・空間的な見通しがもてることにより，多様な視点から物事を考えることができるようになってきます。4歳すぎから「いま，ここ」の状況を超え，過去や未来に視点を移すことが可能になってきますが，5歳児ではさらに時間的・空間的な広がりをもち，かつ，自分だけではなく，他者にもその広がりがあることを認識するようになります。

　このような広がりとともに，ものや場所，そのときの状況や関わった人，あるいは音やにおいなど，日常のさまざまな様子が一連のできごととして記憶されます。そしてその時々の記憶と過去の「私」が結びつくことにより，「自伝的記憶」として刻まれる

ようになります。言い換えれば「自伝的記憶」とは，「私」が過去において経験したできごとに関する記憶ともいえます。4歳頃から形成されはじめますが，5歳になるとより明確になります。そして5歳後半にもなると，自己と他者は異なる時間的視点をもち，それぞれが固有の時間的広がりをもつ世界に生きていることを認識します（木下，2008）。

　自分の経験を物語ること，また，過去と現在，そして少し先の未来の自分を結びつけることも5歳以降可能になってきます。このことは，状況や物事がさまざまに絡みあった複雑な世界を，自分のこととして捉えはじめることを意味しています。因果的に考えたり，あるいは自分なりに結びつけ，理解しようとする姿が，より顕著に現れるようになります。

　〈因果的推論〉　　多様な視点から物事を捉えはじめる5歳児は，身近な事象について「○○だから，△△である」というように，原因と結果とを結びつけて考える姿も多くみられるようになります。たとえば，エピソード10-2の「水が踊る葉っぱ」と「水が踊らない葉っぱ」の理由を子どもなりに推測しています。「葉がボコボコしていないから，踊りながら流れる」「大根の葉っぱはチクチクしているから，水の栄養が取られて割れるのかも」と，因果関係の理解や順序立てて考えることもできるようになってきます。5歳児のおもしろいところは，それが1つの原因から1つの結果を導き出すことにとどまらず，それらを組み合わせて考えることもできることです。「大根の葉っぱ」と「キウイの葉っぱ」を比べたり，「チクチクしている」ことから導かれる結果も，さまざまな視点から考え，多層的に結びつけながら考えることができるようになってきます。「あーでもない，こうでもない」と友達と考えたり言いあえたりしてきます。

それでも５歳児は５歳児。複数の判断やさまざまなできごとを統合して１つの結論を導いたり，１つの判断を一般化して考えることはまだ難しいのです（神田，2004）。多様な見方で考えられることには，自分にとって意味のある文脈において，かつ具体的な経験においてという制約があります。また単に何かができるとか，わかるということだけではなく，「なぜ？」「どうして？」という問いが５歳児にとっては大切なことです。なぜそうしないといけないのか，どうしてそうなるのかということを，自ら考え，納得しながら理解しようとする５歳児の姿を尊重することが重要になってきます。

〈文字への興味・関心〉　　普段の生活で文字を見ない日はありません。教えるか教えないかにかかわらず，表記されている文字への興味やリテラシーは生活のなかで育っていきます。子どもが描く絵のなかに文字らしいものが書かれていることもよくみられます。おそらく４歳児の後半くらいから絵のなかに文字らしいものは現れてきます。５歳児になるとそれだけではなく，何かを伝えるための手段としての文字や，お手紙として絵とともに文字を添えたり，「はいらないでください」「ねこをさがしています」というような看板や案内板，掲示板としてあそびのなかに文字が表れることもあります。

また鏡映文字もこの時期の特徴の１つです。大学の授業でこのような話をしたところ，子どもの頃，自分の名前である平仮名５文字，すべてを鏡映文字で書いていたという学生がいました。見よう見まねであっても，そしてそれが間違っているかもしれなくても，自分の名前を文字で書ける，文字で伝えるという喜びやうれしさが増していたのかもしれません。そのような思いが文字への興味や関心につながっているように思われます。

〈数量への興味・関心〉　子どもは自分なりのやり方で「比較したり，はかったりすること」などさまざまな数量に関する行為を楽しみながら行っています。ものを数えること，数を「いち，に，さん……」と唱えること，同じものを一列に並べたり，あるいは短いものから順に並べたりすること，ものの重さを比べたりすることもあそびのなかでよくみられる行為です。そのような行為を重ねることにより，「いち，に，さん……」と「数える」行為と「〜より多い」「〜より軽い」というような「量の多少」が徐々に結びついていきます。そして6歳頃になると，「合わせると増える」「取り除くと減る」ということもわかるようになっていきます。注意しないといけないのは，たとえば「ものを秤で測る」ということだけが，この2つを結びつけることとは限らないということです。この時期は，量を数で示すことだけでなく，子ども自身の実感として数量の感覚が身につくことを大切にしていきたいものです。

　このように生活やあそびのなかで，具体的な経験を基に，感覚的に身についていくような数量に関する知識を，インフォーマル算数の知識といいます。この知識は就学後に，体系的かつ論理的，明示的に教えられるフォーマル算数の知識とは区別されています。たとえば，「同じように分ける」課題では，6歳では，条件にかかわらず，多くの子どもは同じように分けることができます。「同じように分ける」という行為は，「割り算」のインフォーマル算数の知識の1つといわれています。「割り算」ということばは知らなくても，また計算としての手続きがわからなくても，5歳児の後半では「分ける」という理解は感覚を通して，あそびや生活のなかでさまざまな形で理解されています。そのことが後のフォーマル算数としての「割り算」の基礎になっていくと考えられ

ています。

★ **コミュニケーションと言語**

〈つなげて話す，つなげて考える〉　5歳児になると語彙もかなり増えてきます。大人との会話も，一見，問題がなく，ことばを中心としたコミュニケーションが成り立ってきます。「あのね……，えっとね……」と自分なりに文脈を考え，つくりながら，自分のことばで相手に伝えようとする気持ちが強くなり，他者を意識しながら話すことが，少しずつ可能になっています。そして自分なりに物語やストーリーの筋道を立て，あそびのなかで具現化していき，「いま，ここ」を離れ，世界を広げていきます。

〈想像世界と現実世界〉　5歳児後半になると自分で「絵本」をつくることもあります。図10-6は，11月頃，けんがつくった『サンタはどうやっていえにはいるの』という絵本です。「さんたは。えんとつから　はいったりします。あと　えんとつのない　いえとかは。まどからはいったりします」「もっとふしぎなはいりかた」「サンタは。いまの　どは（あ）から　はいったりします。」という文字が書いてあります。「，」はなく「。」だけで書かれているのですが，自分が考えるサンタの不思議を，短い文で書いています。また裏表紙にもバーコードや「イオン」のシールをつけるなど，細かいところにまでこだわっています。絵本を読んだ経験，買いに行った経験，サンタを思い浮かべるときに感じる不思議をこのような形で表現できるのも，5歳児ならではの姿ではないでしょうか。さまざまな経験

図10-6　絵本の表紙と裏表紙

をつなげて考えること，また，絵本や文字の文化をまとう，ということがこのような姿からもみることできます。

〈抽象的なことばの理解〉　子どもは身近な語彙から覚えていきますが，ことばとして聞いたことはあるけれど，理解が伴っていなかったり，実感が伴っていなかったりもします。

運動会（9月中旬）の前，1か月間，年長クラスの保護者の方に家庭での子どもの「つぶやき」を記録してもらったことがあります（山名，2015，25頁）。ゆうが幼稚園からの帰り，自宅マンションの掲示物から「協力」という漢字を見つけて，母親に「なんて読むの？」と聞いたそうです。「『きょうりょく』と読むのよ。力を合わせましょうってことだよ」ということばを受け，「あっじゃあ，俺たちのリレーのことだね」という彼の姿に，驚いたと書かれていました。「リレーって何？　からはじまり，人数を合わせて走ること，みんな同じ方向に走ること，速くても遅くても次に待っている友達にバトンをつなぐこと。さらに，相手に勝つためには，クラスメイトで力を合わせること。速さや勝ちにこだわるだけのリレーをしているのではなく，いま，まさに子どもたちはリレーを通して多くのことを学んでいます」とも添えられていました。

3，4歳児のときに経験した運動会でも5歳児はリレーをしています。彼が5歳児になったいま，今度は自分たちがリレーをする番であり，そして自分たちのリレーをつくりあげていきます。そのような経験のなかで，間接的にかもしれませんが，「協力」という抽象的なことばが，彼にとって実感の伴うことばとして理解されたのではないでしょうか。「力を合わせてがんばりましょう」とお題目のように唱えるのではなく，自分が，いま，経験していることを思い出し，そういう意味だったんだ，と考えられる

ことが生きたことばを養うためには大切なことです。子ども自身にとって具体的で意味のある文脈を伴う経験が，ことばを豊かにすることにもつながるのではないでしょうか。

★ 対人関係と自我：他者との新たな関わり

　ある幼稚園では，遊戯室は5歳児しか入れない，というきまりがあります。でも彼らが楽しいあそびをしていたら，年少の子どもたちも入ってきたくなります。5歳児になりたての頃は，自分たちしかここではあそべない，という思いが強いがために，遊戯室に入ってこようとする年少の子どもたちに対して「だめだよ。ここは○○くみしかだめなの」と強い口調で制止します。しかし，そういう状況が続いてくると，「どうしてもあそびたいの？　そうしたら先生といっしょにおいで」と言ったり，きょうだいがいる場合は「いっしょだから大丈夫」と弟の手を引いてあそびに入ってくる姿も，みられるようになります。それこそ5歳児としての誇りや余裕を感じることができるようになってきます。5歳児は自分たちでルールをつくり，ルールに基づいてあそぶことができる一方，ルールを柔軟にかつ民主的に変えていきます。「こういうこともあるし，こういうこともある」「こういう場合には，こうしたらいい」と考えることができるようになります。

　さまざまな視点から物事を捉えることは，当然のことながら友達との関わりにも表れてきます。「○○くんはこういうところもあるけれど，△△のようなところもある」というようにさまざまな見方ができるようになるからこそ，仲間意識がより強固なものとして現れ，認めあい，つながりが深くなっていきます。友達に対して，多面的にみることができる，だからこそ，許すこともできるし信頼することもできる。そのような姿は，まさに「懐の深い5歳児」といえるでしょう。

3　5歳児の保育で大切にしたいこと

★ 自分たちで考えて，自分たちで決める

　5歳児の保育で大切なことの1つに，「自分たちのことを自分たちで考えて決める」（長瀬，2015）が挙げられます。5歳児はすでにその土台となる力を多かれ少なかれもっていますが，それは自分たちで考えて決めるという経験を通して磨かれていきます。

〈エピソード10-3〉　劇のセリフをみんなで決める

　2月の生活発表会では，子どもたちが1年間かけて楽しんできた「宝修行鬼」という，宝探しと修行と鬼ごっこがミックスしたあそびを劇にすることに。1月のこの日は「海の向こうの島に宝がある。その宝をどうやって取りに行くか？」について，みんなで話しあった。

　話しあいでは，「橋をつくる」案と「船に乗って行く」案が出た後，「みんなが乗れる大きな船をどうやって確保するか？」という疑問が出て，話は紛糾。そこへ，ゆうた（5）がぼそっと「海の動物にお願いするっていうのは？」とつぶやくと，たかし（5）「いいやん！　海の動物おるもんな！」と，話は大いに盛り上がる。

　ひろし（5）「クジラは？　クジラだったらみんな乗れるやん！」。あやか（5）「みんな乗れるんかな？　多すぎやん？」。ひろし「あ！　それにさ，なんかプシューって（潮が）出てきたらさ，飛ばされてしまうよな！　あ，それに食べられちゃうかも」と言うと，みんなが「えー‼」と言いつつ，「ほんまやあ！」「飛ばされる～！」「食べられるの？」と大笑い。保育者も「おもしろいなぁ」と笑っていると，たかし「そしたら，イルカとかは？」。ちはる（5）「イルカ～⁉」，だいき（5）「乗りにくくない？」，あやか（5）「それだと沈むよなあ」などの声。ひろし「とんがっとるところにつかまればええやん！　そしたら大丈夫！」と大笑い。

　こうして出されたことばを劇のセリフにしようと伝えると，子どもたちは「やったー！」と大喜び。その後も「でもさ，こんなのも……」と

> 延々と続ける子どもたちでした。

　クラスのみんなが意欲的かつ積極的に話しあいに参加している姿が微笑ましいエピソードです。こうした姿の背景には，これまでみんなで取り組んできたあそびの充実はもちろんのこと，「あなたが思ったことを何でも話していいんだよ」というクラス風土の役割も大きいでしょう。

　それは一朝一夕でできるものではなく，クラスの泣き笑いをともに経験するなかで自然と培われていきます。そして，5歳という年齢でいえば，いろんな見方や考え方を許容できる懐の深さが子どもに備わってきたこともやはり大きいのでしょう。以前よりも1歩引いて，相手を認めたり，許したり，いたわったりできるようになる5歳児です。「自分たちで考えて決める」は，自分の思いや考えを安心して表現できる場を，5歳児と保育者とがともにつくっていくことで実現していくのです。

★ あそびをみる目を豊かに

　〈脇道のあそびも楽しむ〉　あそびとは，1つにまとまったものではなく，いろんな他のあそびや生活経験とつながりあって，そのつど形を変えたりメンバーを変えたりしながら展開していくものだといえます。流動性や融合性，気ままさやいい加減さにこそ，あそびの本性があるのです。

　たとえば，5歳児が砂場に大きな穴を掘って，そこに水を流し込んであそんでいたときのこと。5歳にもなると自分1人ではなく仲間と共通のイメージをもって，協力してあそぶ姿が盛んにみられるようになりますが，ここでも大きな穴を「温泉」に見立てて，なんとか本物の温泉のように絶えず水が流れる仕組みをつくろうと数人で奮闘していました。試行錯誤を繰り返すなかで，子

どもたちは「水は高所から低所へと流れる」「水は隙間から漏れる」「水は砂に染み込む」といった原理に次々と気づき，彼らなりに工夫を重ねていきます。まさに科学的な探索・探究活動です。

　そんななか，砂や土も種類によって固まりやすさに違いがあり，その違いは何だろうという話に。すると，ある子どもがこんなことを言いました。「いま，幼稚園があるところにさぁ，１億年前に恐竜が住んでいて，その恐竜がよだれをたらして，それが土のなかに染み込んで，それで固まりやすくなったんじゃないの？」。この恐竜よだれ説は大人にとってはあまりにも突飛で説得力に欠けるものですが，子どもにとっては大いに納得のいくものだったようです。その後，何人かの子どもは，園庭でそれらしきものを見つけては，「これって恐竜のじゃない？」と，恐竜と結びつけながら探索・探究を楽しみました。また，別の子どもは，自作の「どろんこのうた」を家でつくってきました。２番までつくったその歌をクラスで発表すると，他の子も続きをつくりたいと言いはじめ，結局８番くらいまでの長い歌ができ上がりました。

　科学的な探索・探究活動というのがこのあそびの本道であったとすれば，後者のあそびは空想的で，脇道に逸れたあそびといえるでしょう。しかし，あそびの豊かさはこうした逸脱も含んだ局面にこそみてとれます。つまり，何か夢中になれることに出会うと，それをきっかけに子どものなかでいろんな想像がふくらんで，これまでの知識や経験がつながって，そうして数多くの脇道を含んだ多面的なあそびへと発展していく。２, ３歳だと「ハチャメチャ」，４歳だと「うねうね」揺れ動いていたものが，５歳だと１つひとつが「それなりに形あるもの」になっていくから不思議です。

　あそびは１つにまとまったものではなく，多種多様に形を変え

るもの。多種多様なあそびのなかでこそ，子どもは多種多様な姿をみせるのです。5歳児の保育においては，こうしたあそび観を大切にしていきたいものです。

〈揺れ動きを楽しむ〉　想像的探険あそび（藤野，2008；コラム⑦も参照）は，5歳児が大好きなあそびの1つです。このあそびの主題である架空の想像物は，謎めいていてめったに出会うことがないため，子どもの興味が持続しやすいのが特徴です。とはいえ，4歳児では経験したできごとどうしを自分のなかでつなげることがまだ困難なため，謎の解明へと向かう探索・探究も保育者の支援がないと単発で終わってしまいがちです。その点，5歳児は違います。彼らは独力で経験したできごとどうしをつなげることができるので，その探索・探究は絵本などの物語の力も相まって，より広がりや深まりのあるものになるのです。

　想像的探険あそびは早くて2，3歳頃からみられますが，その頃はまだ想像と現実の区別が十分でないため，想像上の脅威を現実の脅威として感じすぎないような手立てを，保育者は講じる必要があります。他方，4，5歳頃になると想像と現実とがある程度区別できるようになるため，こうした心配は少なくなります。しかし，それでも保育者が巧妙な本物らしい仕掛けや演出を施すと，子どもたちの認識は「うそ？　ほんと？」と大いに揺れ動き，真実を求めた探索・探究にも熱が入るようになります。

　揺れ動くなかで，子どもは普段とは異なる姿をみせます。本気の謎解きや冒険が子どもの多様な姿を引き出すのです。そのことは保育者による深い子ども理解へとつながり，子ども自身も普段とは異なる姿をみせあうことで，互いに打ち解け，集団としての連帯感を強めていきます。何よりも保育者と子どもがともに同じ目線で楽しめるのがこのあそびのよさであり，保育者の意図した

204 第Ⅱ部 人間の発達と乳幼児期

〈コラム⑦〉 あそびを育てる専門性

　保育の仕事に対する社会的認識が高まるにつれて，以前のように子ども
とあそぶだけの簡単な仕事だと思われることは少なくなりました。とくに，
あそびを通して子どもがさまざまな学びを経験していることが明らかとな
るなか，あそびを育てることが保育者の専門性の1つとして位置づけられ
るようになってきました。

　一方で，子どもとあそべない保育者が増えてきたという話を聞くことも
多くなってきました。あそびはもちろん，保育者による一定の指導を必要
とする活動ですが，その指導性が強くなりすぎると，保育者と子どもとの
間に緊張感が生まれ，あそび本来の楽しさが損なわれてしまいます。あそ
びを育てなくてはならない，あそびをしかるべき方向に導かなければなら
ないと保育者が肩肘をはってしまうと，子どもの気持ちはあそびから離れ
てしまいます。

　こうした緊張感を和らげるのが，保育者のあそび心です。ここでは探険
あそびを例に，保育者のあそび心について考えてみたいと思います。

　探険あそびの代表的な実践を取り上げた書籍に『エルマーになった子ど
もたち』（岩附・河崎，1987）があります。ガネットによる『エルマーの
ぼうけん』のお話が大好きな子どもたちが，遠足先でエルマーが冒険のな
かで出会うりゅうや猛獣を見つけるために探険に出かける実践です。

　この実践のなかで，保育者である岩附は，物語の最後に「その後エルマ
ーとりゅうのゆくえはだれも知りません。どこへ行ったのでしょう。みん
なのそばにひょっとするとエルマーとりゅうはかくれているかもしれませ
んね」「むかし，おじいさんが片田の山へ出かけていったとき，ほら穴の
なかにりゅうのしっぽをチラッと見たことがあるって聞いたことあるよ」
と，子どもたちの身近に，エルマーやりゅうが存在する可能性を示唆する
ことばを加えます。実際，子どもたちが出会うりゅうや猛獣は，子どもの
「過剰解釈」（岩附・河崎，1987）によって生まれたファンタジーではあり
ますが，子どもたちのなかに非常に強い印象を残します。

　「エルマー」の実践以降，保育現場ではこうした探険あそびの実践が数
多く取り組まれるようになりました。もちろん，子どもたちと楽しいあそ

びをつくりあげた実践も数多く報告されていますが，一方で，子どもたちに探険をさせることが目的となり，物語を読んで探険に行くという，パターン化された実践に陥りやすいということも聞かれます。

ここで大切になるのが保育者のあそび心です。実践記録を読むとわかりますが，岩附のことばは，子どもたちとエルマーの世界を楽しみたいという純粋な気持ちから発せられています。それは，岩附が自宅の百科事典のなかに，エルマーの絵本に出てくるスカンクキャベツを発見したとき，早く子どもたちと発見を共有したくて興奮したという記述にも表れています。保育者自身が，子どもとともに想像世界を楽しみたい，その世界を探究したいと考えているかどうか，これこそが保育者のあそび心といってよいでしょう。

こうしたあそびを楽しむためには，同僚保育者の協力が欠かせません。担任保育者が子どもたちと関わっている間に，こっそりと「仕掛け」を準備するようなこともあります。「これはりゅうの足跡だ！」といった子どものことばに，いっしょに驚いてみせるだけでも，ファンタジーの世界は広がります。周囲の保育者が物語の世界を楽しんでいるかどうかは，ちょっとした表情にも現れるものです。優れた実践は，こうした同僚保育者のあそび心にも支えられているといえます。

ストーリーに子どもをのせることでは決してないのです。5歳児の保育でこそ取り組んでほしいあそびの1つといえるでしょう。

★「できる」「わかる」喜びに寄り添う

　5歳児は園の花形です。子どもたちも「自分たちは園で一番大きいんだ」という誇りを胸に，自分たちの身の回りのことから小さい子どもたちのお世話まで，勇んで買って出て，精力的に動き回ります。周囲の大人たちも最初は「さすが5歳児だね」と称賛の声をかけますが，小学校への入学が間近に迫ってくると，次第に「5歳児だから！」という期待の声や，「5歳児なのに……」という焦りの声が多くなっていきます。

　もちろん，周囲の期待に次々と応えていく5歳児もなかにはいることでしょう。しかし，5歳児がすべてそうであるとは限らないことを，保育者はよく理解しておく必要があります。

　周囲のふくらみ続ける期待や焦りは，5歳児を追い詰めます。5歳児の「できる」「わかる」喜びは，いつしか「できなくては」「わからなくては」という焦りや不安に取って代わられるのです。すると，これまではあまり気になる姿が目立たなかった子どもでも，気になる姿がみられるようになる（長瀬，2015）から不思議です。「できていた，わかっていたはずなのにどうして？」と周囲の大人たちは思うでしょう。そして，「できない」「わからない」のは本人の努力や態度の問題だと考え，「できるでしょ！」「どうしてやらないの？」とつい口走ってしまうのです。

　このように5歳児の保育では，大人の期待や焦りによって，子どもの本当の思いや姿を見失ってしまいがちです。また，考えながら行動する力を身につけはじめた5歳児だからこそ，そうした期待や焦りにも敏感に反応し，つい「それなりに形あるもの」にしてしまうのです。たとえば，運動会や発表会などの行事はその

最たる例でしょう。大人たちは「さすが5歳児」とまた称賛するかもしれませんが，それが彼らの本当の喜びや楽しさにもとづくものなのかどうかは，問い直してみる必要があります。

「できる」「わかる」ようになった5歳児だからこそ，周囲の大人たちがその喜びや楽しさにじっくりとていねいに寄り添うことが大切ですし，その喜びや楽しさこそが小学校以降の学びへの意欲ややり抜く力の土台となっていくのです。

【付 記】

エピソード10-2は中村弥保さん・北澤由香里さん（鈴鹿市立幼稚園），図10-1・10-2のエピソードは佐藤絵里さん（桑名市立幼稚園），エピソード10-3は伊勢谷真未さん（鈴鹿市立幼稚園），「脇道のあそびも楽しむ」のエピソードは上屋知子さん（桑名市立幼稚園）から許可を得て掲載させていただきました（一部修正あり。その他のエピソードは筆者らによる）。記して感謝申し上げます。

第11章 就学前後の子どもたち

1 就学前後の移行期を考える

★ 園から小学校へという環境移行

 幼稚園,保育所,認定こども園から小学校への就学は,程度の差はあれ,すべての子どもに緊張をもたらす環境の変化といえるでしょう。劇的な環境の変化への適応を求められながらも,子どもたちの生活は続きます。

―〈エピソード11-1〉 あやとウバユリ―

 4歳児の11月に,保育園行事の里山自然体験でウバユリの果実と種子（図11-1）を教えてもらった翌日,保育園の散歩コースで,あやがウバユリを発見しました。何度も何度も通った道ですが,それまで気がつかなかったのです。それから卒園するまでの1年半,子どもたちは担任といっしょに,大好きな散歩コースの大好きなウバユリを,何度も何度も見に行きました（図11-2）。発見者のあやはとくに気にかけていて,休日に保護者を案内してウバユリを見に行くほど

図11-1 里山のウバユリの熟した果実（11月）

でした。

　小学校就学後、あやは学校と学童保育という新しい環境になかなか慣れることができませんでした。クラスの友達への声のかけ方がわからず、1人で過ごすことが多くなりました。緊張したり不安になったりすると、朝の会や授業中でも何度もトイレに行きました。学童保育も保育園からの友達がおらず、不安を抱えたまま通いました。ある日、登校中に不意に雨が降り出し、傘もなく雨に濡れてしまったランドセルや制服で登校することができず、泣きながら帰宅することもありました。

図11-2　あやたちが散歩中に見つけたウバユリ（7月開花時）

　少しずつ少しずつ小学校に慣れ、6月頃にはアサガオの水やりを張り切ってするようになっていました。あやは、小学生になってからも、お母さんといっしょに何度もウバユリを見に行きました。ウバユリを見に行った帰りに園に寄り、担任にウバユリの報告をするのでした。担任は「ウバユリといえば、あややもんね！」と笑顔で応じます。季節は移り秋になり、「ウバユリの種、そろそろ飛んだかな……お母さん、また見に行かんなんね！」と、あやはお母さんと話しあうのでした。

　季節は流れ、小学校3年生になったあやは、同じ学童保育の1年生や2年生に得意の一輪車を披露し、手取り足取り乗り方を教えているそうです。けん玉の級位認定も目指しています。5月下旬の運動会のときには、3、4年生が披露するダンスを覚えることができず、悔しくて涙を流したこともありましたが、友達と声をかけあって自主練習をし、運動会当日は力一杯踊りきりました。

　就学直後のあやの戸惑いと葛藤は、相当なものであったことでしょう。小学校生活に慣れるまでにある程度の時間を必要とする子どもは、少なくないようです。2017年度に、筆者は小学校2年生の保護者を対象に「子どもが小学校生活に慣れたと感じた時

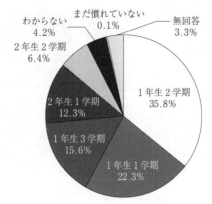

図11-3 子どもが小学校生活に慣れた時期
（小学校2年生の保護者の回答）

期」を質問紙調査で尋ねました。853名から得られた回答を確認しますと、1年生1学期で慣れた子どもは2割にすぎず、1年生2学期が4割足らず、1年生3学期が2割足らずでした。2割の保護者は、小学校2年生以降に小学校に馴染んだと回答しました（図11-3）。

小学校生活に慣れるということは、大人が思うほど容易なことではなく、子どもたちは、それぞれに必要な時間をかけて、ゆっくりと馴染んでいくようです。ではなぜ、小学校に馴染むまでにこのように時間がかかるのでしょうか。就学前と就学後とでは、何がどのように異なるのでしょうか。

★ 園と小学校では何がどのように異なるのか

幼児教育と小学校教育の相違の一部を表11-1にまとめました。表11-1のカリキュラムとは、一般的に教育課程と訳され、学習内容の範囲や順序を意図的、計画的に編成したものです。実際には表のように厳密に区別されるものではなく、小学校教育におい

第11章　就学前後の子どもたち　211

表11-1　幼児教育と小学校教育の相違

	幼 児 教 育	小学校教育
目　　的	・方向目標中心 …「味わう」「関心をもつ」のように育ちの方向性を示す	・到達目標中心 …「できるようにする」のように共通の到達点を目指す
方　　法	・間接教育中心 …環境を通した教育 ・自分で決めた課題を自分で達成する	・直接教育中心 …教材教具を通した教育 ・教科の課題に既存の方法で対処する
教 育 課 程	・経験カリキュラム …子どもの内在的な要求に基づき経験を組織する ・あそびや生活を通して総合的に学ぶ	・教科カリキュラム …学問の体系に基づいて構成される ・各教科の学習内容を系統的に学ぶ
評　　価	個人内評価を重視	到達度評価を重視
個 と 集 団	1人ひとりがつくる集団	集団の一員としての子ども

（出所）　善野・前田，2012；木村，2016より作成。

　て方向目標が設定されたり，幼児教育に直接教育が取り入れられたりすることもあります。学んだことが内容になる幼児教育と内容を学ばせる小学校教育（木下，2010）という指摘もあります。

　幼児教育は生活を通して自分という形を確かにしていく営みであるのに対し，小学校教育は教科を通して知識や技能，態度などをその形に注ぎ込むものであるように思えます。そして，保育者は，子どもがどこをみているのかを探り，同じものをみたり同じ方向をみようとしたりする一方で，小学校教諭は，所定のみるべき方向を指し示し，子どもがそこをみているかどうかを評価しているという見方もできそうです。両者は，子どもの発達を保障するという役割を共有していますが，実際の運用においては異なる施設，機関であるといえるのかもしれません。

★ アプローチカリキュラムとスタートカリキュラム

　小学校就学前後の「段差」を緩やかにすることを目指し，アプローチカリキュラムとスタートカリキュラムの作成と実施が提唱されています。アプローチカリキュラムとは，幼児期の学びが小学校の生活や学習で生かされてつながるように工夫された5歳児後半（10月以降）のカリキュラムですが，小学校教科学習の事前指導ではありません（木村，2016）。午睡をなくしたり，集団あそびや話しあいなどの集団活動を設定したりします。一方で，スタートカリキュラムは，小学校入学後1か月を目安に実施される合科的・関連的カリキュラムです。たとえば，「がっこうだいすき」という単元は，学校を探検する（生活科），気づいたことを絵で表現する（図画工作），絵で表現した内容をことばで伝える（国語）という学習活動で構成されます。探検という経験を核に据えた授業，ことば以外での表現の奨励，教科別ではない総合的な学習は，幼児期の育ちや学びを踏まえたものといえそうです。

　「スタート」という表現は，小学校から教育が始まるという印象を与えますが，小学校教育はゼロからのスタートではなく，幼児期の育ちや学びからつながるものであるという理念に裏打ちされています。2020年度から実施される小学校学習指導要領総則において，小学校入学当初における合科的・関連的な指導の工夫や指導計画の作成が規定されましたので，今後，スタートカリキュラムのさらなる普及が認められるようになるのかもしれません。

★「段差」は悪しきものなのか

　小学校就学前後に存在するとされる「段差」は，たいてい取り除くことが望ましいものとして扱われます。その一方で，段差はあって当然なのであり，それをどう乗り越えさせるかが重要だ（福島大学附属幼稚園ら，2011）という見解も存在します。

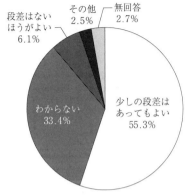

図 11-4　就学前後の段差に対する小学校 2 年生の保護者の考え

　先ほどと同じ質問紙調査で「小学校の就学前後の段差やギャップについての考え」を尋ねたところ，図 11-4 のような結果が得られました。自由記述では，「新しい環境に飛び込むという経験は，ストレスもあるとは思うが大事なことだと思う」「無理に小学校を意識しなくてもよいと思います」という回答が得られました。この調査は小学校 2 年生 3 学期という，おそらくは子どもとともに「段差」を乗り越えた後の保護者の意見ですから，「段差」に直面している当時の意見とは異なる可能性もあります。ですが，小学校 2 年生の保護者の半数が「段差」を前向きに捉える一方で，「段差」はないほうがよいと考える保護者は 1 割に満たないという結果は興味深いものがあります。保護者自身も子どもの就学後数年をかけて，小学校に馴染んでいくのかもしれません。

★ そもそもそれは「段差」なのか

　「段差」という表現は，一段低い幼児教育から，一段高い小学校教育への移行を思い描かせます。さらには，子どもや保護者，

214　第Ⅱ部　人間の発達と乳幼児期

保育者が頑張れば乗り越えられる，あるいは頑張って乗り越えるべきものという印象も与えます。しかし，これまで論じてきたように，就学前後の相違は，段差のような段階的なものというよりは，厳然たる枠組み（運用）の違いがあるように思えます。それは，就学前後のカリキュラムを調整すれば解消されるような性質のものではないのかもしれません。

　就学前後の連携は意味がないといいたいのではありません。たとえば，アプローチカリキュラムやスタートカリキュラムの作成や実施を通して，それぞれの子どもの状態を捉えることができれば，また，それぞれの子どもの多様性を認識し受容することができれば，意味のある次の一歩が踏み出せると思います。幼小連携は，1日も早く小学校の授業が成立するために企図されるものではありません。保育者や教師にとって都合がよいように子どもを統制するためのものでもありません。小学校の教師にとっては，多様な施設，機関から就学してくる子どもたちを知り，受けとめ，それぞれの足元に足場をつくるためのものであることを願います。

　ここに至り，発達という子どもの見方の重要性と有用性が立ち上がってきます。目の前にいる子どもたちは，それぞれ，どのような道筋をたどってここにいるのか，いま，どのような状況にあるのか，そして，これからどのように歩みながら自分をつくり，学習を重ねていくのか。子どもたちの来し方行く末を巨視的に見通し，かつ微視的に追究するという姿勢を，子どもを取り巻く大人が有すること，それが就学前後に現れる子どもの戸惑いを緩やかに受けとめる環境を生み出すのではないでしょうか。そして，存分に戸惑うことを許された子どもたちは，それぞれに必要な時間をかけて，就学前後の枠組みの違いを知り，受けとめ，その枠組みに自分を合わせたり合わせなかったりしながら，歩みを進め

ていくことでしょう。

2 接続期の発達の特徴

★ 発達の過程からみる接続期

就学前後の接続期は、ピアジェの発達段階論（第4章，表4-1）では前操作期（2～6歳頃）から具体的操作期（6，7～11，12歳）へ、ワロンの発達段階論（第4章，図4-3）では自己主張の段階（3～6歳頃）からカテゴリー的思考の段階（6～12歳頃）への移行期に相当します。小学校から始まる教科ごとの系統的な「学習」と、連綿と続く「発達」とを厳密に分けて考えることは難しいという認識をもちつつも、「発達」という事実を確認しながら、接続期の子どもたちについて考えてみたいと思います。

★ 具体的操作期と保存課題

ピアジェが提起した具体的操作とは、具体的で日常的な事物や事象について、心のなかで動かすなどの操作をしながら考えることです。具体的操作が可能かどうかを確かめる課題の1つに、保存課題があります。

保存課題（図11-5）では、子どもに同じ2つの系列を見せた後、子どもの見ている前でどちらか一方の列を変化させます。その後、どちらが多い（長い）か、または同じかを尋ねますと、前操作期の子どもは視覚的な現実に強くとらわれ、変化させた系列のほうが多い（長い）と回答します。具体的操作期では、実際に石や水に触れなくても、心のなかで変化する前の状態に戻すという心的操作や、水の容器の一方は高いけれどもう一方は幅が広いといった相補的な思考が可能ですので、課題に正答することができます。数や長さの保存は具体的操作期の初期に獲得され、その

相等性の確定	変 形 操 作	保 存 の 判 断

液量

容器の形や大きさの変化によっても，そのなかの液量は変わらない。

どちらも同じ入れ物のなかに色水が同じだけ入っていますね。	こちらの色水を別の入れ物に全部移し替えます。	さあ，色水はどちらも同じだけ入っていますか。それともどちらが多いかな。

数

集合内要素の配置の変化によっても，その集合の大きさは変わらない。

広げる

白色の石と黒色の石とでは，どちらも数が同じだけありますね。	いま，黒色のほうを並べ替えてみます。	さあ，白石と黒石とでは，その数は同じですか。それともどちらが多いかな。

長さ

物の形や位置の変化によっても，その物の長さは変わらない。

曲げる

2本の糸は，どちらも長さが同じですね。	いま，こちらの糸を，ヘビのような形に変えてみます。	さあ，今度も2本の糸の長さは同じですか。それとも，どちらが長いかな。

図 11-5　さまざまな保存課題

(出典)　野呂，1983；山名，2010 より作成。

後，液量や重さ，体積などの保存概念の獲得が続きます。

　さて，自分と友達でたこ焼きを分けたところ，自分は大きめのたこ焼きが3つ，友達は小さめのたこ焼きが5つだったとします。前操作期の子どもは，たこ焼きの個数に固執し（大きさに固執する場合もありえます），友達のほうがたこ焼きが多いと不満に思うかもしれません。一方で，具体的操作期であれば，自分のたこ焼きの個数は少ないけれども，大きめだから（体積は）同じくらいだろうと相補的に考えて，3個でも納得できるようになるというわけです。

図11-6 一次的ことばから二次的ことばへの移行
(出典) 岡本，1985より作成。

★ 一次的ことばと二次的ことば

　岡本（1985）は，就学前後のことばの発達を，話しことばから書きことばへという単純な図式ではなく，一次的ことばから二次的ことばへの移行という新たな枠組みを用いて解説しました（図11-6）。一次的ことばとは，具体的現実場面について，特定の親しい人と会話式で交わされる話しことばです。たとえば，子どもが自宅でケーキを食べながら，そばで見ているお母さんに「おいしい」と言うときや，週が明けた月曜日に，前日の日曜日に動物園に行ったことを園の保育者に話すときに交わされます。対して，二次的ことばとは，現実を離れた場面について，不特定の相手に対して一方向的に発せられる話しことばと書きことばです。たとえば，小学校の授業で，教師に郵便局はどのようなところかを問われ，クラス全体に対して回答する際のことばが相当します。

　小学校就学後も一次的話しことばの発達は続き，そのうえに，二次的話しことばと書きことばの層が成立すると考えられています（図11-6）。一次的ことばは，二次的ことばの礎となるということを踏まえますと，小学校就学前は，一次的話しことばに存分に浸ることが望ましいといえそうです。そして就学後は，一次的話しことばを使用する機会を十分に確保しつつ，まとまりをも

〈コラム⑧〉 乳幼児期の学びとは

新しい「保育所保育指針」「幼稚園教育要領」そして「幼保連携型認定こども園教育・保育要領」が 2018 年の 4 月から施行されました。改定の特徴の 1 つとして，「幼児期の終わりまでに育ってほしい姿」が示され，小学校以降の教育との連続性が強調されるようになりました。そのなかで，乳幼児期は「学びの芽生え」の時期として位置づけられています。学習は人間の発達においても重要な機能ですが，就学前の子どもたちの「学び」とはいったいどのようなものでしょうか。

「学び」と聞くと，小学校以降の教科における知識や問題解決のスキルの獲得がまっさきに想像されます。では，乳幼児期の学びも同じように考えて，小学校で習う内容を先取りして，年齢の小さいときからどんどん教えて学ばせればよいのでしょうか。いえ，それではその場にいる子どもを無視した単なる早期教育にすぎません。

そもそも，乳幼児期においては，豊かな「あそび」を保障することで，結果的に「学び」が豊かになります。あそびは，その活動自体を行うことが目的となる活動です。「おもしろいから」「楽しいから」「不思議だから」といった気持ちが根底にあり，その活動に没頭しているとき，その子はあそんでいるといえます。この過程で，子どもたちは自然とさまざまなことを生きた知識やスキルとして学んでいます。

一方で，子どもが何に興味や関心をもち，好奇心をくすぐられているかについては，大人からははっきりとはわかりません。保育者の側にも環境構成をする際にある程度ねらいがありますが，必ずしも子どもたちはそのねらいにのってくるとは限りません。むしろこちらが想定していた活動とはぜんぜん違う流れになってしまうことも多々あると思います。そのため，保育における「学び」とは，あるあそびのなかで「結果的に」獲得した知識やスキルであり，その内容を一律に決めることはできません。しかし，このような「学び」で，はたしてよいのでしょうか。

ヴィゴツキーは，就学前の子どもたちが学んでいる内容を「生活的概念」と名づけました。生活的概念とは，個人の具体的な経験に根ざしていますが，無自覚的で言語化が難しい概念です。対照的に，学校教育を通し

て学習した言語化された抽象的な概念のことを「科学的概念」といいます。これは科学的概念が正しくて，生活的概念が間違っていることを意味しているのではありません。子どもが科学的概念を獲得し，自覚的に扱えるようになるためには，生活的概念が一定水準に達している必要があります（柴田，2006）。両概念は対立しているのではなく，相互作用することで，さらに発達していきます。科学的概念は，生活的概念を通じて，抽象的な内容をよりリアルに具体化し，生活的概念は，科学的概念の獲得を通して，無意識的だった内容を言語化していきます。科学的概念と生活的概念は互いに相補的な関係となっているのです。

　したがって，乳幼児期では，生活的概念を豊かにすることが重要だと考えられます。そのためには，生活のなかで営まれるあそびを充実させ，さまざまな活動を行える環境を整える必要があるでしょう。大人が決めたねらいを達成するような活動を子どもに強いてもあまり意味がなく，さまざまな要素が入り交じるあそびを中心としたほうが，子どもの多様な経験を保障できると考えられます。くわえて，保育者自身もあそびや活動を率先して楽しむことで，それを見た子どもたちは自分もあんなふうにやってみたいとあこがれを抱きます。あこがれがきっかけとなり，あそびの可能性や活動の幅が広がっていき，いまの自分より少し背伸びした姿もみせてくれるでしょう。

　ここまで，「学び」について考えてきましたが，最後に1つ心に留めておきたいことがあります。それは，学ぶ時間を保障すると同時に，学ばない時間も保障するということです。1日のスケジュールが決まっていて，四六時中何かを学ばないといけないというのでは息が詰まってしまいます。また，あるあそびに没頭した後に，時間が来たからすぐに切り替えろと言われても，簡単には切り替えることはできません。楽しいあそびが終わった後には，その余韻に浸れる時間や頭のなかを空っぽにして心や身体をクールダウンさせる時間が必要です。むしろこのような学ばない時間を保障することで，次のあそびや学びに子どもたちは自主的に向かっていけるのではないでしょうか。

った内容を筋道立てて話す（木下，2009）といった二次的話しことばの習得を丁寧に支援していきたいと思います。

★ 書きことばの獲得

子どもたちは小学校就学前から，園の棚の自分の名前，カレンダー，保護者向けの掲示など，多くの書きことばに囲まれて生活しています。第10章の〈文字への興味・関心〉で触れられているように，大好きな友達に手紙を書いたり，周囲に必要な情報を伝達したり（「はいらないでください」「うめじゆうす（梅ジュース）あります」）しながら，生活やあそびの必然性のなかで，文字で伝えることの喜びやうれしさを携えて，文字を読み書きする世界に分け入っていきます。

就学を前にして，平仮名の書字の習得に焦る保護者や保育者は少なくないと思います。しかしながら，幼児が平仮名を書くときには，「音韻意識（音韻認識）」や「視覚認知」に加え，「視覚と運動の協応」が求められます。「音韻意識」とは，ことばの音に注意を向けて操作する能力のことで（高橋，2017），「音韻意識」が育っていると「あたま」の最初の音の「あ」を抜き出すことができます。「視覚認知」は，図形の形態などを視覚的に把握し，思い出す力です。「協応」とは複数の機能が連動して働くことで，書字の場合は，視覚的に捉えた対象に対して，筆記用具を持った手腕を適切に操作することなどが挙げられます。以上のように，平仮名の書字は，実は複雑で困難な活動です。認知や運動の機能が十分に発達していない状態で書字に取り組むことは，避けたほうがよいのかもしれません。

小学生の平仮名の書字について，小学校1，2年生では「視覚と運動の協応」や「図形の模写」が関連していたけれども，小学校3年生ではその関連性が消失したという報告があり，「視覚と

第 11 章　就学前後の子どもたち　221

運動の協応」は，小学校低学年を通じて滑らかになっていくこと
がうかがえます。平仮名の書字に関しては，小学校中学年頃まで
という中長期的な展望をもって支援することも考えられそうです。

★ 生物についての素朴理論

　日常的な経験を通して身につけたまとまりのある知識を素朴理
論と呼びます。生物に関していえば，子どもは5歳までに生物と
無生物を区別しており，生物は食べ物や水をとり入れて活動し，
余った活力で成長するが，無生物はそういうことはないという理
論を採用しているようです。また，「食べ物を食べる理由」につ
いて，幼児は，「おいしいものを食べたいから」（意図的因果説明）
では納得せず，かといって「体にとり入れるため」（機械的因果説
明）とも考えられないようで，6歳児の約半数は「元気が出る力
をとるため」という生気論的因果説明を選択します。ほとんどの
大人は機械的因果説明を選択するのですが，その選択率は8歳児
でも6割であり，小学校低学年の間は，大人と同じように説明を
することは難しいのかもしれません。

　私たちは，新奇なものに出会ったときに，それを人間のような
ものであると仮定することによって理解しようとします。この方
略を擬人化といい，幼児の素朴生物学の基礎をなします。ある園
で，ウサギの飼育を始めて3か月ほど経った頃，年長児が「（ウ
サギのケージを）絶対揺らしたらあかん！ 揺らされて嫌だって言
ってる！」「（ウサギに対して）おはよー，ぼくみたいにだらだら
しとる」と発言しており，人間に関する知識を用いて推論をして
いるといえるでしょう。擬人化は，生物学的知識が乏しいなかで，
知的に洗練された推量をしようという能動的な試みです。稲垣・
波多野（2005）は，擬人化の有用性を指摘し，小学校以降の学校
教育においても，子どもの擬人化の利用を教師が予期し，認めた

うえで，同時に擬人化の限界に気づくように支援することを提案しています。

3　接続期の課題と大切にしたいこと

★ ゆっくりじっくりと一次的ことばを楽しむ

　岡本（1985）は，一次的ことばが十分に成熟していない状態で二次的ことばの教育がなされると，一次的ことばが貧相になるのみならず二次的ことばをも危うくすると説きます。以下，5歳児の生活と一次的ことばについて，考えてみましょう。

　5歳児になると，クラス全員の前で自身の意見を表明する機会も増えてきます。小学校のように，特定の子どもが指名され，起立して意見を言うよう求められますが，指名された途端にもじもじしはじめて無言が続き，しびれを切らした保育者が「忘れた？」と問いかけたり，保育者のほうを向いて一生懸命に話していると「先生じゃなくて，みんなに向かって話して」と指摘されたりするのも，よく見かける光景です。小学校就学を念頭に置いた意図的な指導だと思うのですが，就学前から二次的ことばへの移行を焦りすぎなくてもよいように思います。たとえば，座ったまま話す，会話形式でやり取りする，保育者に向かって話す（ことを奨励する），保育者が話された内容を繰り返してクラス全体に伝える，わかりにくい部分を保育者が質問で引き出す，子どもが言いたいことを保育者が推測して提案するなどしながら，一次的ことばとしてのやり取りを充実させていきたいと思います。そして，時には，子どもと保育者の2人きりで，目の前の物事についてゆっくりじっくり語りあう……そんなぜいたくな時間がふっと生まれる日々であってほしいと思います。

★ カンカンガクガクの話しあいに浸る

　5歳児を対象とするアプローチカリキュラムでは，「ドッジボールをしよう」「リレーをしよう」「お店屋さんごっこをしよう」といった特定のあそびや活動における集団での話しあいを推奨しています。ドッジボールやリレーでは勝敗が決まりますから，勝負にかける5歳児が，目を血走らせながら提案をしたり（たまに命令したり）する姿が思い起こされ，それらもとても貴重な機会であることはいうまでもありません。しかし，日常の生活のなかの話しあいにも目を向けていきたいものです。たとえば，いまから歩いて行く公園をどこにするのか，その公園で何をしてあそぶのか，遠足で捕まえてきたザリガニは何を食べるのかといったような生活に根ざした課題について，子どもどうしでじっくりと話しあう，ときにはカンカンガクガクと渡りあうような機会もほしいと思います。節分の日にやってくる鬼にどのように対峙するのかといった想像的探険あそび（第10章〈揺れ動きを楽しむ〉）での，5歳児ならではの丁丁発止のやり取りも見ものです。保育者が設定した（ことが明らかな）課題，子どもの得意や不得意が目立つ課題，特定の子どもだけが活躍する課題，望ましい回答が容易に推測できる課題について，挙手と指名を待ちながら話しあうだけでは，必然性と実感を伴う「協同性」を培うことは難しいように思います。

★ 保育のなかの科学

　「大根の葉っぱはチクチクしてるから，水の栄養が取られて割れるのかも（エピソード10-2）」「（1億年前の）恐竜がよだれをたらして，それが土のなかに染み込んで，それで固まりやすくなったんじゃないの？（第10章〈脇道のあそびも楽しむ〉）」という発言を耳にしたとき，みなさんはどのような対応をされるでしょ

うか。話に加わるのか，加わらないのか，もし加わるとするなら
ばどのように……。「水に栄養はないよ！」「このあたりには恐竜
はいなかったんじゃないかな」と，科学的に正しいとされる回答
をつい伝えたくなったり，あるいは誤った考えを正さなければと，
無闇に焦ってしまったりするかもしれません。

　科学とは，身の回りのあらゆるできごとについて，常に"な
ぜ？"と考える姿勢に支えられています。子どもが考えた"な
ぜ？"の内容が，未熟であったり正解でなかったりしたとしても，
与えられた情報を用いて，自分で考えるという行為そのものが重
要なのです。科学的に正しいかどうかということよりも，自分で
筋道を立てて考えたことを受けとめ，そのことの尊さを伝えてい
きたいと思います。

★ もっとできるしもっとやりたい１年生

　小学校教育のカリキュラムを論ずる奈須（2012）は，幼稚園児
は包丁や火を使用してカレーをつくることができるのに対し，小
学校２年生の生活科ではそれらをすべて教師が担当するという逆
転現象を紹介します。ほかにも，１年生の給食の準備をすべて６
年生が担当するなど，１年生が本領を発揮する機会を奪い，実際
よりも低い水準を設定するという事態が散見されます。子どもは
教師の枠に適応して行動するので，結果的に教師が予測した通り
の頼りない１年生が教室に現れます。教師の思い込みが１年生の
学びや育ちを押しとどめている（奈須，2012）というわけです。
１年生は，本当はもっとできるし，やりたいとも思っている。小
学校の教師は，スタートカリキュラムの作成を通して１年生の実
力を知り，その実力を発揮する機会を設けてほしいと思います。
ちなみに，幼小連携活動での１年生の輝きっぷりたるや。年中児
や年長児を前に，存分に（時に必要以上に）張り切る１年生は，

まるで，本当の自分を取り戻したかのようなきらめきです。1年生が自分を取り戻すという意味では，幼小連携活動は，1年生にこそ必要であるといえるのかもしれません。

★ 水を流す5歳児と水を止める1年生

　7月のある暑い日に，幼稚園年長児と小学校1年生の幼小交流活動がありました。1年生は生活科の授業として参加し，その日は「いっしょに砂場であそぶ」という活動内容でした。

〈エピソード11-2〉　1年生は配水管を縦にする

　小学校1年生のかほ，あやね，らんこ，かおるが，木製の足場2体の上にプラスチックの配水管を置き，配水管の一方から水を流し，もう一方から流れ出るようにしました。年長児3名は，子どもが運べるサイズのポリタンクに水を運んできては配水管に流して楽しんでいます。

　しばらくして，かはが，おもむろに配水管を持ち上げ，砂場に垂直に立てました。すかさず，あやねが配水管を手で支え，らんこは配水管の足元を砂で固めます。水を運んできたかおるが，配水管の上から水を流し入れます（図11-7）。配水管を引き抜くと，たまっていた水が砂場に流れ出ました。年長児のむつきは，その水の流れに沿って砂場を細く掘り続け，「道ができた」とつぶやいています。

図11-7　立てた配水管に水を流し入れる1年生

　1年生4名は，配水管の足元の砂を高く固めたり，水の量を多くしたりしながら，「水のたまった配水管を引き抜いて一気に水を流す」あそびを繰り返します。

図11-8　流れてくる水に気づいた年長児（手前）

全員で「いっせーのーで‼」と声を揃えて配水管を引き抜き，大量に水が流れ出たときには，「きぁ〜〜‼」と高い声で叫びながら走り回る4

名。その水がちょうど**むつき**の道に到達し，川ができました（図11-8）。

　かほは，なぜ配水管を砂場に立てたのでしょうか。他のグループにも，配水管に傾斜をつけずに水平にすることにこだわってみたり，半円の竹に大量の砂を入れたうえで水を流してみたり，立てた配水管に水だけでなく砂を入れてみたりと，まるであえて障壁をつくっているかのような1年生がいました。水を流すことを楽しむ年長児と，水が流れないことを試す1年生という「違い」。

　水を止める1年生は，小学校就学までに，水が滑らかに流れるための工夫をたくさん積み重ね，水が流れる気持ちよさを存分に味わい尽くしてきたのかもしれません。たとえば，温泉をつくろうと（第10章〈脇道のあそびも楽しむ〉），どんどん水を流した「かつて」があり，水を止めてみようとする「いま」がある。「水がもったいないよ」「ただ流すだけ？」「配水管を縦にしてみたら？」などと言われることなく，ただ水を流し続けることが許されるということ。傾斜のある配水管に水を流し続けてきた子どもたちは，いつの日か，その配水管を自分自身で縦にしてみることがあるのかもしれない。そのためには，納得がいくまで延々と水を流し続ける幼児期の「いま」が，絶対に必要なのだと思います。

【付　記】
　エピソード11-1は，前田香先生（社会福祉法人あゆみ保育園）による2017年度石川保育問題研究会実践交流会報告資料より，許可をいただき一部修正のうえ掲載いたしました。心よりお礼申し上げます。

第Ⅲ部　文化的営みとしての保育

第12章　どの子にも豊かな毎日と発達を
第13章　保育における環境の考え方
第14章　子ども理解の深まりと保育者としての成長

　子ども理解の基本的な考え方（第Ⅰ部）と年齢ごとの発達的特徴と保育への示唆（第Ⅱ部）をふまえ，第Ⅲ部ではさらに3つの視点から子ども理解を深めていきます。まず，障害の有無にかかわらず，どの子にも楽しく豊かな毎日と発達を願う視点。次に，保育における環境と子どもとの関わりについての視点。最後に，子ども理解を深めていく保育者としての成長の視点です。3つの章を通して，保育とは個々人の知識や技術の習得に終わらず，それぞれの現場で集団的に育まれていく文化的営みであることを学んでいきたいと思います。

228　第Ⅲ部　文化的営みとしての保育

第12章　どの子にも豊かな毎日と発達を

　2007年に特別支援教育が制度化されました。特別支援教育が始まって大きく変化したことがあります。

　1つは，発達障害のある子どもへの注目が高まったことです。いまでこそ，発達障害はよく知られるようになりました。テレビドラマでもしばしば取り上げられています。みなさんも一度は，発達障害ということばを聞いたことがあるでしょう。しかし，特別支援教育が始まった2007年頃までは，発達障害とは何か，また，どのように理解・対応すればよいのかについては，保育者や教師の間で十分には知られていませんでした。この10年あまりで発達障害に注目が集まるようになりました。

　もう1つは，特別支援学校や特別支援学級だけではなく，通常の学級など，どのような場所でも発達障害のある子どものへの保育・教育を進めようという流れが大きくなったことです。発達障害のある子どもの保育については，それまではどちらかというと，療育施設のような専門的な場所での保育に重点が置かれてきました。しかし，特別支援教育が始まることで，通常の学級で発達障害のある幼児を保育することに力点が置かれるようになってきました。障害のある子どもを含めたさまざまな子どもたちがともにあそび，生活するような保育は，インクルーシブ保育とも呼ばれ，

第12章　どの子にも豊かな毎日と発達を　　229

注目されています（浜谷ら，2018）。

　そこで，本章では，発達障害に注目したうえで，通常のクラスで発達障害のある子どもと障害のない子どもがともにあそび，生活していく保育のあり方について，発達心理学の視点から考えます。

1　発達障害のある子どもの理解

★ 発達障害とは

　発達障害とは，子どもが生まれて発達していくなかで顕在化する障害です。ただし，さらにいくつかの障害に分類されます。自閉症スペクトラム障害（ASD），注意欠如多動性障害（ADHD），学習障害（LD），知的障害などが発達障害を構成する代表的な障害です。以下，それぞれの障害について簡単に説明します。なお，ここでは紙面の都合上，概略のみを述べます。障害の詳しい説明については，森ら（2014）などをご参照ください。

　〈自閉症スペクトラム障害〉　　自閉症スペクトラム障害は，ASD（Autism Spectrum Disorder）とも呼ばれます（ここからは「自閉症」と呼びます）。コミュニケーションに困難があったり，こだわりなど特定の領域に強い興味・関心があることに特徴がある障害です。知的障害をあわせもつこともあれば，知的障害がないこともあります。スペクトラムの訳は「連続体」であり，同じ自閉症でも，自閉症の特徴が強い子どももいれば，弱い子どももおり，その特徴の強弱は連続しているという意味です。加えて，自閉症かそうでないかの違いも，明確に区別できません。

　カエルが嫌いな友達の手のひらに執拗にカエルをのせようとする自閉症の5歳児のけんじがいました。ここで注意しておきたい

のは，悪意をもって友達の手にカエルをのせようとしているわけではないことです。そうではなく，相手の気持ちを想像することが難しいために，悪気なくカエルをのせようとしています。このようなコミュニケーションのズレがさまざまな場面でみられます。

また，自分の好きなことへの興味が大変強いため，集団活動に参加しにくいこともあります。たとえば，3歳児のくにひろは，電車の図鑑が大好きすぎて，お絵かきの時間でもリトミックの時間でも帰りの挨拶の時間でも，木でできた小屋のなかで図鑑を熟読する毎日が続いていました。このような場合，保育者が考えている保育の流れとかみあわず，トラブルになりがちです。

感覚の過敏さがみられることもあります。幼稚園に通う自閉症のあるりょうたは，家から持ってくるお弁当のおかずは，ウインナーのみでした。しかも，特定の会社の特定の銘柄のウインナーです。もっとも，これはりょうたのわがままでも，保護者の甘やかしでもありません。味覚に過敏さがあるために，特定のウインナーしか食べられないのです。また，水に濡れることを極度に嫌がる自閉症のある4歳児がいました。手を洗うときに跳ね返った水滴が服の袖につくとパニックになっていました。濡れる感覚が極度に不快なためです。逆に，「背中の感覚がわからない」「痛みを感じにくい」など感覚の鈍さを示す場合もあります。

コミュニケーションの問題であれば，ズレを感じるために，その特徴が関わる私たちにとってもまだわかりやすいです。しかし，他人の感覚の過敏さや鈍感さは目に見えず，その困難を感じとりにくく，そのため，これまであまり注目されてきませんでした。近年，自閉症のある当事者の自伝などから，多くのASD者に感覚の過敏さや鈍さがあることがわかってきました（ニキ, 2005）。

〈注意欠如多動性障害〉　　注意欠如多動性障害はADHD（Attention-Deficit Hyper Activity Disorder）と呼ばれます。ADHD には，集中力が続かなかったり注意散漫だったりする注意力の困難さと，じっとしておれずに動き回るといった多動性・衝動性という2つの特徴があります。

注意力の困難さとは，具体的には，1つのものに注意を継続して向けられなかったり，同時に2つのことに注意を向けることが難しいことを指します。たとえば，保育者の話を聞いているときに，別の先生が通りかかったり，飛行機の音がすると，それまで集中していたにもかかわらず，「あ，○○先生！」とか「わぁ，飛行機の音がする！」と興奮して話し出したり，席を離れます。もちろん，障害のない子どもでもこのような傾向はあります。とくに年齢の幼い子にとっては注意がよく移り変わります。しかし，やはり違いはあります。その1つに，注意が「戻ってこない」点です。ADHD のある子どもの場合，飛行機の音に注意が移ってしまうと，そのまま飛行機に注意が移ったり，もしくはさらに飛行機を見ているうちに別のことに注意が移ってしまって，保育者の話に戻ってこれない，ということがしばしばあります。

多動性・衝動性とは，具体的には，年中や年長児においても，先生の話をじっと聞くことができず，ずっと走り回っているような様子のことを指します。ある ADHD のある5歳児に発達検査をしたときのことです。積み木などの課題をするときだけ椅子に座ることができましたが，それ以外は部屋を出て走り回っているような様子をみせました。加えて，思ったことをすぐに口にしたり，順番待ちをがまんできずに横入りしてしまうというように，自分の気持ちや行動を抑制するのが難しい衝動性もみられます。

〈学習障害〉　学習障害は LD（Learning Disorder）と呼ばれ，全般的な知能の遅れはないにもかかわらず，読み書きや数の計算

などのある特定の領域についてのみ困難を示す障害です。学習障害が明確にわかるのは小学校入学後ですが，幼児期においても，絵を描くのが極端に下手だったり，5歳児後半になっても平仮名がまったく読めなかったりする様子がみられることがあります。また，「う」という文字を左右反対に書いたり，「きょうはおとうさんとこうえんにいきました」と文章になるとどこで区切ってよいかわからず，読めなかったり，1文字1文字だけしか読めなかったり，自分で想像して違う意味に変換したりすることもあります。もっとも，このような姿は，学習障害のある子どもに限らず，他の子どもでも見られることがありますが，多くは一過性です。学習障害のある子どもの場合は，このような状態が小学校に入っても持続する点に特徴があります。

〈「気になる子」〉　　2000年以降，保育現場において「気になる子」という用語がよく使われるようになりました（赤木・岡村，2013；木下，2018）。発達障害という診断はつかないものの，障害のない子どもとどこかが違うような気がする……といった子どものことを指します。やりとりができないわけではないけれど，どこかかみあわない気がする。みんなとあそべないわけではないけど，放っておくとひとりあそびが多い。「グレーゾーンの子ども」ということばが使われることもあります。

　　乳幼児期においては，発達の変化が大きいため，明確な診断は難しいため，「気になる子」と表現されることが，児童期・青年期に比べて多くなっています。ただし，「気になる」といってもその気になる内容はさまざまであり，ひとくくりにできません。「気になる」ことの中身や背景を丁寧に見つめていくことが求められます。

第12章　どの子にも豊かな毎日と発達を　　233

★ 発達障害のある子どもを理解する

　発達障害のある子どもの保育を考えるとき，子ども理解は欠かせません。子ども理解抜きに「みんなとあそばせるにはどうしたらいいか」「どうしたらじっと座らせることができるか」だけを考えることは危険です。子どものことを考えないまま保育者の理屈を優先させた場合，結果として子どもに無理を強いることにもなりかねないからです。たとえば，「じっと座らせること」だけを考えた場合，ある意味「効率がよい」のは厳しくすることです。偏食がきつい子にも毅然として食べさせるのも「有効」でしょう。現にこのような保育・教育がないわけではありません。

　しかし，このような「有効」な保育には，何度注意されてもじっとできない子どもの気持ちが考慮に入れられていません。先生に何度も誘いかけられても他の子どもとあそぶことが難しい子どもの理屈が考慮に入れられていません。どうすればいいかと対応を考える前にまずは，障害のある子どもの「そうせざるをえない」気持ちを考えることが必要です。子ども理解を欠いたまま保育を進めると，その保育が，子どもにとって不安で楽しくない気持ちを生み出す可能性があります。

　では，発達障害のある子どもを理解するにあたって，どのような視点が重要になるのでしょうか。代表的には，2つの理解の仕方があります。

　〈障害特性に基づく子ども理解〉　1つは，障害特性に基づいて子どもを理解することです。たとえば，子どもたちが楽しそうな声をあげているときに，耳をふさぐ子どもがいたとしましょう。もし自閉症に関する障害特性を知らなければ，「そこまでして耳をふさがなくていいよ。楽しいよ」と声をかけてしまうかもしれません。しかし，聴覚過敏という障害特性を知っていれば，耳を

234 第Ⅲ部 文化的営みとしての保育

ふさぐのは，ほかの子には楽しい声であっても，その子にとっては耐え難い音だと理解することができます。このように理解できれば，「うるさかったねぇ」と子どもに声をかけることができます。

また ADHD のある5歳児がじっとしていられなかったとしましょう。ADHD という障害特性を考慮しなければ，「なんでじっとしていられないの。さっきも注意したでしょ」と思ったり，声に出して注意しがちです。一方，自分でもわかっているけれどじっとしていられないという ADHD の多動性を理解していれば，動きながらでも話が聞けるのであれば，その姿を認めて保育ができます。

障害特性の理解は，重要な視点です。一方で，浜谷（2012，2018）は，このような障害特性に基づく子ども理解が絶対的な基準となることに警鐘を鳴らしています。浜谷（2018）は，障害特性の視点だけで子ども理解を進めた場合，「自閉症のある子どもには視覚支援をしておけばよい」などと機械的な対応になりがちで，子どもの思いがみえなくなると指摘しています。赤木（2018a）も，聴覚過敏のために学校では耳をふさいでいる ASD 児が，コンサートには楽しみに行く事例を報告しています。赤木は，この事例を通して，「聴覚過敏＝大きな音が苦手」と単純にはいえず，「大きな音が苦手だけれど好き」といったように，その子どもが音をどのように捉えているかを探ることが重要だと指摘しています。

発達障害のある子を理解するうえで障害特性を理解することは重要です。ただ，それだけではなく，その特性をくぐって子どもが主体的に外界をどう意味づけているかを知ろうとすることが重要なのです。

第 12 章　どの子にも豊かな毎日と発達を　　235

〈発達的視点に基づく子ども理解〉　　もう 1 つの視点は，発達的視点に基づく子ども理解です。発達的視点というのは「1 歳半になると話しはじめる」「4 歳になると我慢できる」といった年齢的な変化に基づく事実だけを押さえることだけではありません。

ここで大事にしたいのは，自己運動としての発達という視点です。自己運動としての発達とは，「子ども自らが変わっていく」主体として子どもを理解することです（白石, 1994）。たとえば，じっとできない子どもに，私たちは「どうしたらじっとさせられるか」というように子どもを変えようとしがちです。しかし，発達的視点に基づけば，じっとしていられないという行動だけではなく，「子どもが自ら変わろうとする行動や気持ち」を捉えようとします。じっとしていられない子どもも，廊下に出て行ったあと，少しこちらを気にする様子はみせるか，また，先生からお手伝いを頼まれたときに，少しかもしれないけれど動きそうになるのをぐっとこらえて集中して取り組もうとするか……などをみます。

このような子ども理解に立てば，保育の考え方も変わります。「どうじっとさせるか」ではなく，子ども自身が「集中したい」「じっとしていられるようになりたい」という思いを育むにはどうしたらよいか，と発想が変わります。

もっとも，障害特性に基づく子ども理解と発達的視点に基づく子ども理解は，対立するわけではありません。両方を意識しながら子ども理解を豊かにしていくことが重要です。

このように，障害や発達の科学的な知識は欠かせません。ただ，保育者は，子どもを客観的に観察して保育しているわけではないでしょう。川田（2015）が指摘するように，保育者は実践的な子

236 第Ⅲ部 文化的営みとしての保育

ども理解をしています。子どもと関わるなかで，子どもの気持ちがみえてきたり，もしくは逆にわからなくなったり，実践者も「揺れながら」子どもの気持ちを理解していきます。このような実践的子ども理解として，以下の2つを挙げることができます。

〈共感的態度の子ども理解：そうだよね〉　1つは，障害のある子どもの気持ちを「わかる，わかる，そうだよね」と共感的なまなざしで理解しようとする態度です。「偏食をどうなくすか」「こだわりをどうなくすか」という子どもを変えようとするまなざしではありません。そうではなく，ここまでで述べてきたように，「少しの味の違いでも大きな違いになるんだよね」「車が好きすぎるくらい好きなんだよね」という共感的なまなざしで子どもを捉えることです。赤木（2018b）は，小学校6年生の児童が，子どもどうしでけんかをしたときに，教師には「仲裁するのではなく，まずは思いを聞いてほしい」と話した事例を報告しています。幼児でも同じことです。子どもが転んで泣いているときに，「大丈夫，お兄ちゃんなんだからもう泣かないよ」と説得するのではなく，まずは「痛かったねぇ」などと子どもの気持ちに共感し，代弁していくことが，発達障害のある子どもに対しても基本的なまなざしとなります。

　もちろん，他人の気持ちは簡単に理解できるものではありません。ましてや，理解の仕方や感じ方が異なる発達障害のある子どもの気持ちを，「そうだよね，わかる，わかる」と理解することは容易ではありません。突然，赤の他人から「そうだよね」と言われたときの違和感を思い出してもらえれば，この意図するところはわかるかと思います。ですので，正確にいえば，共感的態度ができるかどうか，ではなく，めざすかどうかが大事です。その際，重要になるのが，前述した障害特性の知識や発達的視点です。

「子どもの気持ちをわかろう」という心がけも大事ですが，それだけでは，なかなか子どもの思いをつかむことはできません。相手が何を感じ，どう認識しているかを知ることなしに，「そうだよね」とはなかなかならないからです。障害や発達について学びつつ，子どもを共感的に捉えようとする態度が求められます。

〈驚愕的態度の子ども理解：そうきたか〉　共感的態度に基づく子ども理解は重要です。しかし，その一方で，共感的態度だけでは，十分ではありません。共感的態度は，ややもすると，自分が共感できる枠のなかだけで障害のある子どもを理解することになりかねません。しかし，当然ですが，発達障害のある子どもは，大人がもつ手持ちの知識や感性だけで理解できるほど単純ではありません。

そもそも子どもは，私たちの理解の枠組みを超える予想もつかないような行動をとることがときにあります。

たとえば，筆者の娘は小学校1年生の頃サンタクロースが実在するかをめぐって相当悩んでいました。サンタはどうもいないかもしれないと疑いはじめ，しかし，寝ている間にプレゼントをもらえているのは事実であることも考え，悩んだ結果，「サンタさんはお父さんだ」という結論に至ったようです。しかし，やはりどうみてもお父さんはサンタに見えないということで，サンタの魂がお父さんに乗り移ったという「サンタ憑依説」を提唱し，1人納得していました。

この「憑依説」発言を聞いたとき，正直，共感できませんでした。共感しようにも，このような発想がなかったからです。むしろ，「おぉ，そうきましたか！」という想定外の驚きでした。

このような驚きは，発達障害のある子どもと関わるときにも感じます。むしろ，障害があるゆえに多いかもしれません。たとえ

ば，自閉症のあるかずほは，空に向かってなにやら手を動かしていました。筆者には最初は意味がわからず，気にも留めませんでした。しかし，そのそばで，保育者がその様子をみて，「それ，マツダ？」と話しました。筆者のほうは「え，どういうこと？」と思い，保育者に尋ねてみると，車に貼られているエンブレムを空中で書いていたようなのです。想像もつかない行為に，「おぉ！ そうきましたか！」と感動しました。

　ここで挙げたエピソードはいずれもちょっとしたことです。そのため，文字通り，素通りしてしまいがちです。しかし，自分では理解できない・よくわからない・関心をもてないことをやっている子どもの姿に，驚いたり，おもしろがったり，不思議に思ったりすること，そして，「なぜ，そのようなことをするのだろう？」と考えることで，子ども理解が愉快に広がり深まっていきます。

2　発達障害のある子どもの保育

　発達障害のある子どもに対する保育で大事にしたいことは，障害のない子どもと基本的には変わりません。たとえば，他の章でも述べられてきたように「子どもの豊かな発達を保障すること」や「自己肯定感を大事に」など原則はまったく同じです。

　ただ，発達障害のある子どもの場合，その障害ゆえに保育に参加しにくかったり，問題行動がみられるなどして，これらの原則が実現しにくいことがしばしばあります。共通の保育目標を念頭に置きつつ，具体的にどのような保育が大事になるのかについて，いくつかに分けて概説します。

★「できない」ことを「できる」ようにする保育の問題

　発達障害があると，子どもの「できない」姿がつい目につきがちです。たとえば，「設定保育に参加しない」「嫌なことがあるとすぐにほかの子を突き飛ばす」「夏も冬も水あそびしかしない」「運動会の練習を嫌がる」「ほかの子と同じことができない」「ことばがほかの子に比べて遅い」などなど……。このような「できない」部分をみると，保育者としてはなんとかして「できる」ようにさせたくなります。保育者の思いもわかります。しかし，「できない」ことを直線的に「できる」ようにさせる保育にはいくつかの問題があります。

　1つは，子どもの思い・願いとずれることがあるからです。そもそも当の子どもが「できるようになりたい」と思っていない可能性があります。自閉症のある子どもが「集団に参加したい」と思っていれば，「集団参加させる」保育はかみあうかもしれません。しかし，どの子も，そのような思いをもっているとは限りません。このようなときに，子どもに集団活動に無理に参加するように促しても難しいですし，そのように進めれば進めるほど保育者と子どもとの関係が悪化し，子どもと保育者自身を追いつめていくことになりかねません。

　2つは，そもそも子どもの「できなさ」は子どものせいではないことが多いからです。保育者が「できない」と感じてしまうのは，ほかの子どもとの比較からであったり，その子にとって難しい課題を要求しているところからきています。たとえば，「切り替えが悪い」という「できなさ」も，子どもは十分にあそび込めていないのに，保育者が設定した時間に無理に合わせようとしていることから起こっていることがあります。このようなときに，「できる」ことのみを追い求めると，子どもが追いつめられます

240 第Ⅲ部 文化的営みとしての保育

〈コラム⑨〉 障害のある子どもの保護者の心情を理解する

　保育園や幼稚園で障害のある子どもの巡回相談をしていると，保育者から保護者についての相談を受けることが多々あります。子どもの育ちを園でどのように支えるかよりも，保護者とどのように関わればいいのか，といった相談のほうが時間がかかる場合もあります。

　障害のある子どもの保護者といっても，その背景はさまざまです。子どもの出生前から障害がわかる場合もあれば，年長になって障害の事実に初めて出会う場合もあります。その結果，同じ年齢の障害のある子どもでも，それぞれの保護者が障害に対してもつ理解に違いがあるのは当然です。

　子どもに障害があるという事実は保護者を選びません。子どもが好きで子育てが上手な保護者もいれば，子育てに苦手意識をもつ保護者もいます。支援者にとって理想的な状態に保護者を向かわせるのではなく，家庭環境や経済状況，保護者の性格や個性に合わせ，その保護者にとって最適な子育てのあり方をいっしょに考えるという姿勢が重要です。「～のような保護者には～のような支援を」といったプログラムが保育者に必要なのではありません（荒井, 2013）。

　しかし，保護者が抱える背景にこうした多様性がある一方で，障害のある子どもの保護者の心理的な反応には，障害受容と呼ばれる段階が一般的にあるといわれています。よく知られた説は，障害の事実を知ったときの①「ショック」の状態に始まり，そんなはずがないと思う②「否認」の状態，障害の事実を否定できなくなる③「悲しみと怒り」の状態を経て，現状に④「適応」していきながら，最終的に立ち直って⑤「再起」するというものです（Drotar et al., 1975）。

　これら性質の異なる状態が少しずつ重なりあい，時には前の状態に戻ることがあっても，長い時間をかけて段階的に変化していくと考えられます。この5つの状態は，どの段階がいけないとか，次の状態に早く移行させるべき，というものではありません。それぞれの保護者にとって必要な状態の時期には違いがあり，必要な時間を経て最終的に段階が移るものだという理解が重要です。

　発達障害の知識が広まってから，この「ショック」や「否認」の状態に

ある保護者をどのように支えればよいか，という保育者の悩みが増えたように感じます。発達障害の場合，集団生活で初めて子どもの発達の特徴や特性が表面化することが多いため，そうした子どもの保護者自身，自分の子どもの障害の疑いに出会ってから，まだ日が浅い状況です。そうした状況で「子どものため」と周囲にあれこれ言われたうえ，「障害のある子どもの保護者」にふさわしい行動（たとえば発達相談や検査を受ける，療育に通うなど）を求められることは，保護者にとって大変なストレスです。

　支援する立場の者は焦らずに時間をかけて保護者に接していきましょう。保護者がいまどのような心の状態にあるかを理解し，保護者の不安や戸惑いに寄り添って，いっしょに歩む感覚でともに話しあい，子どもの発達に特徴や特性があることを共有することが大切です。支援する立場の者の都合や園の都合を優先して，保護者に行動を任せるばかりでは保護者との信頼関係は築けません。

　保育と信頼関係が築け，療育にも通って子どもの障害を受容したと感じられる保護者であっても，引き続き気を配る必要があります。とくに「適応」の状態では，保護者が就学のことを思うあまり，子どもに頻繁なリハビリや通院，療育，多くの習いごとをさせてしまうことや，保護者が頑張っても子どもに期待するような成果が得られないと感情的に子どもに当たってしまうことがあります。障害のある子どもの保護者は虐待やうつ病，子育て方針の違いから離婚等のリスクが高くなることも知られています（たとえば，杉山〔2018〕も参照）。

　保護者のそうした複雑な心情を理解するには，障害のある子どもを育てた保護者の手記を読むことが役に立ちます。世間に広く読んでもらうために，読みやすいコミックやエッセイという形での手記も比較的多く出版されています。大変でも楽しく子育てしているという方が多いのですが，なかには虐待や離婚を経て，ようやく子どもに向きあえたという方もいます（たとえば，山口・にしかわ〔2013〕も参照）。保護者の気持ちを知り，同じ高さの目線で保護者の悩みに寄り添うことができるようになることが，保護者支援のはじまりだといえるでしょう。

し，保育者自身も保育が楽しくなくなってしまいます。

★ 子どもの姿から出発する保育（肯定的姿・あそび・友達関係）

それでは，保育の出発点をどこに置けばよいのでしょうか。一言でいえば，子どもの姿から保育を出発させることです。具体的には，以下の3つに分けられます。1つは，子どものいまの肯定的姿から出発させることです。2つは，あそびを大事にすることです。3つは，友達との関係を豊かにすることです。

〈子どもの肯定的姿から出発する〉　子どもの「できない」側面からではなく，子どもの肯定的姿から始めることが保育の出発点です。言い換えれば子どもの「やりたい」「好き」「できる」といった興味関心や能力から出発して保育をつくっていくことです。

自閉症傾向がある気になる子ども（あきら〔3歳児〕）の保育を例に考えます（赤木・岡村, 2013）。あきらは，ひとりあそびが多く，ミニカーで1人であそぶ傾向がありました。赤木・岡村（2013）の実践では，ひとりあそびが多いあきらに対して，ミニカーをやめさせてみんなとあそぶように誘いかける対応をとりませんでした。そうではなく，まずは保育者がミニカーのあそびに入っていき，彼といっしょに楽しむところから始めました。その後，保育者とあきらのあそびに対して，ほかの子どもが「なにしているのー？」と入ってきます。しかし，あきらは，自分の車であそんでいて答えないため，保育者が「あきらくんと車動かしてあそんでいるんだー」と代わりに答えます。そうしてほかの子どもは，あきら，保育者といっしょに車であそびはじめました。

さらに，保育者が，積み木であそんでいる子どもたちのところに，ミニカーを持っていって「積み木の町に到着でーす」と，ミニカーあそびと積み木をつなげるようなあそびを提案します。「積み木の町に到着でーす」とやや強引ともいえる展開であそび

をつくっていきます。積み木であそんでいた子どもたちが、「ここは、私のおうちなの」「Kはね、くるま、はしっている」「ここはガソリンスタンドでーす」と次々に話をします。すると、あきらは、「ガソリンスタンド」ということばが自分の関心と響きあったのか、「いれてくださーい」と言って、ガソリンスタンドに車を入れたりしはじめていくようになる姿がみられました。

この実践から学べることがいくつかあります。1つは、それぞれの子どものあそびを肯定的に捉え、そこから出発していこうという姿勢です。1人でミニカーであそぶことを、「勝手なこと」「ミニカーをやめてみんなとあそばせるべき」と捉えるのではなく、そのあそびをいっしょに共感的にあそぼうとする保育者の姿勢があります。

もう1つは、「違うあそびをつなげる」という発想です。ここも、どの子のあそびも大事にしつつ、より楽しく、深いあそびをするために保育者があそびを提案していることがわかります。

このように、それぞれの子どもの関心を大事に、そして、そこで終わらずに他の子どもたちと創造的にあそびをつくっていくことは、保育を行ううえで大事な視点となります。

〈あそびを大事に〉　保育とは、さまざまな文化を伝達・継承・創造していく営みです。この営みにあそびは欠かせません。障害の有無にかかわらず、です。ところが、発達障害児の場合、「できなさ」にまなざしが向いてしまうために、「できないことをできるように」する訓練的な保育に重心が置かれがちです。

たとえば、「言葉を話せるように」「『よーいどん』が待てるように」「お絵かきでお顔が描けるように」「ハサミが上手に使えるように」「相手を叩かないように」などが保育目標になりがちです。たしかにスキルや能力が伸びていくことは、大事なことです。

244　第Ⅲ部　文化的営みとしての保育

しかし，子どもの視点からみると，子どもは必ずしもスキルや能力の向上を自覚的に行っているわけではありません。とくに，発達的に4歳以下の子どもの場合，「よーし，今日は，がんばって『心の理論』をアップさせちゃうぞ！」とは思わないでしょう。そうではなく，「今日も楽しくあそびたい」と願っているはずです。このような子どもの願いから出発するのであれば，スキルや能力向上ではなく，あそびという活動を単位として保育を構想したいものです。能力やスキルは充実したあそびの結果，発達していきます。

　このような問題意識から，1990年に筆者らが属する心理科学研究会から『僕たちだって遊びたい——障害児・気になる子の遊びを見つめ直す』という本が出版されました（心理科学研究会・太田, 1990）。30年近く経ちましたが，この本の書名に象徴される問題意識は，現代でも色あせていません。

　もっとも，あそびが大事とはいっても，発達障害のある子の場合，あそびを充実・発展させることは簡単なことではありません。「相手を叩いて喜ぶ」といった社会的に許容しにくいあそびに関心があったり，「1人で何度も同じ行為を繰り返す」などあそびが広がりにくいこともあるからです。発達障害のある子が心から楽しんであそびを充実・発展させるためには，どのような点に留意すればいいのでしょうか。

　1つは，「あそび」の概念を広くとることです。私たち大人はあそびというと「ごっこあそび」「ルールあそび」など，保育の教科書で習うようなあそびを想定します。しかし，典型的なあそびのみをあそびと捉えると，発達障害のある子どものあそびがみえなくなってしまいます。たとえば，数字の2をずっと書き続ける自閉症のある子どもと出会ったことがあります（赤木, 2018a）。

第12章　どの子にも豊かな毎日と発達を　245

この行動だけみれば，同一性保持という障害特性だと説明できます。しかし，ある日，その子は「2」ばかりを書いたお手紙を筆者にくれました。彼にとって「2」は好きなもので，その好きな「2」をくれようとしたのでしょう。たくさんの「2」は彼にとって価値あるものです。このようにみれば，「2」はなくすべきものではなく，愛すべきものであり，あそびのネタになるものです。

　赤木（2019）は，発達障害のある子どものあそびを豊かにするためには，私たち保育者がもっているあそび観の狭さを自覚したうえで転換・拡張させることが必要だと述べています。私たちがあそびとは思えないようなものにこそあそびの姿を見出し，また，他児と違うものでもあそびと認める発想をもちましょう。「どうあそばせるか」の前に，です。

　2つは，保育者自身が発達障害のある子とのかかわりを楽しむことです。あそびを充実・発展させることは，子ども1人ではなかなかできません。そんなときこそ，あそびをたくさん経験してきた大人の出番です。「いっしょに楽しくあそぼう」「私も楽しくあそぼう」という姿勢でのぞむことが，まわりまわって発達障害のある子のあそびを充実・発展させることにつながります。それが結果として，コミュニケーションなど能力の発達にもつながります。

　言い換えれば，子どもとあそんでいてつまらないときは，そのときの自分（保育者）の感情に正直になってもよいのです。太田令子は，病棟で入院していた子どもたちを集めてお化け探検隊なるものを結成し，子どもたちを巻き込み，巻き込まれながら次々とあそんでいきます（心理科学研究会・太田, 1990）。そのあそび方に学ぶことも多いのですが，なにより注目したいのは，太田自身

が，自分の感情を率直に書いていることです。「あそびの単純さにアキアキしている」「この単純なあそびにうんざりしていた私」「正直なところ，私はこの単純さに再び辟易していました」と子どもとあそんでつまらない気持ちを率直に綴っています。合計10回も実践記録のなかで「私はつまらない」というニュアンスの表現を連発していました。衝撃です。でも，これは，自分も「子どもといっしょに楽しみたい」からこその表現です。実際，このような「つまらない」と感じたあと，近くに見えた枯れ木を幽霊に見立てるなどしてあそびが新たな方向に向かうきっかけになっていることもありました。太田は，自分が「楽しかった」という表現も率直に実践記録に7回，綴っています。

　私たちは，保育者になるとつい「ちゃんとしないと」となりがちです。しかし，子どもと同じ視線であそぶことでこそ，あそびは深まっていきます。自分自身の感性に正直になることが，発達障害のある子とあそぶ第一歩です。

　〈友達集団を組織する：インクルーシブ保育をつくる〉　障害のある子どもの保育を考えるうえで，子ども集団は欠かせません。

　なぜなら，どの子どもでも発達していくきっかけは，子ども集団のなかにこそあるからです。前述したように，発達は自己運動として捉えられます。しかし，個人1人で自己運動が起きるわけではありません。自己運動のきっかけが必要です。そのきっかけになるのが子どもたちの集団です。発達障害のある子どもも例外ではありません。むしろ，発達障害のある子どもは，集団のなかでこそ発達していきます。

　1920〜30年代にかけて活躍したロシアの有名な心理学者ヴィゴツキー（2006；第4章やコラム③も参照）は，障害のある子どもの高次精神機能（知的機能）の発達には，子ども集団，しかも，

第12章 どの子にも豊かな毎日と発達を 247

適度な発達差（おおむね発達的に3，4歳程度の差）のある集団が重要であると述べています。具体的には，自分より少し発達年齢の高い子どもたちとあそぶことです。自分ではできないことでも，発達年齢の高い子どもといっしょにすることでできることが増え，その後，できるようになっていきます。発達の最近接領域と呼ばれる考えです。加えて，ヴィゴツキーは，自分よりも発達年齢の低い子どもを手伝ったり教えたりすることも，高次精神機能の発達にとって重要であると主張しています。小さい子を手伝ったり，教えたりするためには，自分のもっている知識や技術を自覚し，再構成してわかりやすく伝える必要があります。そのことが，教え手の発達にとってよい影響をもたらすと主張しています。

　適度な異質性のある集団が障害のある子の発達を促すというヴィゴツキーの指摘は興味深いものです。障害のある子どもが，自分が助けられる関係だけに固定化するのではなく，また，障害のある同じ発達段階だけの子どもどうしだけで集まるのではなく，さまざまな関係ができるような集団を組織していく視点が，障害児の保育を行ううえで意味をもってきます。

　なお，単純に異年齢保育が大事だということではありません。異年齢保育・同年齢保育にかかわらず，障害のある子どもがクラスのなかで生活する場合，発達差・能力差は必然的に生じるからです。その際，重視したいのは，「みんな同じようにさせる」保育を焦って目指さないことです。発達障害のある子や気になる子が，違うことをしていると，その違いをなくしたくなります。みんなが同じことをしていると，整っているようにみえて，どこか保育がうまくいっているように思えるものですから。しかし，そのように子ども集団を同じようにさせればさせるほど，障害や気になる部分が目立ってしまい，結果として，彼らの過ごしにくさ

につながってしまいます。

インクルーシブ保育とは，「みんないっしょにする」保育のことではありません。そうではなく，「違いながらつながっていく」と表現されるように，それぞれの子を尊重したうえで，協同性を求める保育です。

★ 子どもの見方を変えてみる

発達障害のある子どもが，楽しく豊かな毎日を送る保育を行うことは，簡単なことではないかもしれません。障害ゆえに生じる生きにくさがあるからです。

ただ，それだけではなく，私たち大人の，障害のある子どもに対するまなざしが，どこか固かったり，狭かったりすることもあるからだと思います。発達や障害の知識を学びつつも，本章で述べてきたように，障害のある子どもの見方をちょっと変えてみたり，深めたりすることを意識していただければと思います。

第13章 保育における環境の考え方

　保育は「環境を通して行う」とか「環境構成が大切」といわれ、保育内容にも「環境」があります。どうやら保育では"環境"が重要らしいのですが、それはなぜなのでしょうか。

　保育の「環境」というと、コーナーなどの室内環境、絵本や紙芝居、道具やさまざまな材料、園庭の植栽や遊具や空間構成が思い浮かびます。これらは大人が意図して子どもに与える環境で、保育実践の蓄積や児童文化の研究のうえに、現代に引き継がれている共通の文化的環境です。一方で、目に見える同じ「環境」が、どの子にも同じ「意味」をもたらすわけではありません。そこには経験や関心のもち方の個性が関わりますし、発達的な変化もあります。たとえば、"暗闇"は0歳児にはなんともありませんが、4歳児には恐怖を感じさせたりします。

　「人」を環境とみる考えもあります。たしかに、「自分」以外を環境と考えるならば、人（他者）も環境の一部かもしれません。でも、そうだとすれば、相手も「自分」なのですから、その人にとっては「あなた」も環境になります。「人」を環境とみるといっても、それは「人以外」の環境との関係とは根本的に違うものになりそうです。

　心理学では、「人間と環境」の関係について考えてきた歴史が

あります。私たちが何か考えたり行動したりするとき，それは「私」の意識が先に動き出して「環境」に働きかけるのでしょうか。それとも，実は「環境」が「私」を動かしたり，何かを意識させたりしているのでしょうか。「人間と環境」の関係をどう考えれば，子どもがしていることの意味がみえてくるのでしょうか。

1 「環境」をみる基本的視点

★ 子どもと環境との関係

　生物学者の日高敏隆は，戦争中に中学生として動員された軍需工場の片隅で，あるドイツ語の本と出会い衝撃を受けました（日高，2013）。それはユクスキュルという生物学者が書いた *"Streifzüge durch die Umwelt von Tieren und Menschen"*（動物と人間の環世界への散歩；邦訳『生物から見た世界』）でした。そこには，多種多様な生物たちがそれぞれの仕方で世界を捉え，関わりの環をつくり出している様子が，豊富な観察例によって生き生きと描かれていました。

　たとえば，ヤドカリにとっての"イソギンチャク"は，周りの状況が変わると意味が変わります。ヤドカリの殻にイソギンチャクがついていると，イカの攻撃を防ぐことができるので，イソギンチャクが外れると，必死になって殻につけようとします。一方，ヤドカリの体を殻から外してしまうと，今度はイソギンチャクに尾を潜り込ませようとします（"穴"はないのですが……）。空腹だと，イソギンチャクは餌に見えるようです（図13-1）。

　人間（大人）は，誰にとっても同じ"客観的世界"があると思いがちですが，どうもそう単純ではなさそうです。生物は，周囲の環境と独特な関係を結んでおり，その置かれた状況が変わると，

第13章 保育における環境の考え方　251

同じ環境（対象）のもつ意味も変化するのです。このように、意味とは、辞書にあるような定義の話ではなく、状況によって見え方や関わり方が変わってしまうという、主体と環境との関係性のことを指しています。この特徴は人間にも共通して

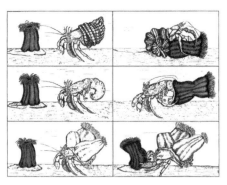

図 13-1　ヤドカリとイソギンチャク
（出典）ユクスキュル・クリサート，2005。

いますが、人間のおもしろさは、それが「発達」によっても変わるということです。

　図13-2は、ユクスキュルらが紹介している2枚の絵です。同じカシワの木ですが、きこりはコブを気に留めず、巻き尺を当てて"どう切ろうか"考えています。でも、森に精霊が住んでいると信じている少女にはコブが"悪魔の顔"にみえて、恐れています。

　第4章で学んだピアジェの発達段階を思い浮かべると、少女は「前操作期」といえそうです。このとき、私たちはつい「そういう発達段階だからそうみえる」と考えたくなります。つまり、「認知」が先で「環境」が後とみなしてしまいます。しかし、もしそうだとすると、その「認知」はどうやって発達するのでしょうか。世界の見方が環境に先立って決まっているのなら、認知発達の要因はその子の内的な「成熟」によるほかありません。そうすると、子どもは「放っておいても育つ」ということになり、私たちは保育・教育という営みに意味を見出せなくなります。

　発達を人間と環境との相互作用で考えるということは、発達の

図13-2 きこりとカシワ（A），少女とカシワ（B）
（出典）ユクスキュル・クリサート，2005。

要因を内的成熟や外的環境のどちらか一方に閉じ込めないということです。"悪魔の顔"は，「子どもの心がコブを悪魔に見立てた」のではなく，ある心理的な仕組みを備えた子どもとある環境との"出会い"から生まれた"意味"と言い換えることができます。子どもたちは，環境との間に"意味"を探しているのです。

★ 子どもと環境はどう出会うか

〈アフォーダンス〉 人間と環境の間で生まれていく"意味"を，運動や行為の面でも捉えようとする心理学概念にアフォーダンス（affordance）があります。アフォーダンスは，心理学者のギブソンが英語の"afford"（与える，提供する）からつくった造語です。アフォーダンスとは，環境が動物（人間を含む）に提供する意味であり，行為や運動の「資源」になるような情報ともいわれます。

少し抽象的なので，図13-3で考えてみます。1歳児がお散歩の途中でみんな同じようにブロック状の石に座っています。第6章で学んだ通り，子どもは1歳半頃に重要な発達の質的転換を迎えますが，とくに「ことば」の育ちが大きく関わっています。こ

の写真を撮った白石正久は、ことばの育ちを支える土台に「いいもの探しの行進」があると述べます(白石, 1994)。1歳児たちは、お散歩でいいもの探しをしながら、熱心に指さしをしたり、何か言おうとしたりします。保育者はそれに応えて、

図 13 - 3　石に座る1歳児
(出典)　白石, 1994。

「アリさんいっぱいいるね〜」とか「ひこうき雲っていうんだよ」とか、ことばをかけます。そのうち、ふと誰かが石に座ってみたのでしょう。すると、他の子も次々に座りだしたのです。

　先に座った子を見て、他の子も自然に体が動いたのでしょう。1歳児が同じような高さの石に一定間隔でちょんちょんと座っていく光景は、実にかわいらしいものですが、どうして子どもたちは「座る」というあそびを見出したのでしょうか。もし、そこにあった石の高さが50cmで、直径が10cmだったら、1歳児は座ったでしょうか。たぶん、そうはならなかったと思います。そういう石だったら、1歳児は側面をなでたり、天辺を叩いたりしてあそんだでしょう。そこにあった石が、ちょうど1歳児のお尻の高さに近く、天辺がお尻の幅より少し広かったことが、子どもたちの「座る」という行為をアフォード(提供)したと考えられます。

　〈「あそび」への発展〉　安心できる友達と保育者と散歩に行き、「いいもの探しの行進」をしていたら、石が誰かを「座る」こと

254 第Ⅲ部 文化的営みとしての保育

に誘い，思わず座ってみた。それを見た他の子も，次々に座りだした。先に座った子の石を欲しがる子もいるし，空席の石を見つける子もいる。最初の「座る」は偶発的ですが，徐々に「座る」ことが目的化していきます。図13−3の左から2番目の子の石は，他より明らかに低いのですが，子どもたちの間では石よりも「座る」という行為があそびとして共有されているので気にならないのです。そうなると，もしかしたら高さ50cm×直径10cmの石（というより棒）にも，必死に「座ろう」とする子が出てくるかもしれません。そこが人間のおもしろいところです。

★ 意味の歴史としての発達

〈運動発達とは〉　保育園で0歳児クラスを担当すると，最初に驚くのは赤ちゃんたちの姿勢・運動面の発達の速度や不思議さだと思います。ついこの間まで壊れそうなほど"フニャフニャ"だった子が，気づいたらクルッと寝返りして驚かされます。何がきっかけで，どんなふうに「最初の寝返り」をしたのか，大人はすぐに忘れてしまいます。

実は，神経系の成熟に依存すると考えられがちな初期の姿勢・運動発達も，子どもと環境との関係が重要であることがわかっています。たとえば，新生児の上半身を支えて立たせ，固い地面に足裏を着けてやると，両足を交互にステップする「原始歩行」と呼ばれる反射（原始反射）が表出します。この反射は，生後2〜3か月で消失し，次にこうした動作が現れるのは生後1歳前後になってからの独立二足歩行であると考えられてきました。原始歩行が消失するのは，脳の新皮質という部分の成熟によって，反射が抑制されていくからだと説明されてきたのです。これに対し，テーレンという発達研究者は，体重増加の早い赤ちゃんがステップ動作（原始歩行）の消失も早いこと，また，ステップ動作が減

少した赤ちゃんをぬるま湯で満たした水槽に入れてみたところ，ステップ動作が増加するという事実を発見しました。つまり，原始歩行の"消失"には，赤ちゃんの身体（筋力）と環境（重力）との関係が関わっていたのです。

〈意味としての"寝返り"〉　寝返りも，通常は5〜6か月で発現するとされますが，それだけの時間経過があれば勝手に寝返りをするという機械的なものではないのです。ステップ動作の例と同様に，筋力と体重増加（重力）とのバランスが必要ですし，冬季に生後半年頃を迎えると，衣服が厚着のために運動が妨げられて遅れることもあります。

　赤ちゃんの"気持ち"も大切です。家でなかなか寝返りしなくて親が心配していたところ，ある日，子育て広場に行って同月齢の子をたくさん見たら，その晩に赤ちゃんが急に寝返りしたという話もよく聞きます。この場合，成熟レベルでは準備ができていたけれど，赤ちゃんの体が寝返りをする"気持ち"にならなかったものと考えられます。これもまた，ある行為の発現を子どもの内的成熟に閉じ込めては説明できないもので，子どもが環境との関わりのなかで，"寝返り"という意味を発見した（寝返りをすることに意味を見出した）と考えられます。

〈Sくんにとっての「帽子」〉　保育園に通うSくん（1歳4か月）は，友達がSくんの帽子をロッカーから取って，ままごとのカバンに使っているのが気になって仕方ありませんでした。でも，気の優しいSくんは，それを伝えることができません。気づいた保育者が，相手の子に別のカバンを渡すと，帽子を返してくれました。Sくんは安心した顔をして，自分の帽子をロッカーに戻しました（渋谷区立笹幡保育室 2018年5月の実践記録より）。

　このできごとを発達的にいうと，1歳児の所有意識の芽生えと

256 第Ⅲ部 文化的営みとしての保育

説明することもできます。しかし，Ｓくんにとって，帽子は特別な意味をもっていました。Ｓくんは生まれつきおひさまアレルギー（特定の紫外線に皮膚がアレルギー反応を起こす症状）で，外出時はつばの広い帽子が欠かせない生活を送ってきたのです。帽子は，Ｓくんにとって「自分の身体の一部」といえるものです。このように，どの子もその生活歴のなかで，周囲の環境に独自の意味を見出しているのだと考えられます。

2 保育を支える環境

子どもは，心身の状況や発達，生活経験から，自ら環境との間に意味を探っていく存在です。乳幼児期は，自発的に環境を探索する姿が重要であるとして，幼稚園教育要領や保育所保育指針では「環境を通した保育（教育）」と表現されてきました。

一方で，これまでの保育実践をふまえて，園やその周辺にどのような環境を用意するかについては「環境構成」と呼ばれ，また子どもが経験し学んでいくねらいや目当てとなる環境の内容や性質は，保育内容５領域の１つとしての「環境」に整理されています。以下では，環境構成や保育内容「環境」とも関わってくる保育環境について，いくつかの考え方や視点を整理していきます。

★ 環境の分類

保育環境を，表13-1のように整理しました。「物理的・自然的環境」に「自然的」を入れるのは，日本列島の地理的・気候的な多様性を意識するためです。保育は，小学校以降に比べると，周囲の自然変化に敏感な実践です。子どもは教科書を使って学ぶわけではなく，直接経験したことがらを素材にして生活し，あそび，学んでいきます。したがって，保育環境を考えるときには自

第 13 章　保育における環境の考え方　257

表 13 - 1　保育環境の区分

物理的・自然的環境	園舎と園庭の構造，遊具・玩具・材料・道具，植物，砂・石・土，動物・昆虫，棒のような準遊材，水場，園外環境，気候的・地理的特性など。
人的・役割的環境	子ども，保育者，保護者，管理職，調理員，栄養士，用務職員，地域住民，ボランティア，実習生，また，あそびにおける役割やあそびどうしの関係。
時間的環境	年間計画，期案，月案，週案，デイリー（日案），時計の配置，チャイムや放送による時間の周知，活動順序の視覚的提示，活動のための時間配分や計画の柔軟性に関する保育者の合意など。

（出典）　川田，2014 より作成。

然環境条件への視点が欠かせません。保育室内の間仕切りや玩具・遊具は保育者が意図的に用意できますが，園庭に咲かせることのできる花の種類は気候帯に左右されますし，木の実や果実の収穫は季節と気象状況に影響を受けます。温暖地域では，冬でも園庭でリレーやドッジボールができますが，積雪寒冷地の園庭ではかまくらや雪合戦やスノーアートを楽しみます。

　次に，「人的・役割的環境」に「役割的」と入れているのは，子どもにとっての人的環境というのは，単に「誰がいるか」というだけでなく，「互いにどんな役割を担うか」「その役割はどう交替するか」といった，物理的環境にはない相互（主体）的な関係があることを含意しています。

　最後に「時間的環境」です。「時間」を環境と呼ぶことについては，すぐに理解しにくいかもしれません。でも，小学校の活動が基本的に「時間割」に従っており，「時間割表」があちこちに提示されていることを考えると，時間情報がいかに教育実践を方向づける環境となっているか想像できると思います。保育では，小学校ほど子どもにとって明確ではないのですが，時間に関する

258 第Ⅲ部 文化的営みとしての保育

〈コラム⑩〉 保育事故をなくすために私たちにできること

　子どもの命を守り，発達を保障することが求められる保育施設で，子どもが死亡するなどの重大事故が起きている悲しい現実があります。厚生労働省・内閣府が公表しているだけでも，2004～2018年の15年間に207人もの子どもたちが保育中に命を落としており，年齢別では0歳児と1歳児の割合が突出しています。また，子ども1人あたりの死亡事故発生率は，認可外保育施設できわめて高く，物理的環境や保育士（有資格者）配置などの基準（認可外保育施設指導監督基準）の低さが関係していると考えられます（平沼ら，2016）。しかも，各自治体が行うべき認可外保育施設への立ち入り調査（原則年1回以上）の実施率は約7割，そのうち指導監督基準に適合している施設は約6割にすぎず（岩狭，2019），基準を満たしていない危険な認可外保育施設が放置されているのが現状です。

　とくに重大事故が発生しやすいのは「睡眠中」「食事中」「プール活動・水遊び中」で，2016年3月に内閣府が公表した「教育・保育施設等における事故防止及び事故発生時の対応のためのガイドライン」には各場面における注意事項や緊急時の対応方法について記されています。また，『保育所保育指針解説』（厚生労働省，2018）は，乳児の睡眠中の窒息リスクを除去するため「子どもの顔が見える仰向けに寝かせることが重要である」としています。

　「うつぶせ寝」の危険性は，発達診断学を構築したゲゼルらの研究をふまえて乳児の死亡事例記録の分析を行ったアメリカのアブラムソン医師によっていまから75年以上も前に指摘されていました（Abramson, 1944）。しかし，当時は，乳児にとって「快適で眠りやすい」「嘔吐物の逆流を予防する」といった思い込みによって「うつぶせ寝」が流行していたのです。その後，SIDS（乳幼児突然死症候群）との関連が指摘されるなど「うつぶせ寝」の危険性は知られるようになりましたが，睡眠中の死亡事故の多くが「うつぶせ寝」で発見されている現実もあります。午睡中の事故防止策としては，子どもの様子がよく見えるように部屋をあまり暗くしないことや薄手の掛け布団を使用すること，また定期的に子どもの呼吸・体位，睡眠状態を点検することなどが重要です。

平沼・服部（2019）が，認可保育施設を対象に行った調査（有効回答105か所）では，「食事中」にアレルギーの対応や誤嚥のおそれがあるといった「配慮が必要な子ども」は各クラス（0～2歳児）に平均5名程度いること，保護者 - 保育者 - 調理者間の密な連携によって「献立表のチェック」や「食器の区別」「机の配置の工夫」など，食物アレルギーの重大事故を防止する努力が重ねられていることが明らかになりました。また，「プール活動・水遊び中」は，子どもに直接関わる保育者のほかに「監視に専念する監視者」を置く必要性が先述のガイドラインに明記されたにもかかわらず，国の保育士配置基準が改善されていない状況では，監視者を配置することができず，プール活動を中止せざるをえない事態も生じていることがわかりました。

重大事故を防ぐ「園づくり」の観点から実践方法を提起している猪熊ら（2019）は，乳幼児の予期せぬ突然死（SUDI）の発生率が「0歳児では日本社会全体に比べて保育施設の方が低い」のに対し，「1・2歳児では保育施設の方が1.25～2.45倍高い」ことを明らかにした小保内ら（2017）の研究をふまえ，1・2歳児の保育士配置基準の早急な改善と，研修機会が保障されない非正規職員の割合が高まっている現状の改善が必要であると指摘しています。そして，「安全な保育には，子どもの発達をふまえることが必要不可欠」という考えのもと，専門性と責任感を備えた「チーム」として事故防止に取り組んでいる園のすぐれた実践を紹介しています。

乳幼児の興味関心の広がり，姿勢・運動，手指操作や認知面での発達過程を理解することは，危険性を予測し，事故予防の手立てを考える重要な手がかりとなります。一方的な禁止ではなく，子ども自身が「なぜ○○してはいけないのか」を考える力や，「○○ちゃんがいない」「そこは危ないよ」などと気づきあえる関係を育てることも重要です。また，研究者と実践者らの協働による組織的なリスクマネジメント研究の発展も期待されます（上山ら，2017など）。

子どもたちの命を守るために，私たちができること・すべきことはたくさんあります。ぜひ，みなさんもいっしょに考えてみて下さい。

260 第Ⅲ部　文化的営みとしての保育

情報が保育環境内にも多く存在しています。以下，まずは時間的
環境について掘り下げてみましょう。

★ 活動順序や時間配分

　書類や掲示物，時計やチャイムといった時間的環境は，実体的
でわかりやすいものです。一方，意識しないと環境として自覚し
にくいのが，「活動順序」や「時間配分」といった保育過程に関
わるものです。活動順序が，子どもの生活にいかに影響を与える
ものであるか，実践で考えてみましょう。ある保育園で，0歳児
クラスに「担当制」（コラム④参照）を導入する過程での気づきで
す。

　　　「導入以前の保育は，朝登園したら一眠りして，目覚めて散歩，
　　帰園してから食事，というリズムでした。そのため手足を洗い，
　　着替えて，おむつを替えて，一斉に食事をするという流れになっ
　　てしまい，食事の時に眠くて泣く子などが見られました。担当制
　　導入にともなって，その生活リズムを見直し，『登園→ねる→あ
　　そぶ→たべる…』から，『登園→ねる→たべる→あそぶ…』に変
　　え，一人ひとり違う，個別の生活リズムを保障することを基本と
　　しました。一歳半頃をめどとして『登園→あそぶ→たべる→ねる
　　…』というように，二回寝などから一回寝へと移行するようにし
　　ました」（橘田・佐藤，2006，19-20頁）。

　心身諸機能の発達が急速で，個人差も大きい0歳児では，赤ち
ゃんの機嫌や食欲，活動の活発さや集中度といった重要な要素が，
活動順序と関係して現れることが多いのです。機嫌や活動への集
中がよくないとき，体調不良や家庭生活の影響，場合によっては
発達の異常といった，その子や家庭の内的な問題を考えてしまい
がちです。しかし，時々刻々と変化していく赤ちゃんの心身に，
保育の時間的環境のほうが合っていないということもあるのです。

〈運動会の「練習」〉　　日々の活動や行事の準備にどれくらいの時間をかけ，何をいつどのように導入していくかも保育の時間的環境を構成します。運動会を例に考えてみましょう。

　運動会は，日本の保育行事のなかでも最も一般的なものですが，開催時期には大きく分けて春～初夏と秋があります。まず，年間計画のどこに運動会を置くかによって，運動会に期待する内容や取り組み方が変わってくるでしょう。6月であれば，新しいクラスになってやっと落ち着いた時期なので，子どもたちが安心して仲良くなれるように考える。10月であれば，ひと夏を越えてたくましくなった子どもたちが挑戦したり協力したりできるような内容を考えるかもしれません。その際に，「練習」をどうやるかは，園によって大きな違いがあります。1か月以上みっちりやる園もあれば，ほとんど練習らしい練習をしない園もあります。

　ある園では，運動会の練習は2週間で行い，予行練習は前日の1回きりです。たとえば，5歳児のリレーはこう始まります。

　　「『リレーって知ってる？』──この問いかけからリレーの取り組みが始まりました。『知ってる，知ってる！』『前の風組がやってたよ』『棒をもって走って次の人に渡していくの』『それは棒じゃなくてバトンて言うんだよ』『そうそれでね…』と口々に話す子どもたち。昨年の運動会において，当時の風組が颯爽と目の前を走っていく姿がまだ目に焼きついているのでしょう。そんな姿を思い出しながら，リレーについて話をしていた子どもたちでした」（瀬高，2007，18-19頁）。

　先にルールを教えることはせず，まず自分たちのイメージでやってみます。誰が一番かわからない，走者数が違う，順番待ちの人までトラックに出て邪魔……。大人には一目瞭然の"問題"が次々出てきますが，先に正解は提示しません。子どもたちが自分

262 第Ⅲ部 文化的営みとしての保育

たちで困ったら，そのつど保育者もいっしょになって解決してい
く。そうした問題解決の2週間を経て，前日に「子どもたちだけ
の運動会」（これが予行練習）をして，当日を迎えていきます。

このように，保育のなかで子どもが何をどのように経験してい
くかは，ものや人の環境だけではなく，どういう時期に，どれく
らいの期間，どういうタイミングで何を取り入れていくかという
時間的環境にも影響されます。

★ ものがもつ性質への注目

次に，「物理的・自然的環境」について考えます。保育環境に
おける人工物や自然物の豊かさとは何でしょうか。

〈ごっこあそび〉　保育場面では多種多様なごっこあそびの世
界が繰り広げられています。比較的単純な見立て（例；積み木を
自動車に見立てる）から，縄とびをつないでの「電車ごっこ」，よ
り物語性のある「海賊ごっこ」や「忍者ごっこ」のようなものな
どです。

子どもの見立てやごっこあそびに関する発達心理学的研究では，
一般にあそびの際に使われるものや周囲環境は，想像対象に対す
る代理物であり，発達とともにそれらの物質性（ものとしての物
理的な性質）はごっこあそびにとって重要ではなくなると考えら
れてきました。つまり，小さい子にとってはものがどういう性質
をもっているかがあそびを方向づけるが，成長すると想像（心）
のほうがあそびを方向づけるようになるという説です。

長年ごっこあそびを研究してきた河崎道夫は，そうした考え方
に疑問を投げかけています（河崎，2015）。たとえば，車止めの鎖
にまたがってユラユラしながら電車ごっこをしている1歳児は，
鎖の揺れる感覚という物質性に依存しているようにみえるのに対
し，段ボールを使って電車ごっこをしている3歳児にとっては，

想像的に「電車になる」ことのほうが中心になっているようにみえます。しかし，小学生も盛り上がる「秘密基地」もごっこあそびの一種ですが，秘密基地のあそびは，むしろ草木や地形や道具といったきわめて具体的なものの性質と格闘するところにこそおもしろさの核心があります。

したがって，ごっこあそびの発達は，「ものの物質性・具体性が減少し，心理的な記号性・抽象性が増大する」という単線的なものとは言い切れません。それは発達の一側面であり，あそびの発達全体は，ものやものを含む場の具体性がより重要になることもあれば，その逆もあるというように，あそびと環境（対象）との関係がより多面的に，個性的になっていくものなのだと河崎は述べています。

〈準遊材〉　また，河崎は発達心理学の研究が屋内でばかり行われ，しかもプラスチック製など人工材料を使った実験に偏っている点にも注意を促しています。私たちが発達的に“標準”だと思っている姿は，もしかしたらとても限定的な環境下での狭い子ども像なのかもしれません。上述のように，初期運動発達の段階から子どもは自分と環境との間に生まれる“意味”を探していて，それがある行為やあそびとして現れることを考えると，子どもの周囲環境がどのようなものであるかは子ども理解にとって決定的に重要であるといえます。

一方，現代の保育現場では，安全や清潔などが優先されることで，屋外での活動時間が短くなっている可能性があり，「屋内の人工環境」での保育に偏ってしまう懸念もあります。そこで，身近な戸外である「園庭」の環境について考えを深めてみましょう。

表13-2は，保育園や幼稚園の園庭にある物理的・自然的環境を整理したものです。大きく人工物か自然物か，不動か可動かで

264　第Ⅲ部　文化的営みとしての保育

表 13-2　保育園や幼稚園の園庭にある環境の分類

	可　動	不　動
自然物（動物除く）	砂，土，草花，野菜，木の実，水など。	根を張った木，大きな岩など。
人工物	スコップなどの道具類，三輪車などの乗り物など。	すべり台などの固定遊具，築山，砂場，井戸など。
微妙なもの	棒，石，つる。	池，川など。

（出典）　川田，2015。

整理しました。分類しにくいのは「棒」「石」「つる」のようなもので，自然物でも道具性の強いものです。チンパンジーが棒でシロアリを釣ったり，石でナッツを割ることなどからも，棒や石の道具性の強さがわかります。ここでは「棒」に注目して，"微妙なもの"の保育環境としての意味を探ってみたいと思います。

　筆者は，ある幼稚園で，子どもたちに繰り返し使われた2本の「棒」（約1.2mの長く太めのものと，二股に分かれた約50cmの細めのもの）を7月から翌年4月まで追跡観察したことがあります。その結果，次の特徴が明らかになりました。①1回1回の使用時間が短い，②「お片づけ」されない，③その存在の消失が意識されない。ここでは②と③をまとめて説明します。保育のなかにあるものについては，通常「お片づけ」という強いルールがあります。玩具や絵本や道具は，使用後速やかに片づけ，片づけが雑だと指導の対象になることが多いです。ですから，子どもにとっても保育者にとっても，園内のたいていのものは「お片づけ」の対象として意識されています。

　一方，筆者が観察した「棒」は，数か月もの間，子どもたちのあそびに大いに活用され，繰り返し「ソレ」として認識されていたにもかかわらず，「お片づけ」の対象にはなりませんでした。

第13章 保育における環境の考え方 265

つまり，子どものあそびに（繰り返し）活用されるか否かが「お
片づけ」にとって重要なのではないことがわかりました。これは
不思議なことで，もしお片づけが「ものを粗末にしない」ことを
教えるためであれば，あそびに活用される棒はもっと大切にされ
てもよい気がします。それとも，「買ったものは大切にする」と
いうことなのでしょうか。「とにかく片づけという習慣を身につ
ける」のであれば棒でもよさそうです。「お片づけ」の真意は何
なのでしょう。ただ，私たちが知らぬ間に環境を区別して意識し
ていることは確かです。

　保育者は，棒が子どものあそび（園庭描画，装飾，チャンバラ，
高いところの木の実を取るなど）に活用されていることをよく知っ
ていましたが，その破損も消失も，ほとんど気にしていないよう
でした。でも，子どもたちは気に入った棒をちゃんと「キープ」
していました。ほかの子に使われないように隠しておくのです。
「お片づけ」はされないが，自主的な「キープ」はされるわけで
す。

　保育環境は，屋内であれ園庭であれ，基本的に大人の管理下に
あります。子どもは，それらを使ってあそんでいます。しかし，
「棒」は誰の管理下にもない環境でした。筆者は，棒のような環
境の性質を，"準遊材性"と名づけました。"準"は，使用目的が
決められていないこと，"材"は，消耗品的で「お片づけ」や破
損・消失への意識が低いことを意味させています。人工物で言う
ところの"ガラクタ"に近いものです。棒の「キープ」に象徴さ
れるように，保育環境に準遊材があることは，子どものあそびの
自由度や自律性（子どもの領分）の確保と関わっているかもしれ
ません。

3　保育環境としての「人」

★「人的環境」再考

　自分以外を「環境」とみなすなら，人（他者）も環境になります。しかし，その他者にとっては，「あなた」も環境です。人的環境とは，このように相互（主体）的な性質をもっており，関わる人すべてが「主体」として何らかの役割を担うことによって，文化的営みとしての保育が成立することを意味しています。

　年長児が，赤ちゃんの「お世話をする」とき，同時に，赤ちゃんは「お世話をしてもらう」役割を担っています。ある子が「お医者さん」をするには，ほかの子が「看護師さん」や「患者さん」をしてくれないと，病院ごっこは成立しません。寡黙でマニアックなものづくりを好む子は，普段は目立ちませんが，たとえばクラスで劇あそびが盛り上がるといぶし銀の「職人」となることがあります。子どもたちが「先生」として受け入れてくれるから，ある人が「保育者」として存在することができるわけです。

　このように，保育は無数の「役割」で満ちており，それは固定的ではなく，関係や状況によって現れたり変容したりするダイナミックなものです。保育における「人」という環境は，「役割」として現れるものだと理解する必要があるでしょう。ゆえに，「人的・役割的環境」と呼びました。

★ 交差分化説：あそびの発達とは何か

　子どもたちが織りなすあそびも，それぞれが互いに「環境」となって，からみあい，融合したり，分化したりしながら発展します。あそび研究者の加用文男は，こうした保育のなかのあそびの発達を，「交差分化説」で説明しようとしています（加用，2014）。

子どものあそびの発達について，ピアジェやヴィゴツキーなどの発達理論では，発達段階ごとに主要な活動形態があり，発達とともにそれが交替していくと考えられています。たとえば，幼児期から児童期にかけて，「ごっこあそび」から「ルールあそび」へと交替すると説明されたりします。加用は，こうした理論を「発達的交替説」と呼びます。

対して，保育におけるあそびはもっと相互誘導的で，「幼児期の間にごっこが消失していくわけではないことからみても，ごっこからルール遊びへと発達的に交替していくというよりは，相互に分化が進んでいき，あるときはごっこをごっこらしく楽しみ，別のときにはルールのある遊びをそれらしく楽しめる，そういう楽しみ方の分化という方向に発達の方向性をみるべき」だと加用は述べています。

多くの発達理論では，発達は個人のものとして理解されています。たしかにそれも，発達の一側面を照らし出してくれます。しかし，人間は常に周囲の具体的な環境と関わりあいながら“意味”を求め，発見した意味に導かれて次の方向性を探っています。つまり，「人間と環境」は別々の存在ではなく，常に一体的に理解される必要があるのです。そのことは本章の前半においてとくに注目しました。

保育は，あそびを通して子どもの経験を豊かにし，個性的な発達を応援する営みです。そこでは，子どもと環境の「関係」を捉え，「関係」をこそ豊かにしていく視点が欠かせません。保育では，あそびは社会的に開かれています。発達を個人に閉じ込めず，子どものあそびどうしが互いの環境となって交わり，分かれ，発展していくところに「あそびの発達」をみる視点もまた不可欠といえます。

第 **14** 章 子ども理解の深まりと保育者としての成長

　保育者として子どもと向きあおうとするとき，子どもを理解したいという願いを若手もベテランも抱いています。わかろうとして向きあうなかでの試行錯誤が日々の保育だといってもいいのかもしれません。ここでははじめに，子ども理解を深めるためのポイントを解説し，そのうえで，保育者がどのように子どもと向きあっているのかを，筆者の体験を中心にいくつかの場面から紹介したいと思います。

1　子ども理解を深める

★ 教科書通りではない発達をどうみるか

　第Ⅱ部でていねいに紹介されている各年齢の子どもの姿をみてわかるように，子どもの発達を理解すると，「1歳児らしさ」「3歳児らしさ」というような，発達の特徴をつかんだ子どものイメージがつくれるようになります。たとえば，犬を見つけて目を見はり，指さしをしながら保育者を見つめるまなざしに，「ワンワン見つけた」という事実を他者に伝える手段としての指さしを獲得した子どもの力と，そのうれしい気持ちを親しい人に伝えたいと思えるようになった子どもの人とつながりたい気持ちの育ちを

第14章　子ども理解の深まりと保育者としての成長　　269

感じて，1歳児の力を感じるのです。けれど，子どもの発達は
「教科書通り」ではありません。各年齢の発達のイメージをもっ
たために，「2歳なのに」「4歳なのに」というギャップに悩むこ
とも出てきます。

　4歳児クラスの生活発表会。「さるかに」で「いろり」のなか
に隠れている場面なのに，そうたは「いろり」を出て，反対側に
走り抜けていき，また走って戻ってきます。4歳児なのに，なぜ
「がまん」できないのかと問いが出ますが，どんな場面でも，1
人ひとり，その場その場にそうした行動をする理由があります。
舞台に出る直前に友達と交わしたことば，朝，家を出るときのお
母さんとのやりとりなどなど，私たちがその理由に気づくことが
できてもできなくても，何か理由はあるのです。それを見出す努
力を続けることが，子どもを理解するということなのです。多く
の場合，そうした努力の結果，2歳児が舞台を走り抜けたくなる
理由とは異なる，4歳児ならではの理由が思い当たるのです。見
られることに対する緊張感や，よりよい自分をみせたい気持ちが
あるからこそ，じっとしていられなかったことを，4歳児らしい
と思います。そうした一見年齢の特徴と異なるように思える子ど
もの行動に対する「なぜ」という問いへの答えを探る大きな手が
かりが，ここまでに述べられてきた子どもたちから学び取った発
達心理学の成果なのです。

★　子どもといっしょにあそぶことの価値

　実習ノートには，保育者から未来の保育者への応援のことばが
綴られています。子どものけんかの仲裁や，次の行動への促し方
を保育者の目線で第三者的に記録している学生に向けて，「子ど
ものなかに入っていっしょにあそんでみてください」というコメ
ントが書かれていることがよくあります。早く一人前の「保育

270　第Ⅲ部　文化的営みとしての保育

者」になろうとしている学生には，ぴんとこないアドバイスでも
あります。でも，これはかなり重要なポイントです。

　実例として，筆者が4歳児クラスの子どもたちと「助け鬼」を
したときのことが挙げられます。そのクラスの「助け鬼」のルー
ルは，逃げる役の子どもは，鬼にタッチされると動けなくなり，
その場で両足を開いて立つ。でも，その足の間を味方の誰かがく
ぐり抜けてくれると，再び生き返って逃げることができるように
なるというものでした。そこで，子どもたちはタッチされると，
大声で「助けてー」と味方にアピールします。味方の子が，鬼の
目を盗んで，足の間をくぐり抜けるとタッチされた子は解放され，
助けた子はヒーロー気分が味わえるのです。それを見ていたとき
と，参加してみたときの違いは，助けてもらうときのうれしさが
実感できたところにありました。筆者が捕まったところを見つけ
ると，子どもたちはいち早く駆け寄ってきて筆者を助けてくれる
のです。子どもたちに助けてもらえることがうれしくて，筆者は
うきうきしていました。後で冷静に考えると，大人の足がつくる
空間はかなり広いので助けやすいため，子どもたちが寄ってきて
くれただけのことなのですが，助けられたときのうれしい気持ち
は忘れられません。誰かを助けることはしなかったので，「助け
鬼」の楽しさを半分しか体験していないのですが，それでも子ど
もがどんなにわくわくしているかということが，体験前よりずっ
とリアルに感じられ，子どもにとっての「助け鬼」の楽しさがわ
かるようになりました。ときどきけんかになってしまう○○くん
が助けてくれたといううれしさ，自分がかっこいい△△ちゃんを
助けることができたといううれしさが「助け鬼」の楽しさなのだ
ということが，子どもといっしょにあそんで体験して初めてわか
ったのです。

大型遊具が置かれた公園への遠足についていった折に，1.5m
ほどの高さの吊り橋がありました。子どもたちが次々挑戦するの
を筆者は下から励ましていました。けれども，担任保育者は自分
も挑戦して，「あぁ，このぐらぐらする感じが怖いってことか」
と弾んだ声でつぶやいていました。下から見ているだけでは，そ
の吊り橋を渡るときのスリリングな気分はリアルにはわからない
のです。さまざまなあそびのなかで，子どもの心がプラスもマイ
ナスも含めてどう動いているかを知る手がかりが，いっしょにあ
そぶことのなかにあるのです。

いっしょにあそぶことのもう1つの利点を，児童養護施設の実
習をした学生の記録から紹介します。小学生に誘われて学生がド
ッジボールに参加して活躍していたときに，誘ってくれた子が
「お姉さん，初めて笑ったな」と言ったというのです。本人はよ
い関わりをしてよい実習にしようと努力していたのですが，たぶ
ん緊張のあまりこわばった表情をしていたのだと思います。それ
を気遣って誘ってくれた子どもの気持ちに気づいて，実習はそこ
から上向きになっていきました。うれしかったり，ドキドキした
りする自分自身の感情を子どもの前で表現して，それを子どもと
共有することが，いっしょにあそぶということなのです。その無
防備な側面をみせることが，子どもが大人を理解する手がかりに
もなるのです。

★ 子どもが子どもの力を引き出す場面

子どものみせる姿は，時に理解しがたく，大人の関わり方が難
しくなることがあります。そんなときに，子どもが子どもを変え
ていくという実践を紹介します。

小規模保育施設で1歳児と2歳児合わせて6名でお散歩に行っ
て戻ってきたときの保育室のできごとです。2歳児のりこが，機

272　第Ⅲ部　文化的営みとしての保育

嫌を悪くして，保育室で怒っています。先生がりこにコートをか
ごに入れるよう促すといっそう怒ってコートをぶんぶん振り回し
ていました。そこに，ようやくコートを脱いだ1歳児のゆうが寄
ってきて，自分は入れることのできない高さにあるかごだったの
で，自分のコートをかごに入れてもらおうとりこに差し出すと，
りこはそれを受け取りかごに入れ，続いて自分のコートもかごに
入れて，昼ご飯の準備へ向かっていきました。機嫌の悪い自分が，
いつもの自分に戻るきっかけをゆうがつくってくれた瞬間でした。

　幼児クラスでは，もう少し時間経過を含めて変化していった場
面が記録されています（谷川, 2011）。5歳児クラスのYくんは，
生活の場面の切り替えがうまくできず，保育者が声をかけても知
らんぷりで，友達には強引に関わるためトラブルが絶えず，仲良
しがいない状態でした。中堅保育者の谷川はYくんを，友達に
批判されると傷つき，本当は打たれ弱く自信がないのに，精一杯
強がっているとみていました。そんななか，4歳児クラスとの合
同保育を試みた折，4歳児のKくんとRくんが「Yちゃんはお
もしろいから好き」と言って隣に座ったところ，Yくんはとろ
けそうなくらいのうれしい表情をしてデレデレになっていたそう
です。その後もYくんは給食の準備をせず園庭であそぶことが
続いたのですが，Kくんは「Yちゃんといっしょに食べるねん」
と，食事が始まってもYくんを待ち，Yくんが好きなだけあそ
んで戻ってくるといっしょに食べはじめるという日々が続きまし
た。4歳児クラスの担任がある日Yくんに「毎日Kくんは給食
食べんとYくんのこと待ってくれてるんやで」と怒りながら言
うと“ハッ”となり，その日からYくんは給食の時間に部屋に
帰ってくるようになったのです。1学年下のクラスのKくんか
ら，先入観のない目で自分のいいところを評価され，「好き」と

表現されることで，いい自分を選び取る力がわいて，行動を切り替えられるようになったのです。Yくんに欠けていたのは，活動を切り替える力そのものではなく，活動を切り替えることによってつくられる次の場面への期待だったのだと思われます。好きな人がいること，好きだと言ってくれる人がいることが，生活をどれだけ豊かにするかを学びました。

　同年代の子どもと過ごす生活の場で発揮される子どもの力は，その子ども1人で獲得するものではなく，周囲の子どもとのやりとりのなかで，つくられていくのだと思います。大人の工夫だけではなく，子どもの力が相互に影響しあっていることを視野に入れることによって，1人ひとりの子どもへの理解が深まり，集団で生活する楽しさを保障することができるのです。

2　保育者としての成長

　子どもが相互に影響しあって発達していくのと同様に，保育者としての成長も，保育者との連携や保護者とのつながりのなかで遂げられていきます。

　保育者としてのスタートの時期は，先輩保育者の動きや子どもへの対応をみて，その意図を考えながら保育のなかで模倣を繰り返し，学んでいくことの積み重ねです。子どもとあそぶことによって子どもを理解したのと同様に，保育者の保育をまねることによって保育者の意図がみえてくることがあり，また，まねをしたつもりでうまくいかないことから，保育者の意図を読み取り損なっていたことがわかることがあります。うまくいってもいかなくても，それを振り返り，考察し，不明な点を先輩保育者に尋ねることで，翌日の保育に生かすことができます。ここでは保育者の

274 第Ⅲ部 文化的営みとしての保育

役割を理解する手がかりになるいくつかの場面を紹介します。

★ 保育者は子どものいざこざをどう捉えているか

　実習ノートによく記録される場面に，子どもどうしのけんかがあります。自由あそび場面で3歳児のたくみがあそんでいた車をあおいが取り上げようとしたところ，たくみが怒り，そこに学生が入って仲裁をするというような場面です。あおいが車を手放して立ち去ると，それを追いかけて，なぜ取り上げようとしたのかを問う学生もいます。そんな折にコメント欄に「裁判官にならないでください」と書かれていたりします。学生にとってそのけんかは自分が見つけた事件なのですが，子どもたちにとっては日常茶飯事です。謝ってもらうこと自体にそんなに意義はないことが多いのです。

　保育者をみていると，子どもどうしの取りあいに気づきながら，そっとみていることがよくあります。それは，保育者が「取りあいの場面」を「子どもが相手との関係のつくり方を学んでいる場面」と捉えているからだと思います。貸してほしいのに貸してもらえない，どうしたらいいのか。あそんでいる車を貸してと言われたけど，貸したくない。いやだと言ってるのに聞いてくれない，困った。おもちゃへの思いと，友達への思いが交差して，ことばでは十分伝え切れない自分の思いを，相手の目を見つめることで表現している場面です。保育者はその気持ちの行き来をそっと見守りながら，けがになりそうなぎりぎりの場面で止めに入るのです。だから，学生が取りあいの初期に両者の間に割って入ると待ったがかかるのです。自分のもっている基準によって，善し悪しを判断して動くのではなく，保育者の動き方をまずよくみて，その場面で保育者が子どもにどんな体験をさせたいと思っているか，そのねらいをつかむことが必要なのです。

第14章　子ども理解の深まりと保育者としての成長　275

　筆者がいまも忘れられない学生時代に出会った印象的な場面は，砂場での取りあいをめぐる保育者と子どものやりとりでした。3歳児のひなが保育者のところに「みゆちゃんがひなのスコップ取った」と言いに来ました。すると保育者は「それはいややなぁ。先生ここで見てるし，返してって言っておいで」と言います。するとひなは何度も振り向き，保育者が自分をみていてくれることを確かめながらみゆのところに行き，こちらには聞こえない小さな声で「返して」と言うやいなや戻ってきました。その後ようやく保育者が立ち上がり，みゆのもとに行き問題が解決しました。

　最初から子どもの代弁をするのではなく，一度は子どもに主張する体験をさせて，子ども自身で問題を解決する力を育むこの働きかけがとても印象に残った筆者は，早速まねをしてみました。すると当時学生の筆者のことばも子どもが受けとめてくれて，筆者の見守りを確認しつつ，自分で返してと言うことができたのです。保育者の保育をみて学ぶこと，そしてそれを実践してみることで得られる手応えは大きいといえる1つの例です。

　けんかを止めること，けんかのない生活をつくることを保育の目的にするのではなく，自己主張をきちんとしながら，相手の主張を受けとめられるようになることを，多くの保育者は望んでいます。そうした保育者の意図をそのことばや，動き出すタイミングからうまく学び取ることが必要です。

★ 保育者の立ち位置から何がみえるか

　数年の保育経験をもっている卒業生が別の保育園でアルバイトとして働きはじめて数か月経ったとき，いっしょに組んでいる先生が自分に背中をみせてくれて感激したと伝えてくれました。普通，保育者はアルバイトの先生などに背中をみせないと彼女は言いました。つまり，子どもたちを視野に入れるだけでなく，アル

バイトの先生の動きも見守りながら保育を進めているというのです。

　また，実習生を独占するタイプの子が，次々いろんな活動に実習生を誘い，それについていっているケースで，「1人の子どもと関わるのではなく，他の子どもの動きもみることを心がけてください」というコメントがよくあり，1人ひとりとの対応を大事にしつつも，視野を広くもつ必要性は感じていました。その視野の広さを，保育者の立ち位置から想像できることがわかりました。

　一見気楽に保護者と会話をしているようにみえていても，保育者の目も耳も常に子どもの動きをキャッチしていなければ，子どもの安全は確保されません。その緊張感をもちながら，くつろいだ雰囲気を保って，保育者がどんな広さの視野をもって保育を回しているかを，保育者の立ち位置や動き方から学ぶことができると思います。

★　保育者の対応には，理由がある

　子どもが茶碗を割ってしまった日に聞いたエピソードです。その保育者は，子どものけがを心配することはあっても，責めることばはまったくない対応でした。自分もうっかりお皿を割ることはあるので，怒りたくないのだと解説した後，でもみんながそうしているのではないと言われました。もう1人の担任は，そうした場面で「どうしてもう少し注意して運べなかったのか」と問うのだそうです。そこには，この失敗を繰り返してほしくないという子どもへの願いがあるからだと思うとのことでした。それぞれの保育者のその対応の意図，つまり，そこで大事にしたいこと，伝えたいこと，大目にみたいことは，その人個人の価値観とその人なりの子どもへの期待からつくられています。この2つの対応は一見，真逆にみえますが，このケースの場合，責められなかっ

第 14 章　子ども理解の深まりと保育者としての成長　277

た子どもも，保育者が片づける作業を見ながら，割ってしまった
ことの反省はしているし，また，注意を受けた子どもも，そこに
保育者の愛情を感じています。もっと大きな意味での「どんな子
どもに育ってほしいのか」という保育の目標をしっかり共有して
いるからこそ，その対応の違いがあっても，子どもは不安になら
ず，生活できるのです。若手保育者にとって大事なことは，先輩
保育者の対応の違いに戸惑ってしまうのではなく，多様な対応を
学ぶなかで，自分が大事にしたいと思っていることにより近い対
応をまねて自分らしい保育をつくっていくことです。

　射場美恵子は，若手保育者との保育で，うまく自分の保育の意
図を伝えられなかったことを紹介しています（射場, 2006）。2歳
児クラスで散歩に行く折，「げた」を履いて散歩に行くと言うか
ずみを，一応の説得はした後，代わりの靴をこっそりリュックに
忍ばせ，「きっと途中で鼻緒がこすれて痛くなるが，痛いのはか
ずみさんだし体験すれば納得するだろう」と出発しました。50m
も行かないうちにかずみが根をあげ，定番のやりとりをしたあと，
靴を出してはかせました。その後，かずみは2度と「げた」をは
いて散歩に行くと言わなかったという事例です。それはそれまで
の2歳児保育の経験で「体験すれば納得する」「同じ過ちは犯さ
ない」という見通しがあってのことでした。ところが，そのとき
若手保育者のTには「わがままにつきあって，しかも靴まで持
っていったのはかずみさんの自己主張につきあい過ぎなのではな
いか」と映っていたことには，気づけなかったと書かれています。
Tに10年近く経ってから，職員会で当時の気持ちを打ち明けら
れて，射場は，すぐに気づいて具体的な話しあいをしていたら，
きっともっと早くに納得してもらえたと振り返っています。1つ
の保育室で1年いっしょに保育するなかで，相手の意図をすべて

278　第Ⅲ部　文化的営みとしての保育

の場面で理解することは難しいと思います。けれど，子どもを理解しようとしているように，相手の意図を理解しようと問い続けながらいっしょに保育をする保育者どうしの関係が垣間見える事例です。

★　子どもの主体性を尊重するために大切な保育者の連携

　第Ⅱ部で述べているように，子どもの発達には子ども自身の「やってみたい」という自発性が欠かせません。1人ひとりの主体性を尊重し，さらに子どもどうしの関わりを通して積み上げられる力の獲得を視野に入れて集団づくりを目指すとき，子どもの発達の可能性が最大限に生かされます。それを実現することが，第Ⅰ部で述べている子どもの尊厳と権利を守ることなのです。

　保育者が主導して強引に子どもを動かしていけば，無駄なく場面を切り替えて保育を進めることはできますが，子ども1人ひとりの主体性を尊重することはできません。たとえば子どもに移動を促そうとするときに，大人が子どもの手をつかんで引っぱることと，大人が「行こう！」と声をかけて手を差し出し，その手を子どもがつかんだことを確認して移動することは，子どもにとっての意味が異なります。その1秒を待って，子どもが移動しようと決める時間を保障することが主体性を尊重するということだと思います。長時間の保育のさまざまな場面で，このように主体性を尊重することによって，子どもの発達が保障されるのです。

　子どもが移動しようと決めるのに，10分，15分かかることもあります。強引に引きずるように移動すれば，時間のロスはないのですが，その強引な保育によって，いっそう気持ちが崩れる場合もあるので，その時間，保育者が1人，その子に寄り添って待つことがあります。そうしたていねいな保育の展開には，保育者どうしの連携が必要です。保育目標と，子どもの発達の見方を共

有し，どんな子どもに育ってほしいのかという願いを共有しあえているとき，他の子どもたちには，保育者の手が少ない体制になるとしても，その子に1対1対応をして，すっきり気持ちを切り替えることを大切にすることが可能になります。

　クラスにかみつきが広がっているときや，幼児クラスで暴言を吐く子どもがいるときなど，保育の行き詰まりを感じると，子どもたちのイライラを払拭して，集中して楽しめる保育をしようと，その具体的な内容を保育者集団で検討します。同じ子どもを保育していても，保育者によってその子の捉え方は少し違うはずです。子どもの個性について話しあっているときに，1人の担任が聞き取った子どもどうしのおしゃべりからその子の意外な力が発見できたり，おかわりするときのやりとりを給食室の先生から聞くことで，その子の家庭の様子がわかったり，クラス内はもちろん，クラスを越えて保育者がていねいな話しあいをすると，さまざまな情報が共有され，1人ではとても思いつかなかった指導計画をつくっていくことが可能になるのです。

　その計画を実践する際には，子どもたちの想定外の反応への対応など，急な予定の変更がたびたび必要となります。そんなとき，いっしょに保育している保育者どうしの信頼関係があれば，子どもの意向をくみ取って計画を変更しより楽しい保育をつくることができます。保育者どうしの信頼関係は，保育をするうえでの大きな安心材料となります。

★ 長時間保育をどうつくっていくのか

　保育園の開園時間は時代のニーズとともに延長され，一般的に11時間と考えられ，それより長い保育時間もよくみられるようになりました。一方，保育者の労働時間は変わらず1日8時間なので，担任をもっていても，保育時間が長い子は自分がみていな

280 第Ⅲ部 文化的営みとしての保育

〈コラム⑪〉 （男性）保育者として大切にしていること

　読者のみなさん。こんにちは。私は広島県にある広島大学附属幼稚園で非常勤講師として保育に携わっています。ここ広島県には「パンダ会」という男性保育者の集まりがあります。ちょっと変わった名前ですよね。男性保育者をパンダになぞらえてつけられた名前なのですが，みなさんは「パンダ」と聞いて，どんなことを思い浮かべますか？　「かわいい」「笹を食べる」「上野動物園にいる」といったことかもしれませんね。パンダと男性保育者の共通点は「数が少ない」ということなんです。保育者（保育士と幼稚園教諭）として働く人のうち，男性は3.5%（2015年の国勢調査から計算）しかいません。100人のなかでたったの3人か4人なんです。生物としてのヒトには母と父が1人ずついるし，世界には男と女がおよそ半々で存在するのに，保育所や幼稚園には男性保育者があまりいません。数が少ないために起こることがいくつかあります。

　1つは「数が少ない＝貴重」という認識をもたれることです。「珍しくて貴重な男の先生」というわけです。同僚の保育者から，力仕事，大工仕事，高所作業，体を動かすあそび，少し乱暴なあそびなどを任されることでしょう。子どもの保護者からは，行動力や決断力の象徴としてみられることもあるでしょう。子どもからはというと，戦いごっこの標的になったり，虫捕りの仲間として迎え入れられたりすることが多いかもしれません。みんなから頼りにされる存在です。

　別の認識もあります。「数が少ない＝みんなと違う・何か変」という考えです。女性保育者とばかり接してきた子どもは「男の先生は怖い」という思い込みをもち，緊張したり不安に思ったりすることがあります。そんな子どもの様子をみた保護者や同僚の保育者は「男は保育に向いてない」「乳児や3歳児の相手は無理」などといった先入観をもつかもしれません。また，「男なのに小さな子どもを相手にするなんて，変なんじゃない？」という偏見をもつ人もいるでしょう（男性の保育者が，幼児を相手に罪を犯した事件があったことが，影響しているかもしれません）。そう思う人からは避けられたり，白い目で見られたりします。

　でも，そうした認識が，すべての男性に当てはまるかというと，そうで

はないはずです。運動の経験が少ない男性，引っ込み思案な男性，虫が苦手な男性だっていますし，相手が何歳であるかに関係なく素敵な関わりをする男性もいます。身近な男性に当てはめて考えてみればすぐにわかるでしょう。ですから，「男だから〇〇する・できるのが当たり前」「男だから〇〇が苦手・できない」といった，性別によって人間の能力や特徴が決まるという考え方は，幻想や思い込みであるように私には思えるのです。当然，女性についても同じことがいえると思います。

　しかし，そうした思い込みは社会に広く行き渡っているのが現実です。そして，目を逸らしてはいけないのは，社会の思い込みと現実の自分との違いで悩んだり，傷ついたりしている人たちがいることです。そんな社会で生活し発達していく子どもたちには，幻想の男性らしさや女性らしさが植えつけられ，苦悩や心の痛みも受け継がれてしまいます。そのままではいけないのではないかなと私は思うのです。だから，私が大切にしているのは，「男性（男の子）だから」とか「女性（女の子）だから」と考えないことです。性別ではなく個人に目を向けて，「自分だから」「その人だから」「その子だから」と考えることです。保育の現場でも家庭でも，友達とのつきあいでも，小さなところからでいいと思っています。思い込みやそこから来る苦痛の連鎖を断ち切りたいのです。

　実は，私自身は男性の保育者であるということで悩んだり困ったりしたことがほとんどありません。しかし，過去や現在に，自分以外の誰かに起こった苦しみは，将来，自分や自分の身近な人たち，目の前にいる子どもたちが経験するかもしれない苦しみです。いま自分が困っていないという理由で，その状態を放置することはできません。

　広島の男性保育者のパイオニアである井原忠郷はパンダ＝男性保育者を「本当はごくごく当たり前の存在」と言っています（井原, 1992）。パンダに限らず，当たり前の存在が，当たり前に幸せに生きられる社会をつくることが，私が保育者として目指していることです。

い時間が毎日かなりあります。それは，先輩保育者と組んで保育をしていても，先輩保育者は不在で若手どうし，もしくは非常勤の保育者と保育をつくっていく時間があるということでもあります。子どもが長時間過ごす生活の場としての保育園が，それぞれの時間帯に必要とされる機能を発揮していくためには，切れ目のない子どもへの配慮の行き届いた保育が求められます。

　そこでも，保育者どうしの連携のありようが問われます。定期的なクラスでの会議，職員全体の会議がていねいに保障されることは大切ですが，それを補う日々の話しあいも貴重です。会議に出ない非常勤の保育者とも保育を共有するために，昼寝の時間帯などで一瞬の隙間時間を有効利用して，お互いの思いを伝えあい，新たな計画づくりのヒントを得ていくのです。そこで大切なのは，率直な感想を共有することだと思います。親子ほど歳が離れた担任どうしであっても気楽に話しあうためには，一足飛びに保育の方法の正解を求めて話しあうのではなく，まずは 1 人ひとりの感じ方を交流することが大事だと思います。第 12 章で述べられている「そうだよね」や「そうきたか」など，自分の感情が動いた場面をことばにして相手と共有するなかで，お互いの個性を理解し，子どもをよりリアルに捉えて保育をつくっていくことができるのです。

★ 保護者の仲間づくりも保育者の仕事

　1965 年から産休明け保育を実践し，乳児保育の基礎をつくってきた京都の朱い実保育園の 1980 年代の乳児保育室の様子が次のように記されています。

　　夕方，子どもを迎えに来て元気な顔を見るとほっと一息ついておかあさん，おとうさんのおしゃべりが始まります。「きのう，

うちの子2回も起きて泣いたのよ。抱いても，抱いても泣きやまないから出ないお乳すわせたら寝てしまったけれど」「なんでかね。うちの子も何回も寝ぐずりするのよ。おとうさんが枕元におんぶひもをおいて寝てるの」「のどが乾いてるのと違う。お茶をあげたら……」「いやいや，お茶ぐらいではおさまらないのよ。うちなんか牛乳を飲ますまで泣いているわ」。おむつをたたんだり，ロッカーの衣類を整理したり，子どもの身支度をしながらの短時間の会話ですが，お互いの悩みやうっぷんが少しは解消できていくようです。保育者もこういうときは，あとかたづけや子どもとあそびながらですが会話のなかに入り共感し合ったり，あそこの家庭ではこういうようにやっているらしいなどと紹介します。朝と夕方の対応は，家庭と保育園，保育園と職場をつなぐ大切なときです。この毎日のちょっとした会話が子どもと保護者と保育者の仲間づくりの基礎になっていくように思います（朱い実保育園職員会，1985，57-59頁）。

　やや長い引用になりました。当たり前の世間話の1コマにみえますが，最後にあるようにそこには子どものあそび同様，保育者の見守りがあることがわかります。話しやすい環境を保育者がつくっているのです。同年代の子どもをもつ保護者どうし，とりわけ第1子の子育てをする保護者にとって，すべてが不安な日々にこうした何気ない会話ができると，保護者にとっても保育園が居場所となるのだと思います。1～2歳児の保育所入所率が9.8%（1985年社会福祉施設統計調査より算出）だった1980年代から，乳児保育に取り組んだ多くの保育園で子どもの発達を保障するだけでなく，保護者に子育て仲間をつくる実践が取り組まれ，子どもにとっても保護者にとっても，保育園の利用がどれだけ子育てに安心を保障するものかを示してきたことが，今日の1～2歳児の保育所等の利用率が47.0%という状況をつくってきたのだと思

284 第Ⅲ部 文化的営みとしての保育

います。保育園のなかで，図らずも子どもどうしのいざこざから
けがが発生してしまうことがありますが，そんなときにも保護者
どうしの関係ができていると，けがのみに注目するのではなく，
子どもどうしの関係のなかでのけがとして受けとめることができ
るようです。

　こうした保護者どうしの関係をつくるためには，もちろん，保
育者と保護者の関係づくりが必要です。その日その子が園で保育
者に語ったことば，子どもの成長を感じるできごとの１つひとつ
を伝えていくことによって，保護者と保育者との信頼関係がつく
られます。

　子どもどうしがいっしょに育つ仲間であるだけでなく，保護者
どうしもいっしょに子どもを育てていく仲間として，保育園や幼
稚園時代を過ごせるような環境づくりは，子どもたちが卒園して
しまったあとにも続く仲間をつくることでもあり，保育者にとっ
て大事な仕事だと思います。

　保育とは，子どもと向かいあうだけでなく，保育者，保護者と
の人間関係のなかで営まれる仕事なのです。

編 集 後 記

　本書の出版企画をしている心理科学研究会は，1969 年，生活現実に根ざした科学的な心理学研究を進めたいと考えた，若手研究者や院生・学生によって創設された研究会です。半世紀経った現在も，立場や年齢を超えて対等に，お互いの実践や研究を深く語りあえる貴重な場となっています。

　さて，2017 年 6 月，編集委員会を立ち上げ，本書の内容について話しあいを始めました。旧版の到達点に依拠することで，本のコンセプトや構成は早めに固めることができました。執筆者は，旧版が刊行されてから会員になったメンバーが中心になっています。どの方も，子どもの発達を願う保育者と歩みをともにしながら，発達研究と実践を続けています。また，研究会の先輩たちが大切にしてきた，社会や実践の現実をしっかり見据えて，研究の意味を問い直すことや，子どもの発達の面白さを拾い上げたいという思いを共有しています。

　本書の作成プロセスでは，編集委員会や執筆者相互で，かなり時間をかけて意見交換を重ねました（編集委員会 5 回，執筆者会議 4 回。それ以外にメーリングリストなども活用）。「はじめに」で，保育者と子ども，読者同士の「育ちあい」について述べましたが，実は執筆者同士の「育ちあい」も本書のサブテーマであったわけです。20 年前に比べて，それぞれの職場の多忙化は著しく，なかなか時間が取りにくい状況がありました。ただ，性急にかつ個別的に進めるのではなく，「子どもの理解を深めるには，じっくり事実と向きあい，複数の人たちで語りあう必要がある」という

ことを私たち執筆者自身も実践した次第です。

執筆者間で熱く議論したのは，たとえば次のようなことでした。

「保育者を目指す学生さんに伝えたい子ども観とはどんなものなのか」

「そもそも発達をどのように捉えて，いかに伝えたらよいのか」

「それぞれの年齢段階の心理的特徴をどう表現したらいいのか。その特徴は各機能の変化といかに結びつけて理解できるのか」

最後の点は，機能連関や発達連関に関わって，発達心理学における理論的スタンスが問われる問題でもあります。また，「〇歳児」と年齢クラスに基づいた区分は旧版を踏襲していますが，クラスごとに保育経験を積み重ねる事実を考慮して，子どもの発達を捉える立場からのものです。ここにも，従来の発達心理学の知見を並べるだけでは捉えられない，保育実践現場の事実をすくい取りたいという私たちの考えがあります。

とはいえ，いずれもまだ理論的に未整理なところが多く，読者のみなさんの率直なご意見をいただきたいところです。また，子どものさまざまなエピソードをもっと共有できればと，私たちは願っています。実践におけるさまざまな事実には，子どもの発達をめぐる謎が隠されています。本書をきっかけに，子どもや保育に関わる人々がつながり，未来をつくる保育実践とともに歩む乳幼児心理学を築いていくことができればと思います。

最後に，議論を重ねてじっくりと進める私たちの本作りを支えていただいた有斐閣書籍編集第二部の渡辺晃さんと中村さやかさんに心よりお礼申し上げます。

2019 年 12 月

『新・育ちあう乳幼児心理学』編集委員会を代表して

木 下 孝 司

引用・参考文献

◆ 第1章

アリエス，P.（杉山光信・杉山恵美子訳）1980.『「子供」の誕生——アンシァン・レジーム期の子供と家族生活』みすず書房

鹿児島大学 2018.「鹿児島大学 FactBook 男女別大学進学者数・大学進学率男女差（地域・都道府県別）」https://www.kagoshima-u.ac.jp/ir/post-3.html

近藤二郎 2005.『コルチャック先生』［決定版］平凡社

内閣府男女共同参画局 2018.『平成30年版 男女共同参画白書』

プラン・インターナショナル・ジャパン 2018. "Because I am a Girl" https://www.plan-international.jp/girl/

北海道大学大学院教育学研究院「子どもの生活実態調査」研究班ら 2018.「北海道・札幌市の子どもと家族の生活——子どもの貧困対策を考えるために」

北海道保健福祉部・北海道大学大学院教育学研究院「子どもの生活実態調査」研究班．2017.「北海道子どもの生活実態調査結果報告書」

ユニセフ 2017.『世界子供白書 2017』

ルソー，J. J.（今野一雄訳）1962.『エミール（上）』岩波書店

◆ 第2章

厚生労働省 2018a.「保育所等関連状況取りまとめ（平成30年4月1日）」

厚生労働省 2018b.「平成29年国民生活基礎調査の概況」

厚生労働省政策統括官（統計・情報政策担当）編 2018.『我が国の人口動態 Vital statistics in Japan——平成28年までの動向』厚生労働統計協会

国立社会保障・人口問題研究所 2018.「人口統計資料集 2018年版（表6-23 性別，50歳時の未婚割合（生涯未婚率），有配偶割合，死別割合および離別割合：1920〜2015年)」

内閣府 2014.「平成25年度『家族と地域における子育てに関する意識調査』報告書 全体版」

内閣府 2018.「平成30年版 少子化社会対策白書 全体版」

牧野カツコら編 2010.『国際比較にみる世界の家族と子育て』ミネルヴァ書房

The world bank（世界銀行）2017. Fertility rate, total: Births per woman

◆ 第3章

上田隆也 2017.「初めて子どもと出会った頃」『幼年教育』182, 61-63.

加藤義信 2011.「"有能な乳児"という神話――『小さなおとな』発見型研究から『謎としての子ども』研究へ」木下孝司ら編『子どもの心的世界のゆらぎと発達――表象発達をめぐる不思議』ミネルヴァ書房

加用文男 1995.「異年齢交流における『年齢』概念」『発達』61, 27-29.

河崎道夫 2008.『あそびのちから――子どもとあそぶ保育者のしごと』ひとなる書房

川田学 2016.「乳幼児期の『教育』と『保育』, そして『発達』をめぐる言葉と実践について」『保育通信』733, 4-9.

宍戸健夫 2014.『日本における保育園の誕生――子どもたちの貧困に挑んだ人びと』新読書社

園原太郎・黒丸正四郎 1966.『三才児』日本放送出版協会

田中昌人 1974.『講座 発達保障への道1 児童福祉法施行20周年の証言』全国障害者問題研究会出版部

田中昌人 1987.『人間発達の理論』青木書店

田中昌人・田中杉恵 1986.『子どもの発達と診断4 幼児期II』大月書店

服部敬子 2006.「生活の中にみる乳幼児の発達――理論とゲンジツ（一）」『保育びと』18, 90-101.

服部敬子 2012.「発達早期＝保育・child care system」日本発達心理学会編『発達科学ハンドブック5 社会・文化に生きる人間』新曜社

ハラリ, Y. N.（柴田裕之訳）2016.『サピエンス全史――文明の構造と人類の幸福（上・下）』河出書房新社

ルソー, J. J.（今野一雄訳）1962.『エミール（上）』岩波書店

ルビンシュテイン, S. L.（寺沢恒信訳）1981.『存在と意識』青木書店

ロゴフ, B.（當眞千賀子訳）2006.『文化的営みとしての発達――個人, 世代, コミュニティ』新曜社

UNDP 2016. Human Development Report 2016: Human Development for Everyone.（国連開発計画駐日代表事務所 2017.『人間開発報告書2016

概要版——すべての人のための人間開発』)

◆ 第4章

加藤義信 2015.『アンリ・ワロン その生涯と発達思想——21世紀のいま「発達のグランドセオリー」を再考する』福村出版

コール, M.（天野清訳）2002.『文化心理学——発達・認知・活動への文化‐歴史的アプローチ』新曜社

榊原知美編 2014.『算数・理科を学ぶ子どもの発達心理学——文化・認知・学習』ミネルヴァ書房

サトウタツヤ編 2009,『TEMではじめる質的研究——時間とプロセスを扱う研究をめざして』誠信書房

田島信元ら編 2016.『新・発達心理学ハンドブック』福村出版

日本発達心理学会編 2013.『発達科学ハンドブック1 発達心理学と隣接領域の理論・方法』新曜社

浜田寿美男 1994.『ピアジェとワロン——個的発想と類的発想』ミネルヴァ書房

バルテス, P. B. 編（東洋ら編・監訳）1993.『生涯発達の心理学1 認知・知能・知恵』新曜社

ピアジェ, J.（中垣啓訳）2007.『ピアジェに学ぶ認知発達の科学』北大路書房

ブロンフェンブレンナー, U.（磯貝芳郎・福富護訳）1996.『人間発達の生態学——発達心理学への挑戦』川島書店

無藤隆・やまだようこ編 1995.『講座生涯発達心理学1 生涯発達心理学とは何か——理論と方法』金子書房

Santrock, J. W. 2018. *Life-span development*, 17th edition. McGraw-Hill Education.

Spelke, E.S., & Kinzler, K.D. 2007. Core knowledge, *Developmental Science*, 10, 89-96.

Wynn, K. 1992. Addition and Substraction by human infants, *Nature*, 358, 749-750.

◆ 第5章

井桁容子 2005.『「ていねいなまなざし」でみる乳幼児保育』フレーベル館

岩立志津夫・小椋たみ子編 2017.『よくわかる言語発達』[改訂新版] ミネ

ルヴァ書房

遠藤利彦 2017.『赤ちゃんの発達とアタッチメント——乳児保育で大切にしたいこと』ひとなる書房

川田学 2014.『乳児期における自己発達の原基的機制——客体的自己の起源と三項関係の蝶番効果』ナカニシヤ出版

木下孝司 2016a.「感覚—運動期——『いま，ここ』の赤ちゃんの世界」子安増生編『よくわかる認知発達とその支援』［第2版］ミネルヴァ書房

木下孝司 2016b.「社会性の発達——ひとりでは生きられない」子安増生編『よくわかる認知発達とその支援』［第2版］ミネルヴァ書房

厚生労働省 2019.「授乳・離乳の支援ガイド（2019年改訂版）」

実藤和佳子 2012.「赤ちゃんが見ている『モノ』の世界」小西行郎・遠藤利彦編『赤ちゃん学を学ぶ人のために』世界思想社

篠原郁子 2013.「乳幼児と親子関係」日本発達心理学会編『発達心理学事典』丸善出版

新版K式発達検査研究会編 2008.『新版K式発達検査法2001年版 標準化資料と実施法』ナカニシヤ出版

高塩純一 2012.「赤ちゃんのからだと運動」小西行郎・遠藤利彦編『赤ちゃん学を学ぶ人のために』世界思想社

竹下秀子 2001.『赤ちゃんの手とまなざし——ことばを生みだす進化の道すじ』岩波書店

トマセロ，M.（大堀壽夫ら訳）2006.『心とことばの起源を探る——文化と認知』勁草書房

日本赤ちゃん学協会編 2016.『赤ちゃん学で理解する乳児の発達と保育1 睡眠・食事・生活の基本』中央法規出版

林創 2014.「見て・さわって・感じる——赤ちゃんがとらえる世界」坂上裕子ら『問いからはじめる発達心理学——生涯にわたる育ちの科学』有斐閣

明和政子 2014.「真似る・真似られる——模倣の発達的・進化的変遷」開一夫編『岩波講座コミュニケーションの認知科学3 母性と社会性の起源』岩波書店

◆ 第6章

朱い実保育園職員会 2002.『子どもが育つ おとなも育つ——四苦八苦、朱い

実の日々』ミネルヴァ書房

生澤雅夫ら 2002.『「新版 K 式発達検査 2001」実施手引書』京都国際社会福祉センター

加藤繁美・神田英雄監修／服部敬子編 2013.『子どもとつくる 1 歳児保育——イッショ！がたのしい』ひとなる書房

神田英雄 1997.『0 歳から 3 歳——保育・子育てと発達研究をむすぶ 乳児編』全国保育団体連絡会（草土文化発売）

神田英雄 2004.『伝わる心がめばえるころ——二歳児の世界』かもがわ出版

木下孝司 2016.「『1 歳半の節』に関する発達心理学的検討—— 1 歳児における自我形成を考えるための理論的視座」『障害者問題研究』44(2)〔特集 1 歳半の節と発達保障〕，90-97.

木下孝司ら編 2011.『子どもの心的世界のゆらぎと発達——表象発達をめぐる不思議』ミネルヴァ書房

近藤幹夫ら 2019.『実践につなぐことばと保育』〔改訂 2 版〕ひとなる書房

坂上裕子ら 2014.『問いからはじめる発達心理学——生涯にわたる育ちの科学』有斐閣

田中昌人・田中杉恵 1982.『子どもの発達と診断 2 乳児期後半』大月書店

田中昌人・田中杉恵 1984.『子どもの発達と診断 3 幼児期Ⅰ』大月書店

常田美穂 2012.「きみに生まれてきてよかったね—— 1 歳児の世界をさぐる」松本博雄ら『0123 発達と保育——年齢から読み解く子どもの世界』ミネルヴァ書房

ピアジェ，J.・イネルデ，B.（波多野完治ら訳）1969.『新しい児童心理学』白水社

山本珠未・福田沙織 2017.「両手で顔をかくせば子どもたちの世界」『季刊保育問題研究』284，70-73.

◆ 第 7 章

赤木和重 2012.「ボクはボクである でもけっこうテキトウ—— 2 歳児の世界をさぐる」松本博雄ら『0123 発達と保育——年齢から読み解く子どもの世界』ミネルヴァ書房

岩田純一 2001.『「わたし」の発達——乳幼児が語る「わたし」の世界』ミネルヴァ書房

上原泉 1998.「再認が可能になる時期とエピソード報告開始時期の関係——

縦断的調査による事例報告」『教育心理学研究』46(3)，271-279.

加用文男 1990.『子ども心と秋の空――保育のなかでの遊び論』ひとなる書房

神田英雄 2004.『伝わる心がめばえるころ――二歳児の世界』かもがわ出版

木下孝司 2011.「ゆれ動く２歳児の心」木下孝司ら編『子どもの心的世界のゆらぎと発達――表象発達をめぐる不思議』ミネルヴァ書房

白石正久 1994.『発達の扉〔上〕――子どもの発達の道すじ』かもがわ出版

瀬野由衣 2010.「２～３歳児は仲間同士の遊びでいかに共有テーマを生みだすか――相互模倣とその変化に着目した縦断的観察」『保育学研究』48(2)，157-168.

寺川志奈子 2009.「２～３歳の発達の姿」白石正久・白石恵理子編『教育と保育のための発達診断』全国障害者問題研究会出版部

長瀬美子 2014.『乳児期の発達と生活・あそび』ちいさいなかま社（ひとなる書房発売）

西川由紀子 2003.『子どもの思いにこころをよせて――〇，一，二歳児の発達』かもがわ出版

◆　第8章

加用文男 2002.「幼児のプライドに関する研究」『心理科学』23(2)，17-29.

河﨑道夫 2005.「２，３歳児における自己及び『役』名の呼称」『心理科学』25(1)，36-47.

神田英雄 2004.『３歳から６歳――保育・子育てと発達研究をむすぶ 幼児編』ちいさいなかま社（ひとなる書房発売）

木下孝司 2001.「遅延提示された自己映像に関する幼児の理解――自己認知・時間的視点・『心の理論』の関連」『発達心理学研究』12(3)，185-194.

田代康子 1991.「絵本の登場人物の感情と読者の感情」山﨑愛世・心理科学研究会『遊びの発達心理学――保育実践と発達研究をむすぶ』萌文社

西川由紀子 2003.「子どもの自称詞の使い分け――『オレ』という自称詞に着目して」『発達心理学研究』14(1)，25-38.

バターワース，G.・ハリス，M.（小山正ら訳）1997.『発達心理学の基本を学ぶ――人間発達の生物学的・文化的基盤』ミネルヴァ書房

丸山美和子 2007.『リズム運動と子どもの発達』かもがわ出版

山田真世 2014.「幼児期の描画における意図の発達——命名行為の変化の検討」『発達心理学研究』25(1), 47-57.

◆ 第9章

上原泉 2012.「子どもにとっての幼少期の思い出」清水由紀・林創編『他者とかかわる心の発達心理学——子どもの社会性はどのように育つか』金子書房

尾形正司・辻本真宏 2018.「子どもの気持ちに添った描画活動」『季刊保育問題研究』290, 244-247.

加用文男 1981.「子供のあそびにおける『現実』と『虚構』の認識的分化——理論と予備調査」『東京大学教育学部紀要』20, 343-351.

神田英雄 2004.『3歳から6歳——保育・子育てと発達研究をむすぶ 幼児編』ちいさいなかま社（ひとなる書房発売）

木下孝司 2008.『乳幼児期における自己と「心の理解」の発達』ナカニシヤ書店

子安増生・木下孝司 1997.「〈心の理論〉研究の展望」『心理学研究』68(1), 51-67.

田中昌人・田中杉恵 1986.『子どもの発達と診断4 幼児期Ⅱ』大月書店

長瀬美子 2015.『幼児期の発達と生活・あそび』ちいさいなかま社（ひとなる書房発売）

新見俊昌 2010.『子どもの発達と描く活動——保育・障がい児教育の現場へのメッセージ』かもがわ出版

林創 2016.『子どもの社会的な心の発達——コミュニケーションのめばえと深まり』金子書房

藤野友紀 2009.「4歳の発達の姿」白石正久・白石恵理子編『教育と保育のための発達診断』全国障害者問題研究会出版部

フリス, U.（富田真紀ら訳）2009.『〔新訂〕自閉症の謎を解き明かす』東京書籍

松本博雄ら 2012.『0123発達と保育——年齢から読み解く子どもの世界』ミネルヴァ書房

リュケ, G. H.（須賀哲夫監訳）1979.『子どもの絵——児童画研究の源流』金子書房

◆ 第10章

神田英雄 2004.『3歳から6歳——保育・子育てと発達研究をむすぶ 幼児編』ちいさいなかま社（ひとなる書房発売）

木下孝司 2008.『乳幼児期における自己と「心の理解」の発達』ナカニシヤ出版

長瀬美子 2015.『幼児期の発達と生活・あそび』ちいさいなかま社（ひとなる書房発売）

藤野友紀 2008.「遊びの心理学——幼児期の保育課題」石黒広昭編『保育心理学の基底』萌文書林

山名裕子 2015.「子どものことば——家庭における子どものつぶやきから」『秋田乳幼児保育研究会報』7, 24-29.

◆ 第11章

稲垣佳世子・波多野誼余夫著・監訳 2005.『子どもの概念発達と変化——素朴生物学をめぐって』共立出版

岡本夏木 1985.『ことばと発達』岩波書店

木下光二 2010.『育ちと学びをつなげる幼小連携——小学校教頭が幼稚園へとび込んだ2年間』チャイルド本社

木下孝司 2009.「1年生 - 2年生——保育園・幼稚園からの移行の問題」心理科学研究会編『小学生の生活とこころの発達』福村出版

木村吉彦監修 2016.『育ちと学びをつなぐ「幼保小連携教育」の挑戦——実践接続期カリキュラム』ぎょうせい

善野八千子・前田洋一 2012.『子どもの育ちと学びをつなぐ——幼小連携のあり方と接続カリキュラムの作成』MJ-Books

高橋登 2017.「読み書きの発達」秦野悦子・高橋登編『講座・臨床発達心理学5 言語発達とその支援』ミネルヴァ書房

奈須正裕 2012.「小一プロブレムの正体と対応」『児童心理』臨時増刊(948), 37-44.

野呂正編 1983.『幼児心理学』朝倉書店

福島大学附属幼稚園ら 2011.『子どもの心が見えてきた——学びの物語で保育は変わる』ひとなる書房

山名裕子 2010.「考えること・わかること——幼児期・児童期の認知発達」川島一夫・渡辺弥生編著『図で理解する発達——新しい発達心理学への

招待』福村出版

◆ 第12章

赤木和重 2018a.『目からウロコ！驚愕と共感の自閉症スペクトラム入門』全国障害者問題研究会出版部

赤木和重 2018b.「子どものけんかってすごい——発達的理解と対応」『日本の学童ほいく』519，10-15.

赤木和重 2019.「遊びと遊び心の剥奪——障害と貧困が重なるところで」小西祐馬・川田学編『シリーズ子どもの貧困2 遊び・育ち・経験——子どもの世界を守る』明石書店

赤木和重・岡村由紀子編 2013.『「気になる子」と言わない保育——こんなときどうする？考え方と手立て』ひとなる書房

ヴィゴツキー，L. S.（柴田義松・宮坂琇子訳）2006.『ヴィゴツキー障害児発達・教育論集』新読書社

川田学 2015.「心理学的理解と実践的子ども理解——実践者を不自由にする『まなざし』をどう中和するか」『障害者問題研究』43(3)，178-185.

木下孝司 2018.『気になる子が変わるとき——困難をかかえる子どもの発達と保育』かもがわ出版

近藤直子 2012.『自分を好きになる力——豊かな発達保障をめざして』クリエイツかもがわ

白石正久 1994.『発達の扉（上）——子どもの発達の道すじ』かもがわ出版

心理科学研究会編／太田令子ら 1990.『僕たちだって遊びたい——障害児・気になる子の遊びを見つめ直す』萌文社

ニキ・リンコ 2005.『俺ルール！——自閉は急に止まれない』花風社

浜谷直人 2012.「特別支援教育における心理学の専門性と教育実践の関係——その危機に関する考察」『心理科学』33(2)，13-22.

浜谷直人 2018.「インクルーシブ保育における子ども理解」芦澤清音ら編『子ども理解で保育が変わる——困難を抱える子どもと育ち合う』群青社（星雲社発売）

浜谷直人ら 2018.『多様性がいきるインクルーシブ保育——対話と活動が生み出す豊かな実践に学ぶ』ミネルヴァ書房

森則夫ら編 2014.『臨床家のためのDSM-5虎の巻』日本評論社

◆ 第13章

加用文男 2014.「遊び研究と保育実践——保育場面に即した遊びの発達論としての交差分化説」小山高正ら編『遊びの保育発達学——遊び研究の今，そして未来に向けて』川島書店

河崎道夫 2015.『ごっこ遊び——自然・自我・保育実践』ひとなる書房.

川田学 2014.「発達心理学的自由論9 ぽっこと子どものエコロジー」『現代と保育』89，100-113.

川田学 2015,「園庭における2本の棒の観察——保育環境における準遊材的なものについて」『心理科学』36(1)，54-66.

橘田美千代・佐藤有美子 2006.「子どもも保育士も心地よく一日を過ごす——クラス体制のあり方をめぐって」『現代と保育』65，18-30.

佐々木正人 2008.『アフォーダンス入門——知性はどこに生まれるか』講談社

白石正久 1994.『発達の扉（上）——子どもの発達の道すじ』かもがわ出版

瀬高郁子 2007.「教材としての行事——問題を解決していく力を育てる」『現代と保育』68，17-25.

中村和夫 2004.『ヴィゴーツキー心理学 完全読本——「最近接発達の領域」と「内言」の概念を読み解く』新読書社

日高敏隆 2013.『世界を，こんなふうに見てごらん』集英社

丸山慎 2013.「発達——身体と環境の動的交差として」佐々木正人編『知の生態学的転回1 身体——環境とのエンカウンター』東京大学出版会

ユクスキュル，J.・クリサート，G.（日高敏隆・羽田節子訳）2005.『生物から見た世界』岩波書店

◆ 第14章

朱い実保育園職員会編 1985.『朱い実の子どもたち——ひとりはみんなのためにみんなはひとりのために』ミネルヴァ書房

射場美恵子 2006.『0歳から5歳の「集団づくり」の大切さ——ひとりぽっちをつくらない』かもがわ出版

谷川芳秋 2011.「4・5歳児の異年齢で集団づくりを進めていき，見えてくる子ども同士の力」京都保育問題研究会編『保育びと』21，62-75.

◆ コラム

荒井聡 2013.『具体例で学ぶ保育園での保護者支援——気になる子・障害児

引用・参考文献　297

をともに育てるために』群青社（星雲社発売）

猪熊弘子ら 2019.『重大事故を防ぐ園づくり——研修＆実践＆トレーニング』ひとなる書房

井原忠郷 1992.『パンダのつぶやき——おとこ先生とこどもたち』聖恵授産所出版部

岩狭匡志 2019.「『無償化』で問われる子どもの安全」『保育情報』513, 10-14.

岩附啓子・河崎道夫 1987.『エルマーになった子どもたち——仲間と挑め，心躍る世界に』ひとなる書房

ヴィゴツキー, L. S.（土井捷三・神谷栄司訳）2003.『「発達の最近接領域」の理論——教授・学習過程における子どもの発達』三学出版

ヴィゴツキー, L. S. ら（神谷栄司訳）1989.『ごっこ遊びの世界——虚構場面の創造と乳幼児の発達』法政出版

上山瑠津子ら 2017.「保育における組織的なリスクマネジメントを通した環境調整」『こども環境学研究』13(2), 47-53.

遠藤利彦 2017.『赤ちゃんの発達とアタッチメント——乳児保育で大切にしたいこと』ひとなる書房

小保内俊雅ら 2017.「安全で安心な保育環境の構築に向けて」『日本小児科学会雑誌』121(7), 1224-1229.

河原紀子 2004.「食事場面における1～2歳児の拒否行動と保育者の対応——相互交渉パターンの分析から」『保育学研究』42(2), 112-120.

河原紀子 2009.「保育園における乳幼児の食行動の発達と自律」『乳幼児医学・心理学研究』18(2), 117-127.

河原紀子 2017.「乳幼児の食行動の発達と偏食」『チャイルドヘルス』20(2), 101-103.

厚生労働省編 2018.『保育所保育指針解説 平成30年3月』フレーベル館

柴田義松 2006.『ヴィゴツキー入門』子どもの未来社

杉山登志郎 2018.『子育てで一番大切なこと——愛着形成と発達障害』講談社

田口久美子 2017.「東日本大震災後の子どもの発達について——幼児期から学齢期に着目して」『心理科学』38(1), 38-54.

西川由紀子 2017.「保育園における『かみつき』と保育制度の変化との関連

──21 年間の保育実践報告の分析から」『心理科学』38(2)，40-50.

平沼博将・服部敬子 2019.「保育所における重大事故の防止に関する調査研究」『日本保育学会第 72 回大会発表論文集』349-350.

平沼博将ら編 2016.『子どもの命を守るために──保育事故裁判から保育を問い直す』クリエイツかもがわ

ボウルビィ，J.（黒田実郎訳）1967.『乳幼児の精神衛生』岩崎学術出版

村上悠紀 2014.「幼児期の好き嫌い・偏食について」平成 25 年度共立女子大学家政学部児童学科卒業研究（未公刊）

山口かこ・にしかわたく 2013.『母親やめてもいいですか──娘が発達障害と診断されて…』かもがわ出版

Abramson, H. 1944. Accidental mechanical suffocation in infants, *The Journal of Pediatrics*, 25(5), 404-413.

Drotar, D. et al. 1975. The adaptation of parents to the birth of an infant with a congenital malformation: A hypothetical model. *Pediatrics*, 56(5), 710-717.

索 引

【アルファベット】

ADHD → 注意欠如多動性障害
ASD → 自閉症スペクトラム障害
IDS → 乳児に向けられた発話
LD → 学習障害
SIDS → 乳幼児突然死症候群
SUDI → 乳幼児の予期せぬ突然死

【あ 行】

愛着（アタッチメント）　86, 95
あそび　71, 201, 204, 218
アタッチメント → 愛着
アニミズム　154
アフォーダンス　252
アブラムソン，H.　258
アプローチカリキュラム　212,
　223
阿部和子　34
アリエス，P.　5
安全基地　86
意見　4, 15, 39
1 語文　114
一次的ことば　217, 222
遺伝　54
移動運動　83
意図的因果説明　221
意図をもつ主体　93
イネルデ，B.　109
井原忠郷　281
イヤイヤ期　23, 125

インクルーシブ保育　228, 248
インフォーマル算数の知識　196
ヴァルシナー，J.　69
ヴィゴツキー，L.S.　67, 70, 71,
　218, 246, 247, 267
エクソシステム　57
エピソード記憶　174
円錯画　108, 129
延滞模倣　95, 109
太田令子　245, 246
大人　67
おはしゃぎ反応　94
音韻意識（音韻認識）　220

【か 行】

臥位　82
外言　68
科学的概念　219
書きことば　70, 217, 220
学習　215, 218
学習障害（LD）　231
カテゴリー的思考の段階　64,
　215
構え　63
かみつき　112, 121, 141
加用文男　267
刈り込み　58
河崎道夫　262, 263
感覚運動期　62
感覚運動的活動の段階　64
環境　54, 249, 256

──構成　256

──を通した保育　256

時間的──　257, 260

人的・役割的──　257, 266

物理的・自然的──　256, 262

神田英雄　145

記憶　135

機械的因果説明　221

規準喃語　91

擬人化　154, 221

期待背反法　55

「気になる子」（「グレーゾーンの子ども」）　232

機能連関　66

ギブソン, J.J.　252

基本の生活習慣　35

虐待　31

9か月革命　93

吸啜反射　81

鏡映文字　195

協応　220

強化　58

驚愕的態度　237

叫喚音　91

共感的態度　236

共同注意　92

共鳴動作　93

局在化　58

クーイング　91

具体的操作期　62, 215

「グレーゾーンの子ども」→「気になる子」

クロノシステム　57

形式的操作期　62

形而上学的関心の段階　65

ゲゼル, A. L.　258

言語　70

原始反射　81, 254

原始歩行　254

コアノレッジ理論　55

行為　61

──への要求　140

構音　91

交差分化説　266

口唇探索反射　81

心の理論　174

誤信念課題　174

午睡　77, 212

子育て支援　20, 28, 29

ごっこあそび　146, 153, 168, 262

ことば　67, 154, 217, 252

子ども観　27, 42

子どもの権利　4, 6, 8

──条約 → 児童の権利に関する条約

子どもの「声」　13

コール, M.　68

コルチャック, J.　5

婚外子（非嫡出子）　17

【さ　行】

座位　84

サリーとアンの課題　174

三項関係　92

3歳児健康診査　156

3歳児神話　87

ジェネラル・ムーブメント　81

ジェンダー　10

索引　301

自我　23, 96, 130, 137
　——の要求　140
視覚的リアリズム　172
視覚認知　220
自己意識　156
自己主張　120, 146, 156
　——の段階　64, 215
自己中心性　152
自己調整　180
自己認知　115
姿勢　63, 97
　——・運動発達　254
自制心　170, 180
視線　85, 88, 89, 99
自他理解　173
質的転換　252
自伝的記憶　193
児童期　131, 232, 267
児童憲章　2
児童権利宣言　4
児童の権利に関する条約（子どもの
　権利条約）　4
自発運動　81
自発的微笑（生理的微笑）　94
自閉症スペクトラム障害（ASD,
　自閉症）　229
社会的参照　100
社会的微笑　94
社会・文化的アプローチ　67
ジャーゴン　92, 114
集団　169, 179, 223, 246
集団あそび　143
主体形成　64
主体性　278

授乳　78
馴化−脱馴化法　55
循環型子育て支援　32
準遊材　265
障害受容　240
障害特性　233, 234
生涯発達　73
生涯未婚率　17
小学校教育　210
少子化　16, 32
象徴あそび（見立てあそび，つもり
　あそび，ふりあそび）　109
情動　64
衝動性　231
衝動的運動の段階　64
情動の段階　64
初語　90, 114
白石正久　253
新生児期　77
新生児模倣　93
心理的道具　70
好き嫌い　130
スタートカリキュラム　212, 224
スペルキ，E.S.　55
ずり這い　83
生活的概念　218
生気論的因果説明　221
成熟　251, 254
生態学的モデル　57
成長　73, 81, 130
青年期　131, 232
生理的微笑 → 自発的微笑
前操作期　62, 215
前頭葉　58

相互同期性　93
操作　62, 215, 220
想像的探険あそび　203
想像と現実の区別　203
想像力　154
即時模倣　95, 104
側性化　58
素朴理論　221

【た　行】

第一反抗期　137
胎児期　79
対象の永続性　90
大脳皮質　81
対比的認識　132
高這い　83
多動性　231
探索行動　84, 98
男性保育者　280
担当制　87
知的障害　229
知的リアリズム　172
注意欠如多動性障害（ADHD）
　　230
注意力の困難さ　231
聴覚過敏　233
つたい歩き　85
つもり　103, 109, 128, 142
つもりあそび → 象徴あそび
定位的操作　88
適応行動　64
テーレン，E.　254
動作模倣　95
等至性　72

頭足人　151
特別支援教育　228

【な　行】

内言　68, 176
なぐり描き　104, 108
ナラティブ　154
喃語　91, 114
２語文　114, 135
二次的ことば　217, 222
乳児に向けられた発話（IDS）
　　91
乳幼児突然死症候群（SIDS）
　　258
乳幼児の予期せぬ突然死（SUDI）
　　259
認可保育所　79
認知　251
寝返り　83, 255
脳　58
能力　55, 60, 66

【は　行】

把握反射　85
はいはい　83, 89, 106
発達
　　——観　51
　　——段階　65
　　——的理解　36, 39
　　——の最近接領域　70, 247
　　——の多様性　72
　　——要求　39
　　自己運動としての——　235
　　タテへの——　50

索引　303

ヨコへの――　50
発達障害　228, 229, 241
発達的交替説　267
話しことば　90, 93, 217
浜田寿美男　64
ハラリ，Y.N.　34
ピアジェ，J.　61-65, 67, 90, 109,
　152, 215, 251, 267
日髙敏隆　250
非対称性緊張性頸反射　83
非嫡出子 → 婚外子
ひっかき　112, 121
人見知り　86, 95, 99
ひとりごと　154
描画　129, 151, 172
表象　132, 173
　――能力　109
複線径路・等至性モデル　69
ブラブラ期　37
ふり　131
ふりあそび → 象徴あそび
ブロンフェンブレンナー，U.　57
文化　67
保育観　42
ボウルビィ，J.　86, 87
歩行　85, 107
保護者　26, 240, 283
　――支援　20, 28, 241
　――対応　31
母性的養育の剥奪（マターナル・デ
　プリベーション）　86

保存課題　215

【ま　行】

マイクロシステム　57
マインド・マインディッドネス
　91
前向きな葛藤　140
マクロシステム　57
マターナル・デプリベーション →
　母性的養育の剥奪
学び　218
見立て　134, 151, 262
見立てあそび → 象徴あそび
メゾシステム　57

【や・ら・わ行】

役割取得　152
ユクスキュル，J.　250, 251
指さし　92, 111, 253, 268
　叙述の――　111
幼児教育　210
幼児図式　93
幼小連携　214, 225
四つ這い　83
リーチング　85, 90
立位　84
リテラシー　195
ルソー，J.J.　4, 43
ルビンシュテイン，S.L.　41
ワロン，H.　63-67, 215

有斐閣コンパクト

新・育ちあう乳幼児心理学――保育実践とともに未来へ
An introduction to developmental psychology for early childfood education and care

2019 年 12 月 15 日　初版第 1 刷発行
2025 年 1 月 30 日　初版第 5 刷発行

編　者　　心理科学研究会

発行者　　江　草　貞　治

発行所　　株式会社　有　斐　閣
　　　　　郵便番号 101-0051
　　　　　東京都千代田区神田神保町 2-17
　　　　　https://www.yuhikaku.co.jp/

印刷・精文堂印刷株式会社／製本・大口製本印刷株式会社
© 2019. Japanese Research Association of Psychological Science. Printed in Japan
落丁・乱丁本はお取替えいたします。
★定価はカバーに表示してあります。

ISBN 978-4-641-17451-1

JCOPY　本書の無断複写(コピー)は、著作権法上での例外を除き、禁じられています。複写される場合は、そのつど事前に(一社)出版者著作権管理機構(電話03-5244-5088、FAX03-5244-5089、e-mail:info@jcopy.or.jp)の許諾を得てください。